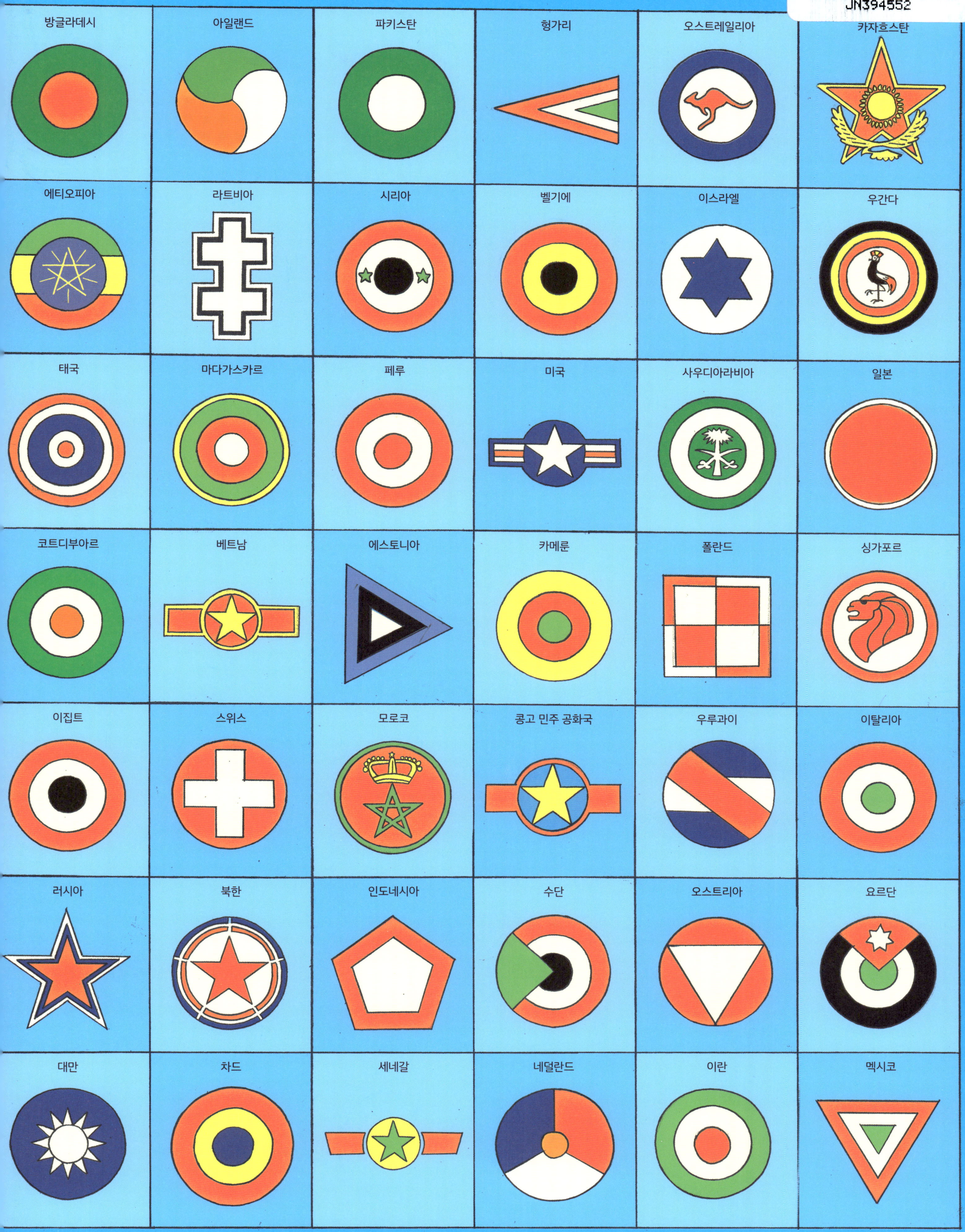

방글라데시	아일랜드	파키스탄	헝가리	오스트레일리아	카자흐스탄
에티오피아	라트비아	시리아	벨기에	이스라엘	우간다
태국	마다가스카르	페루	미국	사우디아라비아	일본
코트디부아르	베트남	에스토니아	카메룬	폴란드	싱가포르
이집트	스위스	모로코	콩고 민주 공화국	우루과이	이탈리아
러시아	북한	인도네시아	수단	오스트리아	요르단
대만	차드	세네갈	네덜란드	이란	멕시코

야첵 암브로제프스키 글·그림

폴란드 바르샤바 국립미술원에서 그래픽 디자인을 공부했습니다. 지금은 일러스트레이터와 그래픽 디자이너로 활동하고 있습니다.
쓰고 그린 첫 책 《비행의 세계》는 2022년 IBBY 폴란드의 '올해의 책' 그림책 부문에서 그래픽 상을 수상하고,
2023년 화이트 레이븐스 도서 목록에 선정되며 지금까지 전 세계 12개국에서 출간되었습니다.
그린 책으로 《니하오, 중국》 등이 있습니다.

김영화 옮김

한국외국어대학교에서 폴란드어를 공부했습니다. 현재는 폴란드 어린이책을 한국어로 번역하는 일을 하고 있습니다.
옮긴 책으로는 《도시의 불이 꺼진 밤》, 《더러워 : 냄새나는 세계사》, 《똑딱똑딱, 시간이 흘러가요》, 《작지만 대단해!》,
《황금 물고기의 세 가지 소원》, 《오바, 우크라이나》 등이 있습니다.

풀빛 지식 아이

비행의 세계 만화로 읽는 항공의 모든 것

초판 1쇄 발행 2025년 6월 16일
쓰고 그린이 야첵 암브로제프스키 | **옮긴이** 김영화
펴낸이 홍석 | **이사** 홍성우 | **편집부장** 이정은 | **책임편집** 노한나 | **편집** 오미현·조유진 | **디자인** 김영주
마케팅 이송희 | **제작** 홍보람 | **관리** 최우리·정원경·조영행
펴낸곳 도서출판 풀빛 | **등록** 1979년 3월 6일 제2021- 000055호 | **제조국** 대한민국 | **사용연령** 5세 이상
주소 서울특별시 강서구 양천로 583 우림블루나인 A동 21층 2110호 | **전화** 02-363-5995(영업) 02-362-8900(편집) | **팩스** 070-4275-0445
전자우편 kids@pulbit.co.kr | **홈페이지** www.pulbit.co.kr | **블로그** blog.naver.com/pulbitbooks | **인스타그램** instagram.com/pulbitkids

ISBN 979-11-94636-35-9 74080 | **ISBN** 978-89-7474-082-5(세트)

© Copyright by Jacek Ambrożewski, 2022
Originally published in 2022 under the title "Ale odlot! Rysunkowa historia lotnictwa" by Wydawnictwo Dwie Siostry, Warsaw.
Korean Translation © 2025 by PULBIT Publishing Co.
All rights reserved.
The Korean language edition is published by Wydawnictwo Dwie Siostry with Pulbit publishing company, Seoul.
이 책의 한국어판 저작권은 Wydawnictwo Dwie Siostry와의 독점 계약으로 도서출판 풀빛에 있습니다.
저작권법에 의해 한국 내에서 보호를 받는 저작물이므로 무단전재와 무단복제를 금합니다.

 은 큰 세상을 꿈꾸는 아이들을 위한 빅북 시리즈 로고입니다.

 This publication has been supported by the ⓒPOLAND Translation Program.
이 책은 폴란드 북 인스티튜트 번역 프로그램의 지원을 받아 제작하였습니다.

※ 책값은 뒤표지에 표시되어 있습니다.
※ 종이에 베이거나 긁히지 않도록 조심하세요. 책 모서리가 날카로우니 던지거나 떨어뜨리지 마세요.
※ 파본이나 잘못된 책은 구입하신 곳에서 바꿔 드립니다.

야첵 암브로제프스키 글·그림 김영화 옮김

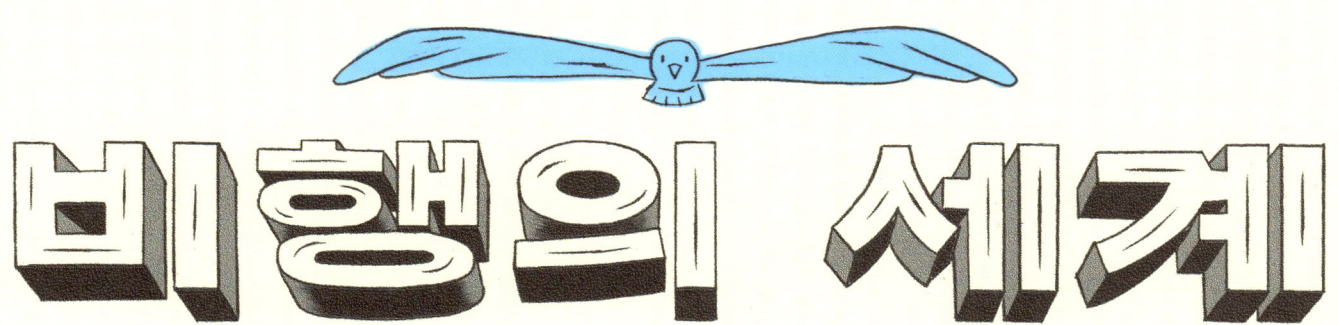

비행의 세계
만화로 읽는 항공의 모든 것

풀빛

차례 기호 설명 ● 경항공기 - 공기보다 가벼운 기체를 이용해 떠오르는 항공기

옛날 ——————— 16세기 ——— 17세기 ——— 18세기 ——— 19세기 ——————— 1900 ——————— 1910

6
바람을 타고 퍼지는 씨앗
식물의 바람 여행

12
하늘을 나는 양탄자
신화와 전설에 나오는 기이한 이야기

18 ▸
비단 연과 하늘을 나는 상자
로런스 하그레이브의 연

24
천재 형제의 등장
라이트 형제와 최초의 비행기

8
날아다니는 원숭이와 뱀
날아오르고 활공하는 동물들

14
날개를 단 사람들
비행의 꿈이 시작되다

20
땅에서 떠오르기 시작하다
항공의 개척자들

26
조종은 어떻게 할까?
조종의 어제와 오늘

10
타고난 비행사
새

16 ●
공기보다 가벼운 항공기
몽골피에 형제의 열기구

22 ▸
한 걸음씩 차근차근
릴리엔탈 형제와 여러 가지 글라이더

28
날개가 하나, 둘, 셋
항공기와 세계 전쟁

회전익 항공기 - 회전 날개로 양력을 얻는 항공기 　　엔진이 없고, 공기보다 무거운 항공기

1920 ——— 1930 ——— 1940 ——— 1950

30
하늘을 돌고 도는 곡예비행
공중 곡예를 하는 조종사

36
회전익 항공기의 발전
후안 데라시에르바의 자이로플레인

42
거대한 비행선
LZ 129 힌덴부르크와 비행선의 황금시대

48
프로펠러 없이 비행하기
최초의 제트기

32
여객 항공의 시초
포드 트리모터

38
안전한 비행을 위한 비행계기
드하빌랜드 타이거 모스와 기본 비행계기

44
날개 달린 배
보잉 314 클리퍼와 비행정

50
항공의 어두운 역사
제2차 세계 대전의 폭격기

34
대서양 횡단 비행
비행의 대여정과 조종사의 옷

40
바다 위에서 겨루는 승부
슈퍼마린 S.6과 비행 경주

46
헬리콥터의 탄생
시코르스키 헬리콥터

52
소리보다 빠른 비행기
벨 X-1

— 1950 ——————————— 1960 ——————————— 1970 —

54
수직 이착륙을 시도하다
스네크마 C.450 콜레옵테르와 시제기

62
작고 가벼운 경비행기
일반 항공과 세스나 172

68
부드러운 활공 비행
행글라이더와 낙하산, 패러글라이더

74
초음속 여객기
콩코드

56
헬리콥터의 회전 날개
회전 날개를 배치하는 여러 방식

58
따라잡을 수 없는 정찰기
록히드 SR-71 블랙버드와 여압복

64
자체 제작 항공기
직접 조립하는 비행기

70
초대형 제트 여객기
보잉 747 점보제트

76
인간 동력 항공기
폴 맥크레디의 고서머 앨버트로스

60
수직 이착륙 항공기
호커 시들리 해리어와 항공 모함

66
뜨거운 공기로 뜨는 열기구
현대식 열기구

72
하늘을 나는 화물차
보잉 747 화물기

78
하늘의 파도를 타는 글라이더
엔진 없이 비행하기

― 1980 ―

80
현대의 전투기
MIG-29와 군용 훈련기

82
항공기는 어떻게 발명할까?
루탄 보이저

84
조종사를 위한 지상 훈련
모의 비행 장치와 에어버스 A320

― 1990 ―

86
하늘을 나는 공포
안전한 비행기 여행

88
눈에 보이지 않는 항공기
노스럽 그루먼 B-2 스피릿과 스텔스 기술

90
비행기일까, 헬리콥터일까?
벨 보잉 V-22 오스프리

― 2000 ―

92
가지각색 헬리콥터
최신 헬리콥터

94
다목적 수송기
록히드 C-130 허큘리스

96
특수 목적 항공기
항공기가 수행하는 다양한 일

― 2010 ―

98
더 빨리, 더 멀리, 더 싸게
보잉 787 드림라이너

100
무인 항공기
드론

102
태양열 비행기
솔라 임펄스 2와 세계 일주

104
찾아보기

바람을 타고 퍼지는 씨앗 식물의 바람 여행

우리가 하늘에서 떠다니는 무언가를 발견하지 못했더라면, 사람이 하늘을 날 수 있을 거란 생각을 할 수 있었을까요? 하늘엔 정말 재미있는 것들이 많아요. 씨앗과 열매들이 바람에 날려 둥둥 떠서, 빙글빙글 돌고 날아다니며 수 킬로미터를 이동하는 것도 볼 수 있지요. 이러한 공중 이동은 식물이 씨앗을 퍼뜨리는 방법 중 하나예요.

동물이 맛있는 열매를 먹고 씨앗을 배설하면서 새로운 장소에 가는 식물도 있어요. 그러면 동물의 이동 경로를 따라 씨앗이 새싹을 틔우고, 꽃을 피우기까지 하지요. 식물 혼자서는 갈 수 없는 곳을 동물 덕분에 갈 수 있게 되는 거예요. 물이나 바람의 도움을 받아 퍼지는 식물도 있어요. 바람의 도움을 받는 식물들은 잘 날 수 있는 씨앗

식물은 수백만 년 동안 진화하면서 다양한 모양의 씨앗을 만들어 냈어요. 멀리 퍼지는 데 유리한 씨앗 모양을 가진 식물들은 더 잘 퍼졌지요.

가까운 곳에 떨어지는 씨앗도 있고, 멀리 날아가는 씨앗도 있었어요. 씨앗이 퍼지는 건 일종의 시험이었어요.

가장 이상적인 모양을 가진 씨앗이 제일 멀리 날아갈 수 있었어요.

작은 씨앗도 있고 큰 씨앗도 있었어요. 날개를 하나만 가진 것도 있고 둘을 가진 것도 있었지요.

옛날 소나무 씨앗

헬리콥터 날개처럼 생긴 단풍나무 씨앗은 사실 씨앗이 아니라 열매예요. 열매 안에 씨앗이 들어 있어요.

단풍나무 열매는 비대칭이라서 빙글빙글 돌면서 날아요. 한쪽에는 무거운 씨앗이 들어 있고, 다른 한쪽에는 가벼운 날개가 달려 있어요.

가벼운 날개 부분

씨앗이 들어 있는 부분

단풍나무 열매는 날아가면서 씨앗을 중심으로 회전해요. 무거운 씨앗 부분이 열매를 아래로 잡아당기며, 열매 전체가 회전하게 되지요.

열대 우림에 사는 식물 알소미트라 마크로카르파 열매의 지름은 무려 30센티미터예요! 이 열매의 씨앗은 길이가 10센티미터가 넘는 커다란 날개를 가지고 있어요.

얇고 투명한 날개

열매

씨앗은 천천히, 위풍당당하게 날아서 아주 멀리 날아가요.

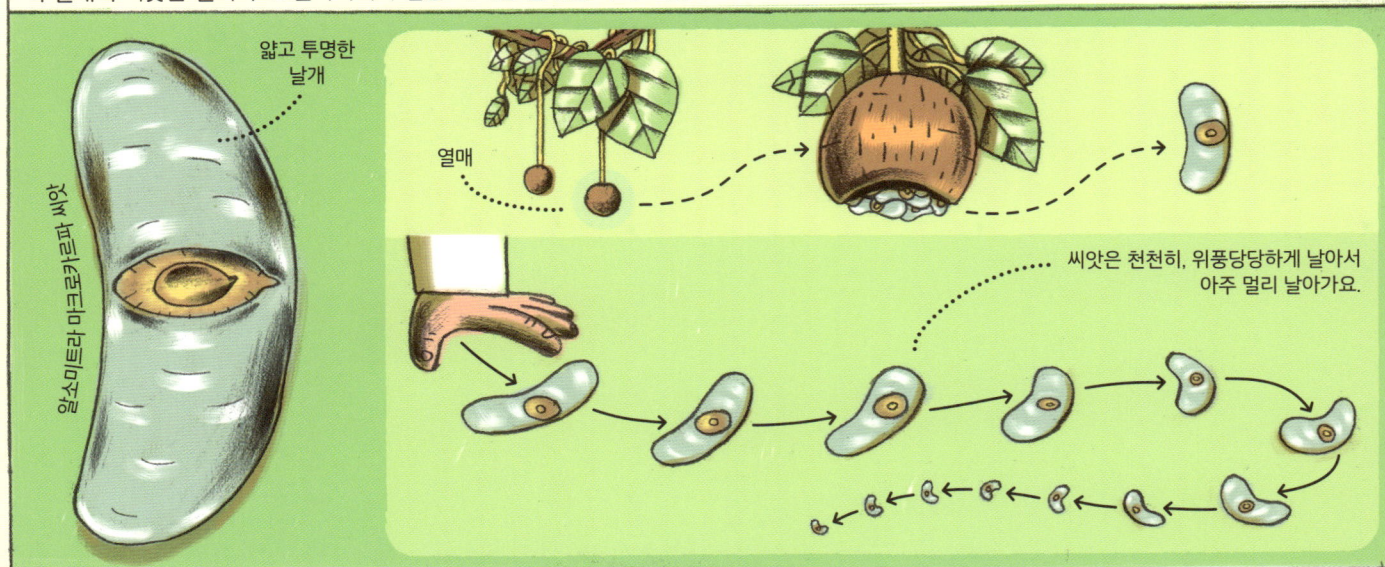

카바닐레시아 플라타니폴리아의 열매처럼 날개가 달린 씨앗들은 아주 놀랍고 예측할 수 없는 방식으로 날아요.

카바닐레시아 나무의 열매

헬리콥터 날개처럼 생긴 열매와는 달리 자신의 축을 중심으로 회전하며 날아가요.

케이폭나무의 씨앗은 기다란 열매 속에 한가득 들어 있어요. 두툼한 솜털이 씨앗을 감싸고 있지요.

열매 속의 씨앗

케이폭나무 열매

각각의 씨앗은 두툼한 솜털에 덮여 있어요. 덕분에 크고 가벼워서 바람에 쉽게 날려요.

서양민들레의 노란 꽃은 시간이 흐르면, 작디작은 열매들로 이루어진 보송한 솜뭉치로 변해요. 각 열매에는 아주 가느다란 솜털이 달려 있어서 몇 킬로미터나 날아갈 수 있어요.

씨앗

서양민들레의 열매

꽃 하나에는 보통 열매 100개 정도가 박혀 있어요.

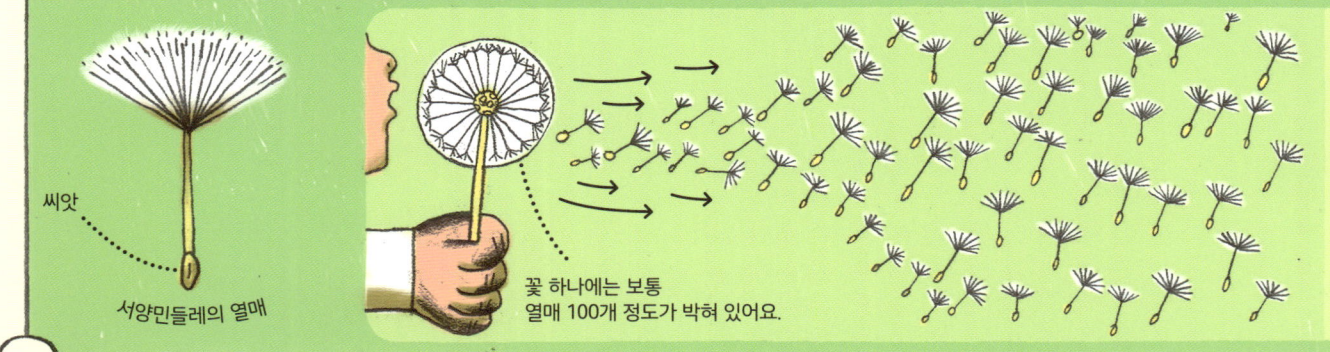

열매들은 마치 작은 낙하산처럼 움직여요. 솜털 위로 공기가 흐르면서 소용돌이를 만들고, 이 소용돌이가 씨앗을 빨아들여서 공중에 뜨게 만들어요.

소용돌이

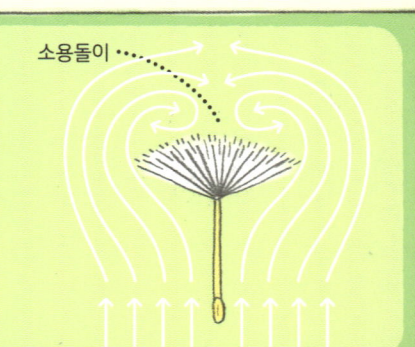

과 열매를 만드는 데 시간이 좀 걸려요. 바람을 타고 날기 위해서는 가벼워야 하는 동시에 무게 중심을 잡을 수도 있어야 하거든요. 이렇게 공들여 완성된 씨앗과 열매들은 정말 잘 날아요. 몇 가지 비행 방법을 알려 줄게요.
헬리콥터 날개처럼 생긴 씨앗은 씨앗에 있는 얇은 막으로 활공해요. 얇은 막으로 날아가고 회전하면서 낙하 속도를 서서히 줄이기도 하지요. 솜털이 많이 나 있는 씨앗들은 솜털을 이용해 바람에 날아가요. 그러나 모양이 전부는 아니에요. 모양과 상관없이 약한 바람에도 붕 뜨는 씨앗이 있고, 강한 바람에만 날아가는 씨앗도 있거든요. 믿을 수 없겠지만, 어떤 대륙에서 다른 대륙으로 이동할 만큼 정말 멀리 날아가는 씨앗도 있어요! 씨앗은 아주 작아서 눈에 띄진 않지만, 그 속에 많은 비밀을 숨기고 있답니다. ⬥ 바람을 타고 퍼지는 식물들: 목화 · 홉나무 · 참황새풀

하늘을 나는 씨앗과 열매를 맺는 식물은 아주 많아요. 남극 대륙을 제외한 모든 대륙에서 볼 수 있어요. 게다가 한 종의 식물이 세계 곳곳에서 서식하는 경우도 종종 볼 수 있지요.

날아다니는 원숭이와 뱀 날아오르고 활공하는 동물들

수백만 년 동안 새 말고도 다양한 동물들이 날 수 있는 능력을 얻었어요. 새와는 생김새가 전혀 다른 동물들 말이에요. 그중에서 박쥐는 날 수 있는 포유류예요. 그 외에 곤충들도 날아다니는 동물 중에서 큰 비중을 차지해요.
바로 이 작고 가벼운 곤충들이 동물 역사상 처음으로 나는 법을 배웠어요. 과학자들은 그때가 약 4억 년 전, 지구상에 점점 키가 큰 식물들이 등장하기 시작했을 때였을 거라고 추정해요. 곤충의 날개는 다른 동물의 날개처럼 앞다리가 변형되어 만들어진 것이 아니에요. 원래 날아다니는 데 사용되었던 가슴의 튀어나온 부분이 늘어나며 생겨났어요.

박쥐는 라틴어로 키롭테라고 불리는데, 이는 '손 날개'라는 뜻이에요. 실제로 박쥐의 날개는 주로 앞다리 뼈 사이에 펼쳐져 있어요.
새처럼 날아다닐 것 같지만 알고 보면 여러 가지 특이한 점이 있어요!

박쥐의 날개는 앞다리가 변형되어 생겼어요. 앞다리가 사람의 손가락처럼 길고 유연해진 것이지요.
- 위팔
- 팔뚝
- 손바닥뼈
- 손가락

사람의 팔

검은토끼박쥐

피부막에는 근육이 있어요. 박쥐는 자신의 비행을 좀 더 쉽게 제어할 수 있도록 이 근육을 조여요.

박쥐의 피부막은 작은 털로 덮여 있어요. 박쥐가 공기의 흐름을 느끼고, 날개의 모양을 조정할 수 있게 해 줘요.

박쥐의 날개는 단단한 새의 날개에 비하면 훨씬 얇아서 저항이 적어요.

날개가 네 손가락에 걸쳐 있어서 박쥐는 날개의 모양을 쉽게 바꿀 수 있어요.

비행할 때 새의 날개는 보통 대칭을 이루지만, 박쥐는 날개 한쪽은 펴고, 다른 한쪽은 접을 수 있어요.

갑자기 방향을 전환하거나 공중 곡예를 하는 데는 박쥐를 따라잡을 수 없다는 말이지요!

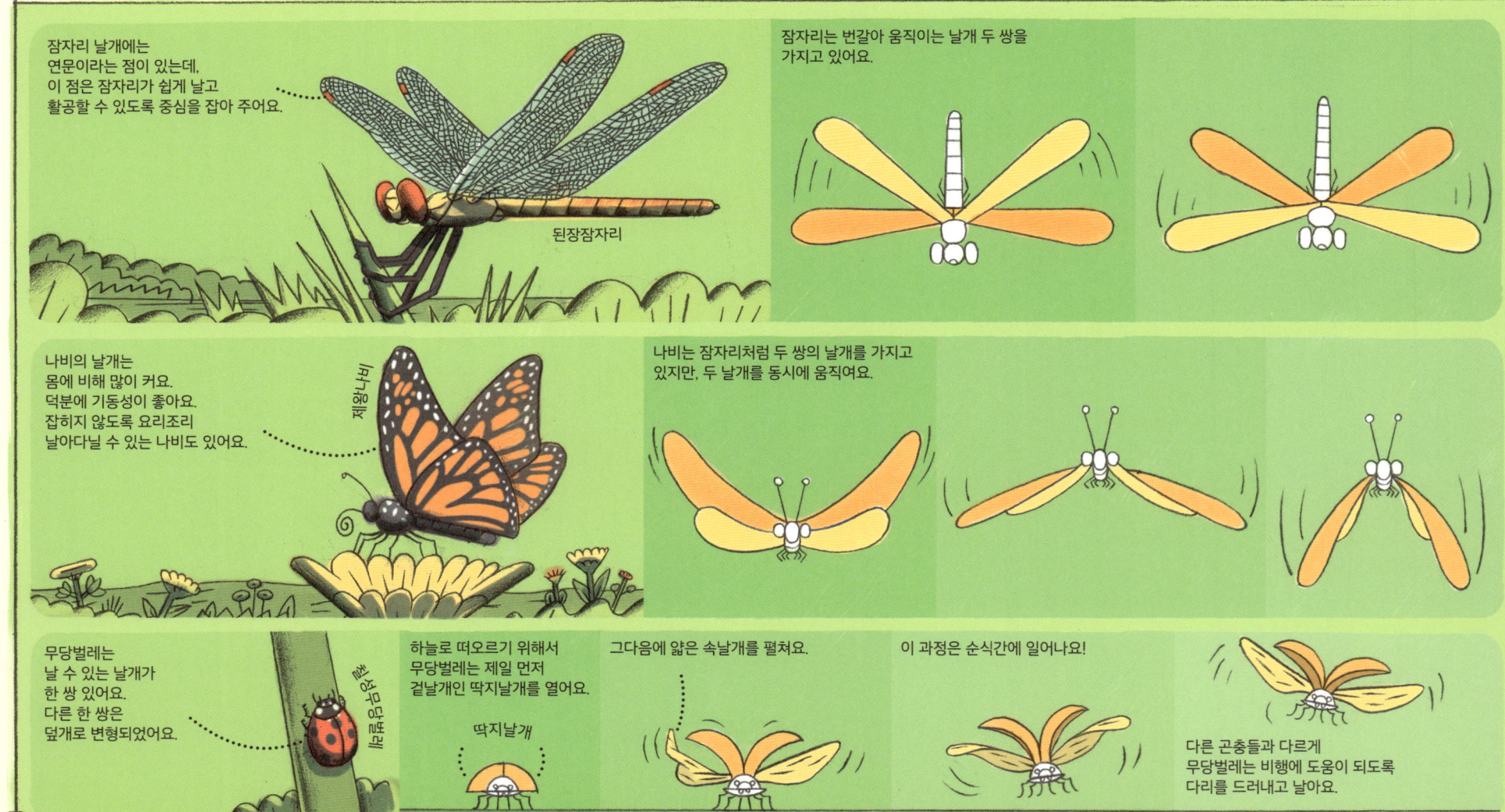

날개 달린 곤충은 모든 동물군 중에서 가장 종류가 많아요. 약 100만 종에 달하니까요! 그러니 종류가 다양한 게 당연해요.
작은 곤충부터 큰 곤충이 있고, 날개도 한 쌍이거나 두 쌍일 수 있어요. 각 곤충은 공중에서 유용한 저마다의 특징을 가지고 있어요.

잠자리 날개에는 연문이라는 점이 있는데, 이 점은 잠자리가 쉽게 날고 활공할 수 있도록 중심을 잡아 주어요.

된장잠자리

잠자리는 번갈아 움직이는 날개 두 쌍을 가지고 있어요.

나비의 날개는 몸에 비해 많이 커요. 덕분에 기동성이 좋아요. 잡히지 않도록 요리조리 날아다닐 수 있는 나비도 있어요.

제왕나비

나비는 잠자리처럼 두 쌍의 날개를 가지고 있지만, 두 날개를 동시에 움직여요.

무당벌레는 날 수 있는 날개가 한 쌍이 있어요. 다른 한 쌍은 덮개로 변형되었어요.

점박이무당벌레

하늘로 떠오르기 위해서 무당벌레는 제일 먼저 겉날개인 딱지날개를 열어요.

딱지날개

그다음에 얇은 속날개를 펼쳐요.

이 과정은 순식간에 일어나요!

다른 곤충들과 다르게 무당벌레는 비행에 도움이 되도록 다리를 드러내고 날아요.

지금도 날아다니는 동물들이 많아요. 새처럼 날 수는 없지만, 어느 정도 활강이 가능해서 낙하 속도를 줄일 수 있거나 바람을 활용해 공중에 뜰 수 있는 동물들이지요. 이처럼 활공만 할 수 있는 동물도 날아다니는 동물이에요.

그래서 날아다니는 동물에는 날다람쥐 같은 포유류나 날아다니는 파충류와 양서류, 날치도 있어요. 심지어 오징어와 거미도 있지요. 이런 동물들은 자신들의 특성을 발달시켜서, 새로운 요소에 익숙해지고 공중에 뜰 수 있는 방법을 찾아냈어요. 이들을 관찰하면 동물의 조상이 어땠는지 짐작할 수 있어요. 아주 오랜 시간이 흐르면, 이 동물 중에 정말 날아다닐 수 있는 동물이 나올지도 몰라요! ▶ 날아다니는 동물 중 흥미로운 동물들: 깃꼬리유대하늘다람쥐 · 날도마뱀 · 매미나방 · 날다람쥐 · 마호가니유대하늘다람쥐 · 세팔로테스 아트라투스 개미 · 비크로프트날다람쥐

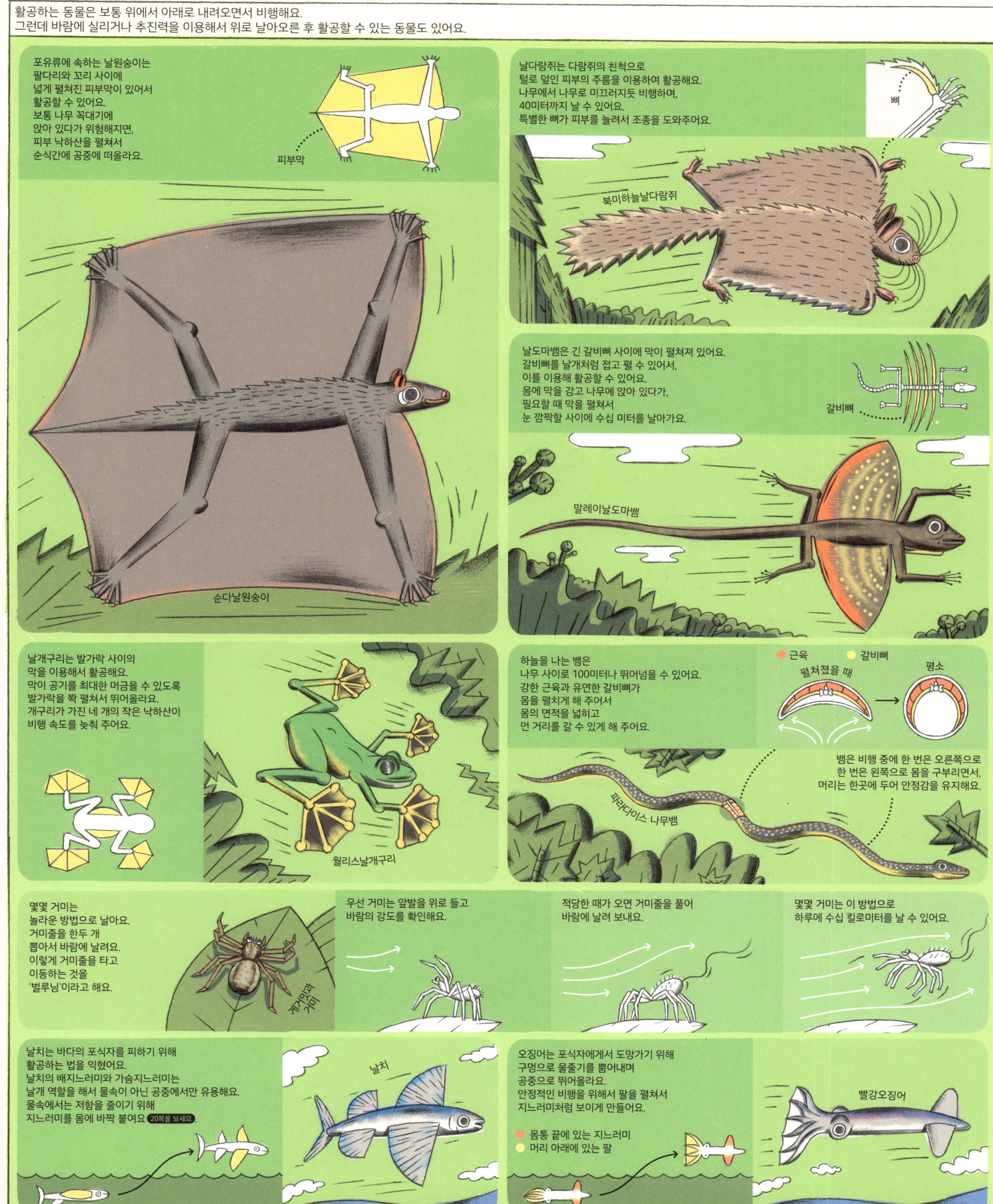

타고난 비행사 새

인류는 아주 옛날부터 새의 신비로운 비행 능력과 그런 능력을 가진 새에게 매료되었어요. 사람에게 비행은 이해할 수 없고 불가능한 영역이었어요. 원시인들은 뼈에 새 모양을 새기고, 동굴 벽에 새의 모습을 그렸어요. 많은 문화권에서 새의 형상을 신성하게 여기거나 새를 신의 전달자로 생각했어요. 12쪽을 보세요. 국가나 도시, 가문의 문장에 새가 그려졌고, 시인에게 새는 자유의 상징이 되었어요. 학자들은 새의 종을 묘사하고, 새들의 습성과 이동 경로를 알아내기 위해 노력했어요. 그러나 가장 중요한 질문인 새가 어떻게 날 수 있는지에 대해서는 알지 못했어요. 물론 지금은 답을 알고 있지만 22쪽을 보세요, 여전히 풀어야 할 숙제가 많이 남아

공룡은 우리 곁에 있어요. 바로 새가 공룡의 후손이거든요.
공룡이 어떻게 해서 날기 시작했고, 새가 어떻게 진화했는지 정확히는 알 수 없지만, 몇몇 새의 조상과 먼 친척은 알아요.

연구자들은 깃털 화석을 바탕으로 공룡의 털 색깔을 재현하려 노력하고 있어요. 그렇지만 공룡의 털이 어떻게 생겼는지는 확실하게 알 수 없어요.

세상에는 1만 종 이상의 다양한 새가 있어요. 날 수 있는 새들도 있고, 펭귄이나 타조, 카카포 앵무새처럼 비행 능력을 완전히 잃어서 날지 못하는 새들도 있어요. 또 반드시 필요한 경우에만 나는 새들도 있어요. 꿩, 메추라기, 칠면조처럼 조류의 닭목에 속하는 새들이 대표적이에요. 이 새들은 날 때 짧지만 널찍한 날개를 이용해요.

아주 크고 널찍한 날개는 매나 조롱이, 독수리와 같은 새들의 특성이에요.

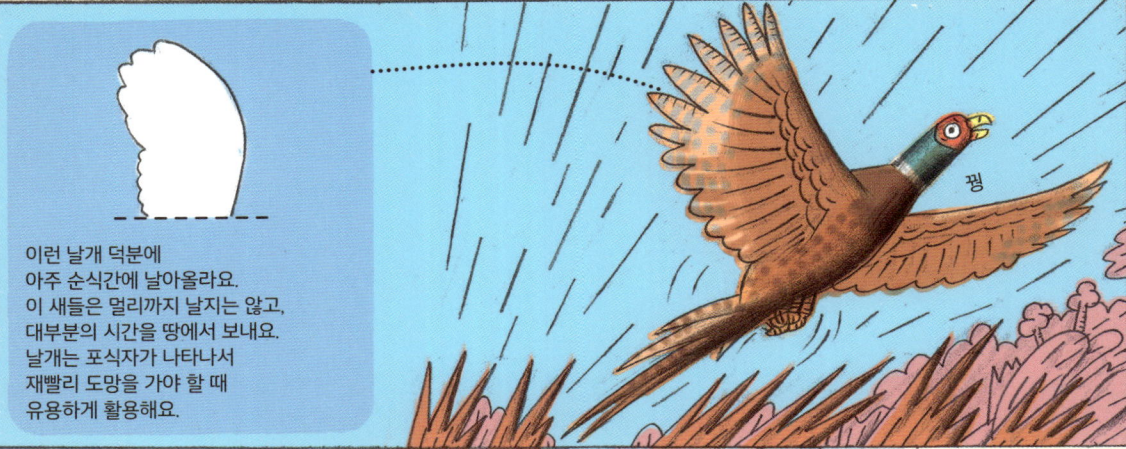

이런 날개 덕분에 아주 순식간에 날아올라요. 이 새들은 멀리까지 날지는 않고, 대부분의 시간을 땅에서 보내요. 날개는 포식자가 나타나서 재빨리 도망을 가야 할 때 유용하게 활용해요.

이런 날개 덕분에 기류를 타고 높이 떠올라 활공할 수 있어요. 이때는 날개를 퍼덕일 필요가 없지요.

길고 폭이 좁으며 끝이 뾰족한 날개는 먼 거리를 이동할 때 빠르게 날아갈 수 있게 해 줘요.

날개가 가느다랗고 폭이 좁으면 꽃 주변을 날아다니면서 꿀을 빨아 먹을 수 있어요.

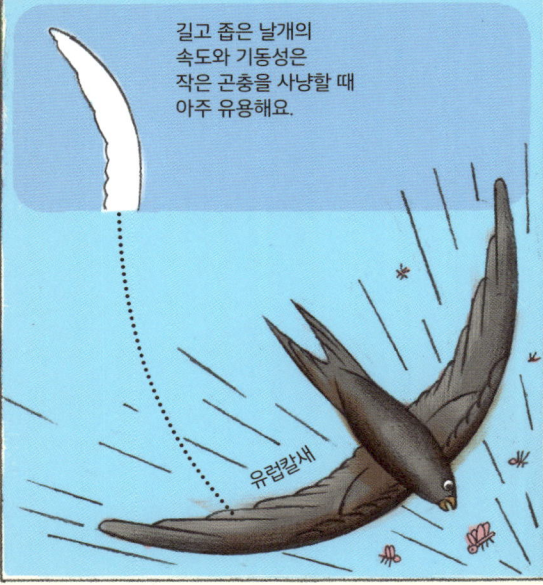

길고 좁은 날개의 속도와 기동성은 작은 곤충을 사냥할 때 아주 유용해요.

벌새만 공중에 떠서 돌 수 있는 건 아니에요. 하지만 벌새처럼 빨리 날개를 펄럭일 수 있는 새는 없어요. 벌새는 1초에 무려 90회나 날갯짓을 하거든요! 게다가 뒤로 날 수 있는 새는 세상에서 벌새가 유일해요!

많은 새가 짧고 둥그스름한 날개를 가지고 있어요. 가까운 거리를 이동하거나, 사는 곳을 옮기지 않고 한곳에서만 사는 새의 날개가 주로 이런 모양이에요.

하늘로 빠르게 날아오를 뿐만 아니라, 울창한 숲에서 기동성이 좋아요. 먹이를 찾으러 멀리 갈 수 있고요.

앵무새는 날개를 아래로 내리면서 날개를 최대한 넓게 펼쳐요.

그다음에 날개를 앞과 아래로 펄럭이며, 최대한 많은 공기를 품고 밀어내요.

저항을 줄이기 위해 날개를 몸에 바짝 붙여 위로 들어 올려요.

마지막으로 날개를 가장 높이 뻗어서 최대한 넓은 모양으로 날개를 내릴 수 있게 만들어요.

있어요. 예를 들어 새의 조상인 고대 파충류가 어떻게 비행 능력을 얻게 되었는지 아직 알려지지 않은 것처럼요. 이에 대해서는 다양한 가설이 존재해요.

오늘날의 새들은 공중에서 쉽게 이동할 수 있는 여러 가지 독특한 특징을 가지고 있어요. 그중에서 가장 중요한 건 날개예요. 날개 덕분에 새들은 어마어마한 거리를 날고, 능숙하게 사냥하고, 빠른 속도를 내거나 곡예비행을 할 수도 있어요.

짧은 날개, 긴 날개, 곧은 날개, 구부러진 날개 등 날개의 모양도 다양해요. 날개의 모양은 새들이 살아가는 환경과 생활 방식과 관련이 있어요.

새는 종에 따라 조금씩 다르게 나는데, 날개 모양으로 비행 높이, 속도, 비행 경로를 예측할 수 있어요. ➔ 독특한 비행을 하는 새: 그레이트스나이프 · 북극제비갈매기 · 루펠독수리 · 매 · 큰뒷부리도요

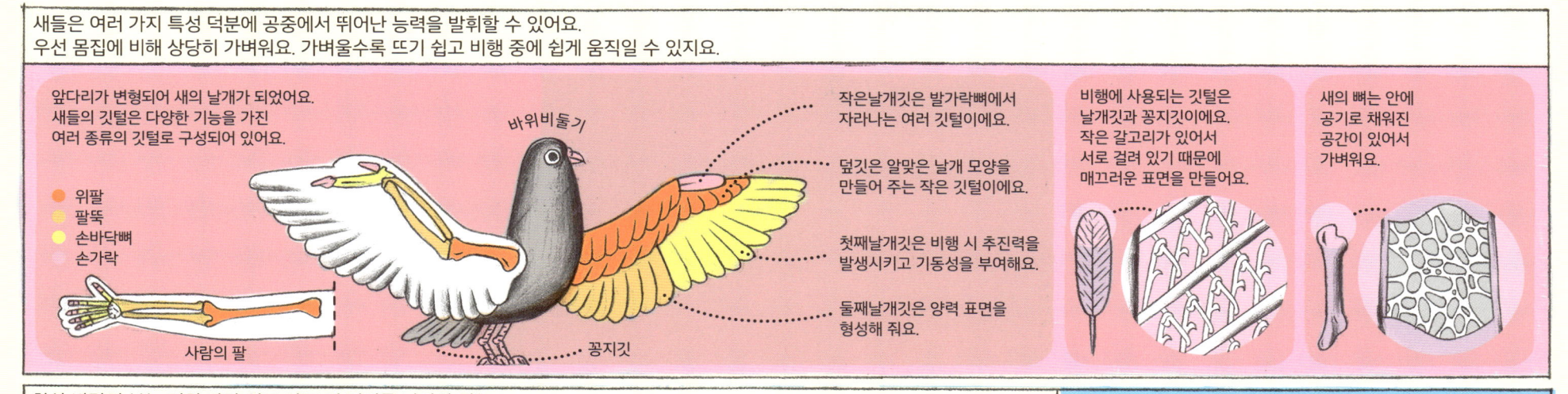

새들은 여러 가지 특성 덕분에 공중에서 뛰어난 능력을 발휘할 수 있어요. 우선 몸집에 비해 상당히 가벼워요. 가벼울수록 뜨기 쉽고 비행 중에 쉽게 움직일 수 있지요.

앞다리가 변형되어 새의 날개가 되었어요. 새들의 깃털은 다양한 기능을 가진 여러 종류의 깃털로 구성되어 있어요.
- 위팔
- 팔뚝
- 손바닥뼈
- 손가락

바위비둘기
꽁지깃
사람의 팔

작은날개깃은 발가락뼈에서 자라나는 여러 깃털이에요.

덮깃은 알맞은 날개 모양을 만들어 주는 작은 깃털이에요.

첫째날개깃은 비행 시 추진력을 발생시키고 기동성을 부여해요.

둘째날개깃은 양력 표면을 형성해 줘요.

비행에 사용되는 깃털은 날개깃과 꽁지깃이에요. 작은 갈고리가 있어서 서로 걸려 있기 때문에 매끄러운 표면을 만들어요.

새의 뼈는 안에 공기로 채워진 공간이 있어서 가벼워요.

항상 바람이 부는 거친 바다 위로 아주 먼 거리를 날아야 하는 바닷새들의 날개는 보통 매우 길고 폭이 좁아요.

앨버트로스의 날개 길이는 3미터가 넘어요. 새 중에서 가장 길지요. 앨버트로스는 좋은 바람을 만나면 땅에 내려오지 않고도 수천 킬로미터를 날 수 있어요.

앨버트로스는 팔을 고정하는 특수한 힘줄이 있어요. 그래서 날개를 계속 펼치고 있어도 힘이 들지 않아요.

앨버트로스 중 일부는 1년 동안 남극해 주변을 세 번이나 날아다니고, 이 과정에서 12만 킬로미터 이상을 이동해요.

바닷새들은 수백 년 동안 선원들에게 육지가 가까이에 있다는 것을 알려 주는 신호였어요.

새들이 나타나면, 곧 육지에 도착할 거란 걸 알았어!

날개를 단 사람들 비행의 꿈이 시작되다

하늘로 날아오르기 위한 최초의 시도는 실패의 연속이었어요. 많은 사람이 역사에 새로운 기록을 남기기 위해 여러 가지 독특하고 무모한 방법을 시도했어요. 보다 이성적인 사람들은 목숨을 걸지 않았어요. 고대 그리스의 철학자 아르키타스는 나무로 비둘기를 만들어 하늘로 날려 보냈지요.

다른 사람들은 그리스 로마 신화에 나오는 이카로스의 이야기 (12쪽을 보세요) 가 어떤 결말을 맞았는지 기억하지 못했을 거예요. 왜냐하면 계속해서 새의 깃털로 날개를 만들었고, 실패를 겪으면서도 뭐가 잘못되었는지 알아내지 못했거든요.
새의 머리를 본뜬 가면을 쓴 사람들도 있었지만 소용없는 일이었어요. 여전히 하늘

고대 그리스의 철학자 아르키타스가 만든 장치는 매우 단순했을 거예요. 아르키타스는 금속 물통 위에 나무 비둘기를 올려 두었어요.

물이 끓어서 구멍으로 수증기가 나오기 시작하면 주전자의 물이 끓을 때 휘익 소리를 내듯, 나무 비둘기가 튀어 올랐어요.

기원전 5-4세기

이탈리아의 화가이자 발명가인 레오나르도 다빈치의 자필 원고에서는 하늘을 나는 것에 관한 스케치가 500개 이상 발견되었어요. 레오나르도 다빈치에게 가장 큰 영감을 주었던 새들의 비행과 관련된 스케치가 대부분이었어요.

낙하산 스케치

헬리콥터 설계도

15-16세기

레오나르도 다빈치가 그린 건 주로 새의 날개가 움직이는 걸 모방한 구조물, 오르니톱터였어요.

존 다미안으로 알려진 이탈리아인 조반니 다미아노 데팔쿠치는 스코틀랜드 왕 제임스 4세의 성에서 연금술을 익혔어요.

스털링 성

어느 날, 조반니 다미아노는 새의 비행에 대한 비밀을 발견했다며, 닭의 깃털로 만든 날개를 달고 곧장 프랑스로 날아갈 것이라고 선언했어요.

조심해요, 지금 날 거예요!

독수리 깃털을 썼더라면….

1508년

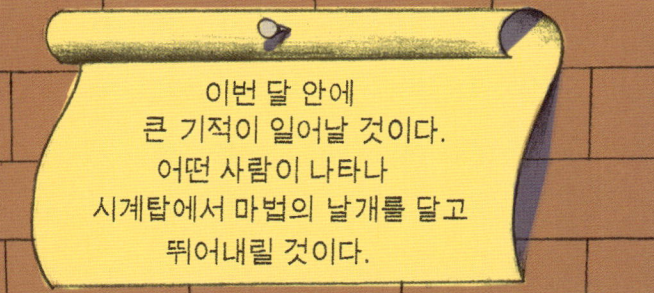

포르투갈의 비제우 시에 사는 교사 주앙 토르투도 비행사로서 자신의 능력을 시험해 보기로 했어요. 반드시 성공할 거라고 믿었기 때문에 거리에 사람을 보내 특이한 알림 글을 걸었어요.

이번 달 안에 큰 기적이 일어날 것이다. 어떤 사람이 나타나 시계탑에서 마법의 날개를 달고 뛰어내릴 것이다.

주앙 토르투는 이중 날개가 달린 비행복과 새 부리가 달린 특수 헬멧을 준비했어요.

주앙 토르투는 도시 광장에 있는 대성당의 시계탑에서 뛰어내렸어요. 그의 처음이자 마지막 비행이었지요.

1540년

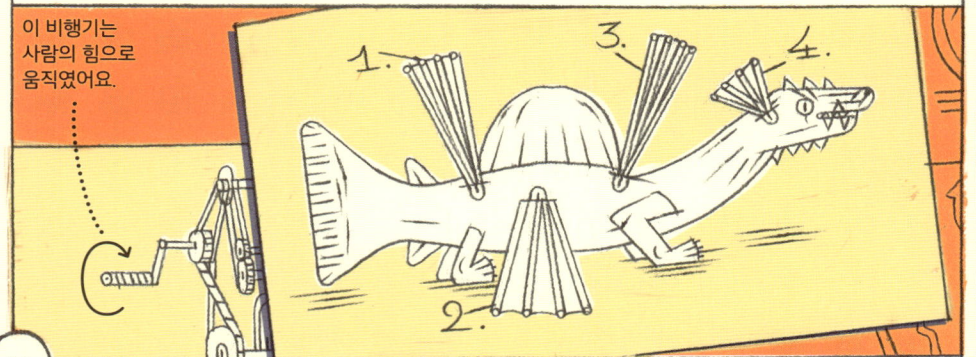

폴란드 왕 브와디스와프 4세의 궁정에서 일했던 이탈리아의 발명가 티투스 리비우스 보라티니는 용 모양 기구에 네 개의 날개를 단 비행기를 발명했어요.

이 비행기는 사람의 힘으로 움직였어요.

작은 용 모양 비행기는 새끼 고양이를 태운 시험 비행에 성공했어요! 보라티니의 발명품은 큰 반향을 불러일으켰지만, 보라티니는 사람을 태워서 날 수 있는 기계를 만들지는 못했어요.

나무와 캔버스 천으로 만든 이 비행기의 길이는 1.5미터였어요.

1648년

은 인간이 접근할 수 있는 곳이 아니었지요.
자연을 모방하지 않고 다른 해결책을 찾는 사람들도 있었어요. 천재 예술가이자 발명가였던 레오나르도 다빈치는 하늘을 나는 기구를 그린 수많은 스케치를 남겼어요. 그의 디자인은 그림으로만 남아 있지만, 그의 독창성은 여전히 감탄을 자아내요. 수세기 동안 많은 사람이 공기보다 가벼운 물질이나 진공을 이용해 떠오르는 연과 오르니톱터를 연구했고 제트나 스프링, 증기의 추진력을 실험했어요. 오르니톱터는 새처럼 날갯짓을 해서 나는 초기의 비행기예요. 실험은 대부분 실패로 끝났지만 모든 시도는 사람들이 꿈꾸던 목표에 가까워지게 해 주었어요. ➲ 하늘에 도전한 사람들: 디에고 마린 아길레라 · 자코브 베스니에 · 장프랑수아 보이뱅 드보네토 · 라가리 하산 실레비 · 야코프 데겐 · 맘즈버리의 에일머 · 위안 황터우 · 프란체스코 라나데테르치 · 카스파어 모어 · 얀 브넹크

알브레히트 베르블링거는 기계 공학에 푹 빠진 독일인 재단사였어요. 여가 시간과 저축한 돈을 모두 써서 수년 동안 하늘을 나는 기구를 만들었어요.

저 재단사는 밤마다 대체 뭘 하는 걸까?

뷔르템베르크의 왕은 베르블링거가 비행기구를 만드는 것을 알고, 제작에 필요한 자금을 지원해 주었어요.

베르블링거는 사람이 새처럼 날개를 퍼덕일 수 없다고 생각했기 때문에 행글라이더 같은 기구 68쪽을 보세요 를 만들었어요. 그리고 도나우강 부근에 있는 요새에서 출발하여 강 건너편까지 날아가기로 마음먹었어요.

마침내 결전의 날이 왔어요. 왕과 울름 시민들이 모인 가운데 베르블링거는 하늘로 날아오를 예정이었어요. 전해 오는 이야기에 따르면, 베르블링거는 아주 오랫동안 바람이 적당한 때를 기다렸는데, 기다리다 지친 경찰이 그만 뛰어내리라고 했대요. 운이 없었던 베르블링거는 결국 강에 바로 빠지고 말았어요. 다행히 도시 어부들이 서둘러 그를 구했어요. 지금은 그런 행글라이더로는 도나우강을 건널 수 없다는 걸 알고 있지요.

처음에 베르블링거는 도시에서 가장 높은 건물인 대성당 꼭대기에서 날고 싶어 했어요.

1811년

베르블링거가 더 높은 곳에서 뛸 수 있도록 요새에 경사진 준비대를 만들었어요.

온 동네 사람들이 베르블링거가 비행에 실패하는 장면을 목격했어요! 비행을 기다리다 지루함을 이기지 못한 왕이 먼저 자리를 떠서 참 다행이었지요.

베르블링거는 무사했지만, 비행을 실패한 탓에 많은 사람이 그를 사기꾼으로 여겼어요.

▲ 알브레히트 베르블링거의 행글라이더

공기보다 가벼운 항공기 — 몽골피에 형제의 열기구

18세기에 이르자 구름을 뚫고 하늘로 올라가기 위해 꼭 날개가 필요하진 않다는 사실이 밝혀졌어요. 비행기구가 공기보다 가볍기만 하면 날 수 있어요! 불가능할 것 같다고요? 많은 학자와 발명가가 날개 없는 기구에 대해 고민했고, 파리에 살던 한 형제가 이 놀라운 일을 해냈어요.

조제프 미셸 몽골피에와 자크 에티엔 몽골피에 형제는 아버지에게 물려받은 제지 공장을 운영하면서 평화롭게 살고 있었어요. 그러다 우연히 하늘을 나는 기구를 만들 생각을 했어요. 열정이 가득했던 두 사람은 초기 몇 차례의 성공 후 다른 모델을 발명했지만, 정작 자기들이 만든 발명품이 어떤 원리로 작동하는지는 잘 몰랐어요.

형 조제프 미셸 몽골피에는 벽난로 위에서 말리던 빨래가 가볍게 휘날리는 걸 보다가 좋은 생각을 떠올렸어요.

오! 이거 재미있는데!

조제프는 동생의 도움을 받아 곧바로 실험에 돌입했어요. 모닥불을 피우고 그 위에 두꺼운 천 주머니를 들고 서서, 무슨 일이 벌어지는지 관찰했어요.

뜬다! 효과가 있어!

조제프는 모닥불 연기에 놀라운 성질을 가진 특수 기체가 있을 거라고 확신했어요.

이 연기를 우리 형제의 성을 붙여 몽골피에 가스라고 불러야겠어!

형제는 틀렸어요. 예나 지금이나 열기구를 띄우는 건 연기가 아니라 뜨거운 공기니까요!

우리 주변의 공기는 산소, 질소, 이산화 탄소 등 여러 기체가 섞여 있어요. 무게가 없는 것처럼 느껴지지만, 사실 공기에도 무게가 있어요. 1세제곱미터 즉, 한 변의 길이가 1미터인 정육면체의 공기 무게는 약 20도 온도에서 1킬로그램이 조금 넘어요.

❶ 지름이 1미터인 커다란 점핑볼에 든 공기의 무게는 약 640그램이에요!

공기는 따뜻하게 데워질수록 가벼워져요. 그래서 굴뚝의 따뜻한 연기가 위로 올라가는 거예요.

❷ 벽난로나 난방 기구를 켠 방 안에서도 천장이 가장 따뜻해요.

❸ 만일 열기구의 풍선이 따뜻한 공기로 가득 차면, 풍선은 주변 공기보다 가벼워질 거예요. 그러면 물에 빠진 물건이 떠오를 때와 마찬가지로 부력이 작용해요. 공이 물 위에 둥둥 뜨는 것처럼 열기구가 공중에 떠올라요.

부력

❹ 풍선 안에 있는 공기가 식으면 열기구가 아래로 내려오기 시작할 거예요. 그래서 열기구 내부에 공기를 데우는 가열 장치가 없으면 열기구는 아주 멀리는 날아가지 못해요.

❺ 모든 열기구의 풍선 안에 뜨거운 공기가 있는 건 아니에요. 헬륨이나 수소 42쪽을 보세요 를 채우기도 해요. 헬륨과 수소는 공기보다 가벼워서 가열하지 않아도 되거든요. 그래서 그냥 공기를 불어 넣은 풍선은 뜨지 않지만, 헬륨을 넣은 풍선은 높이 뜨는 거예요.

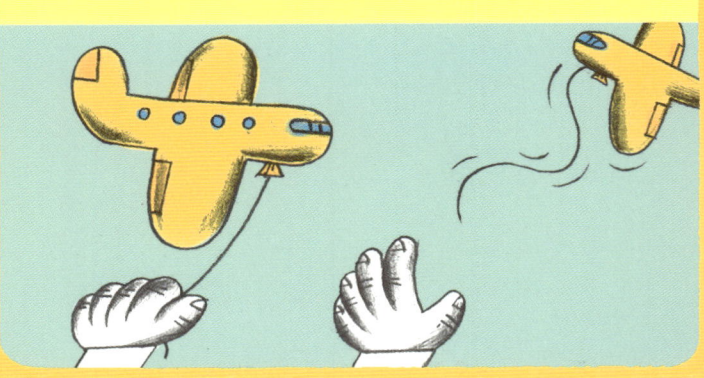

18세기에는 사람이 비행을 견딜 수 있을지 아무도 확신하지 못했어요. 과연 사람이 타도 안전할까? 항상 의문이 있었지요. 그래서 처음 비행을 떠난 건 동물이었어요! 각각의 이유로 세 동물을 선택했어요.

양을 날려 보내자! 양은 사람처럼 땅 위에서 살고, 절대 공중에 뜨지 않으니까.

오리도 좋을 것 같아. 오리는 날 줄 아니까 열기구에 타도 위험하지 않을 거야.

닭도 보내자! 닭은 양과 오리의 중간이라고 할 수 있잖아. 새지만 날 줄 모르니까!

동물들에게 하늘 여행은 대단한 경험이었을 거예요. 다행히 동물들은 몇 킬로미터 떨어진 곳에 무사히 착륙했어요.

1783년 9월 19일

그래도 형제는 천과 종이로 점점 더 큰 열기구를 만들어서 더 멀리 날려 보냈어요. 마침내 사람을 태우기로 한 시간이 왔어요. 하지만 몽골피에 형제가 만든 하늘을 나는 기구를 타겠다고 한 사람은 없었지요. 동물을 태운 시험 비행과 땅에 묶어 고정한 열기구의 시험 비행이 성공한 후에야, 사람을 태운 첫 번째 비행이 시작되었어요. 용감하고 무모한 두 승객이 지상 수백 미터 높이에서 파리 상공을 날았어요!

바로 그날, 새로운 시대가 시작되었고 유럽인들은 뜨거운 공기와 가스를 채운 열기구에 푹 빠졌어요. 요즘은 가볍고 거대한 이 열기구를 66쪽을 보세요 자주 볼 수는 없지만, 여전히 많은 사람의 사랑을 받고 있어요. ➡ 열기구 비행을 선도한 사람들: 장피에르 블랑샤르 · 자크 샤를과 로베르 형제 · 바르톨로메우 데구스망 · 요르다키 쿠파렌트코 · 빈첸초 루나르디

같은 해에 몽골피에 형제는 가장 큰 유인 열기구를 만들었어요. 프랑스의 루이 16세의 초상화와 별자리 등으로 특별한 그림을 넣어 열기구를 화려하게 꾸몄어요.

마침내 역사적인 시험 비행의 날이 다가왔어요. 왕과 귀족들이 있는 자리에서 사람들이 탄 열기구가 처음으로 밧줄을 풀고 하늘로 날아오를 준비를 마쳤지요.

1783년 11월 21일

열기구를 묶어 두었던 밧줄을 풀자 모여 있던 사람들은 모두 숨을 죽였어요. 열기구는 조용히 두둥실 위로 떠올랐어요. 흥미롭게도 열기구의 첫 탑승자는 몽골피에 형제가 아니라, 자청했던 교사와 군인 두 명이었어요.

열기구는 비행 방향을 조종할 수 없었어요. 바람이 부는 대로 날아갔지요. 요즘 열기구 66쪽을 보세요 도 마찬가지로, 열기구가 떠 있는 높낮이를 조절할 수 있는데, 이때 높낮이 조절을 하며 알맞은 방향으로 가는 바람을 찾을 수 있어요.

파리 상공을 누비는 열기구

10킬로미터 정도를 날았어요.

열기구는 파리 근교의 시골 마을에 안전하게 착륙했어요. 정말 놀라운 일이었지요!

비단 연과 하늘을 나는 상자 ▶ 로런스 하그레이브의 연

인류가 수천 년 전부터 알고 있던 비행기구가 있어요. 바로 연이에요. 무려 1만 1천 년 전에 연을 만들었다는 이야기도 있어요! 연은 중국에서 처음 만들었지만, 전 세계 여러 문화권에서 다양한 형태의 연을 만들었지요. 연은 놀이로 사용되었지만, 전투 중에 신호를 보내는 용도로 사용하거나 깃발로도 사용했어요. 종교 행사나 기념일에 사용하기도 했지요. 종이, 천, 나뭇잎으로 만든 연을 날리는 모습은 많은 나라에서 아주 흔히 볼 수 있는 장면이었어요. 하지만 사람들이 연의 구조와 작동 원리를 주의 깊게 살펴보기 시작한 건, 기술이 급격히 발전한 19세기 말부터였어요.

중국인들은 수천 년 전에도 연을 날렸을 거예요. 기원전 3600년에도 중국인들은 쉽게 구할 수 있는 대나무와 유명한 비단으로 연을 만들었어요.

기원전 2세기 — 전해지는 이야기에 따르면 한신 장군은 연을 이용하여 함락하고 싶은 성까지의 거리를 쟀다고 해요. 덕분에 몰래 접근할 때 이용할 땅굴의 길이가 얼마나 되어야 하는지를 알아냈지요.

신대륙을 발견하면서 유럽과 미국에도 연이 널리 알려졌어요. 18세기에는 과학 실험용으로 연을 사용하기 시작했어요.

1749년 — 스코틀랜드의 의사이자 천문학자인 알렉산더 윌슨은 대기 연구에 이용했어요. 여러 개의 연을 매달아 높이마다 다른 기온을 측정했어요.

1752년 — 미국의 학자 벤저민 프랭클린과 그의 아들은 대기 방전 현상인 번개를 연구하기 위해 연을 활용했어요.

세계 곳곳에서 전통 연을 만들었어요. 필요에 따라서 작은 연과 기동성이 좋은 연, 여러 사람이 조종해야 하는 초대형 연도 있었어요. 모양은 제각각이지만 공통점이 있다면, 연을 만들 때는 항상 가장 가벼운 소재를 사용했다는 거예요.

새 모양의 연은 중국에서 가장 오래된 연 중 하나예요.

우리나라의 전통 연인 방패연은 가운데에 동그란 구멍이 있어요.

일본 연은 모양이 매우 다양한데, 주로 자연에서 영감을 받은 게 많고 매우 화려해요.

인도에서는 투칼이라고 부르는 작고 날렵한 연으로 공중에서 연 싸움을 벌였어요. 상대방의 연줄을 먼저 끊는 쪽이 승리해요!

솔로몬 제도 사람들은 오래전부터 물고기를 잡을 때 연을 이용했어요. 연에 미끼를 매단 낚싯줄을 묶은 뒤, 배를 타고 바다로 나가 연을 날려요. 그러면 연이 움직일 때마다 낚싯줄이 움직여서 물고기들을 유인해요.

버뮤다 제도 사람들은 부활절에 육각형 연을 날려요. 버뮤다 제도는 북대서양 서부에 있는 섬의 무리를 말해요.

말레이시아에서는 와우불란이라는 달 모양의 연이 국가적 상징 중 하나가 되었어요.

뉴질랜드 원주민 마오리족은 나무껍질이나 뿌리, 나뭇잎으로 다양한 연을 만들었어요. 아쉽게도 지금은 몇 종류만 남아 있어요.

과테말라에서는 매년 11월 1일에 숨팡고라는 연날리기 축제가 열려요. 연을 꾸미는 데 몇 달씩 걸리기도 해요.

19세기에는 가오리처럼 생긴 가오리연이 매우 인기가 있었어요.

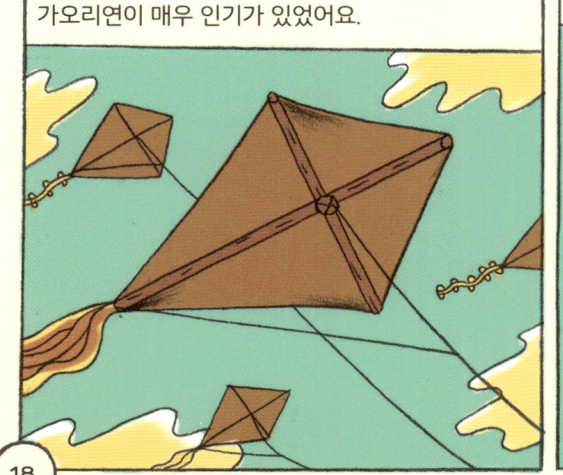

가오리연에는 다른 연에서도 볼 수 있는 공통 요소들이 눈에 띄어요.

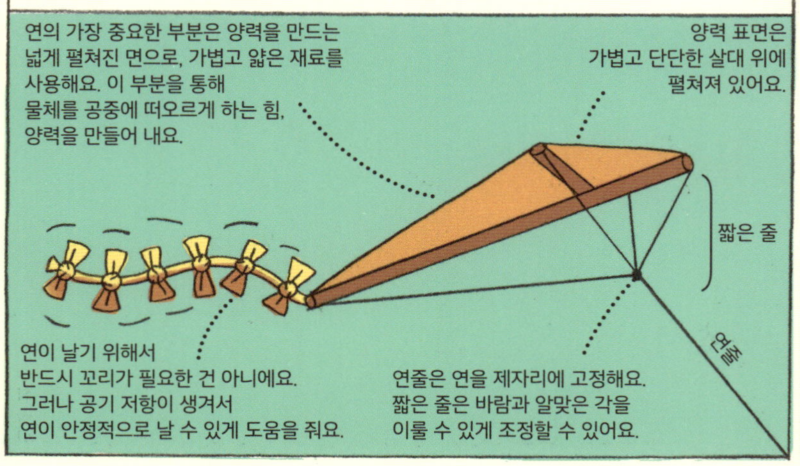

연의 가장 중요한 부분은 양력을 만드는 넓게 펼쳐진 면으로, 가볍고 얇은 재료를 사용해요. 이 부분을 통해 물체를 공중에 떠오르게 하는 힘, 양력을 만들어 내요.

양력 표면은 가볍고 단단한 살대 위에 펼쳐져 있어요.

연이 날기 위해서 반드시 꼬리가 필요한 건 아니에요. 그러나 공기 저항이 생겨서 연이 안정적으로 날 수 있게 도움을 줘요.

연줄은 연을 제자리에 고정해요. 짧은 줄은 바람과 알맞은 각을 이룰 수 있게 조정할 수 있어요.

짧은 줄

연의 양력은 비행기 날개의 양력 22쪽을 보세요 과 똑같은 방식으로 발생해요. 그렇지만 연의 양력이 생겨나는 원리를 이용해 비행기구를 만들 수는 없었어요.

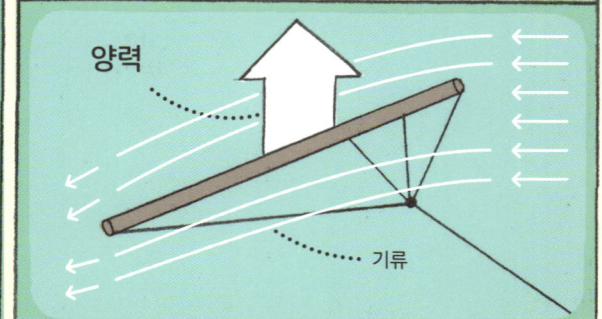

연은 '사람이 하늘을 날 수 있을까?'라는 질문에 답하기 위한 실험 도구로 자주 사용되었어요. 연은 매우 단순해서 실험에 딱 맞았어요. 동력 장치 없이 주변에 있는 재료로 쉽게 만들 수 있었거든요. 게다가 빨리 만들 수 있고, 망가져도 쉽게 수리할 수 있었어요.
특히 연의 단순함 덕분에 조금씩 변화를 주면서 각 변화가 비행에 어떠한 영향을 미치는지 관찰할 수 있다는 점이 가장 중요했어요. 비행의 비밀이 밝혀진 지금은 주로 축제나 기념일 등 특별한 날에 연날리기를 놀이나 스포츠로 즐겨요. 옛날과는 다른 소재로 연을 만들지만 여전히 사람들에게 큰 즐거움을 안겨 주지요. ▶ 재미있는 연: 차피차피(필리핀) · 바덴파월의 연 · 알렉산더 그레이엄 벨의 사면체 연 · 피파스(브라질) · 로카쿠다코(일본) · 용 연(중국)

19세기 말, 오스트레일리아의 기술자 로런스 하그레이브는 연에 관심을 가졌어요. 당시 하그레이브는 천문 관측소를 운영하고 있었지요. 그러던 어느 날, 해안에서 부는 바람이 하그레이브에게 비행 실험에 대한 영감을 준 거예요.

하그레이브는 얇고 가벼운 살대와 천을 이용하여 다양한 연을 만들어서 시험했어요.

다양한 시도와 실패를 거듭하던 중에 상자와 비슷한 모양을 만들게 되었어요.

"어디 보자. 상자처럼 생겼네…"

"그렇다면 상자 연이라고 불러야겠어!"

하그레이브의 가장 큰 성과는 여러 개의 상자 연으로 만든 비행기구였어요. 독특한 구조로 사람을 공중에 들어 올릴 수 있었지요.

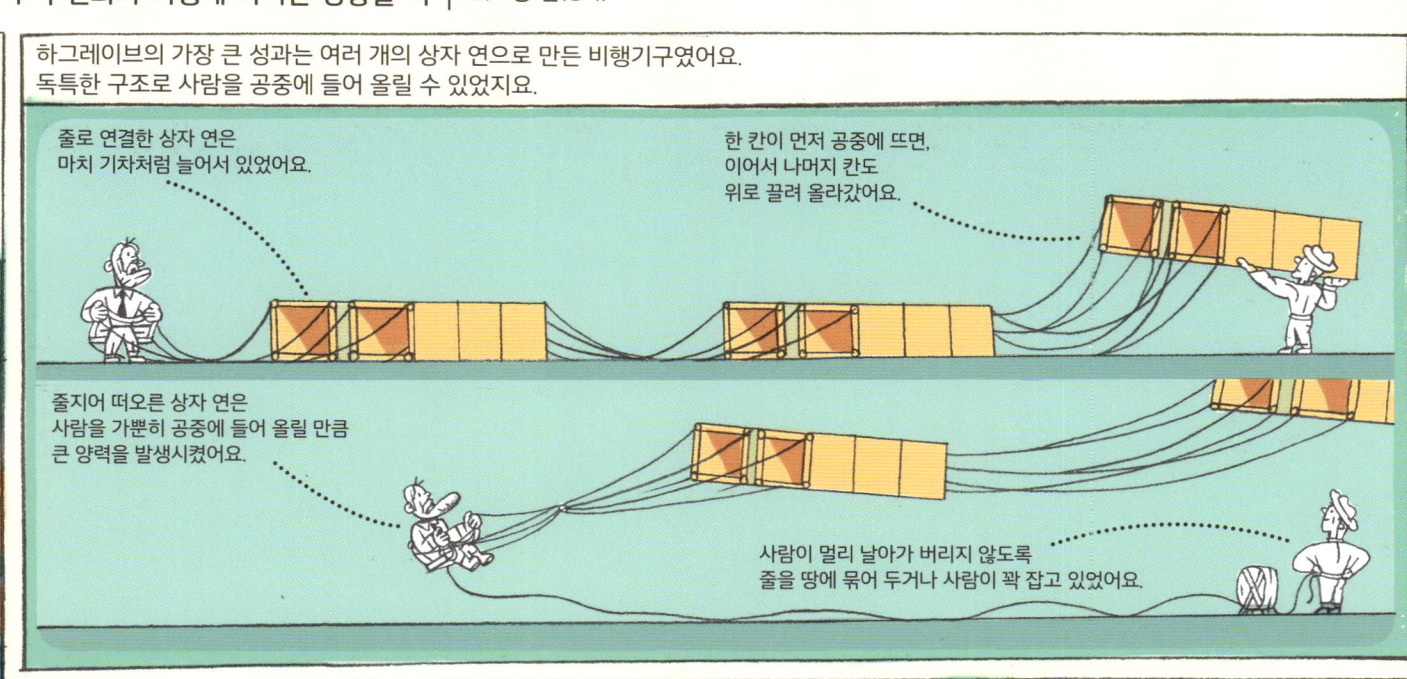

줄로 연결한 상자 연은 마치 기차처럼 늘어서 있었어요.

한 칸이 먼저 공중에 뜨면, 이어서 나머지 칸도 위로 끌려 올라갔어요.

줄지어 떠오른 상자 연은 사람을 가뿐히 공중에 들어 올릴 만큼 큰 양력을 발생시켰어요.

사람이 멀리 날아가 버리지 않도록 줄을 땅에 묶어 두거나 사람이 꽉 잡고 있었어요.

1894년 말, 하그레이브는 친구의 도움으로 상자 연을 타고 수 미터 높이까지 올라갔어요. 하그레이브는 힘을 모아 비행 기술의 문제를 빨리 해결해야 하므로, 실험을 통해 얻은 지식을 다른 사람들과 공유해야 한다고 생각했어요. 그래서 자신이 이룬 성과를 널리 알렸지요.

1894년 11월 12일

상자 연은 공중에서 상당히 안정적이었어요. 덕분에 곧 다양한 용도로 활용되기 시작했고, 기상학계에서는 그동안 쓰던 납작한 연을 상자 연으로 빠르게 바꾸었지요.

하그레이브의 상자 연

가문비나무로 만든 살대에 캔버스 천을 덮은 덕분에 상자 연은 가볍고 견고했어요.

"하그레이브, 특허 낼 거지, 그렇지?"

"당연히 아니지! 이건 다른 사람들도 알아야 해!"

실제로 다른 개발자들이 하그레이브가 발견한 지식을 활용했어요. 얼마 후, 미국의 비행사이자 항공기 설계자인 새뮤얼 코디가 상자 연에 날개를 달아서 군용 비행기구를 만들었어요. 20세기 초에는 브라질의 비행사 아우베르투 산투스두몽이 상자 연을 바탕으로 초기 비행기 중 하나를 만들었어요.

땅에서 떠오르기 시작하다 항공의 개척자들

18세기와 19세기에는 과학과 기술이 크게 발전했어요. 다양한 분야에서 연구가 진행되었고, 세상은 점점 좋아졌어요. 발명품 하나가 다음 발명품을 이끌어 내고, 그 발명품이 그다음 발명품을 이끌어 냈지요. 그렇지만 열기구 다음으로 발명된 건 아직 없었어요. 공기보다 무거우면서 효과적인 동력 장치와 조종 장치를 가지고 있는 기계는 여전히 없었지요. 영국의 기술자이자 발명가인 조지 케일리는 이러한 문제를 해결하기 위해 노력했어요. 여러 비행기구가 어떻게 작동하는지 연구하며 다양한 모델을 실험했고, 마침내 자신만의 비행기구를 만들었어요. 조종사가 탑승한 채 어느 정도 날아갈 수 있는 역사상 최초의 글라이더였어요. 얼마 지나지 않아 프랑스의 발

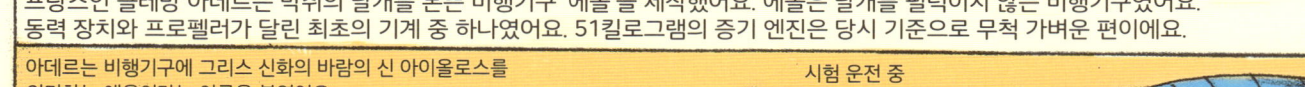

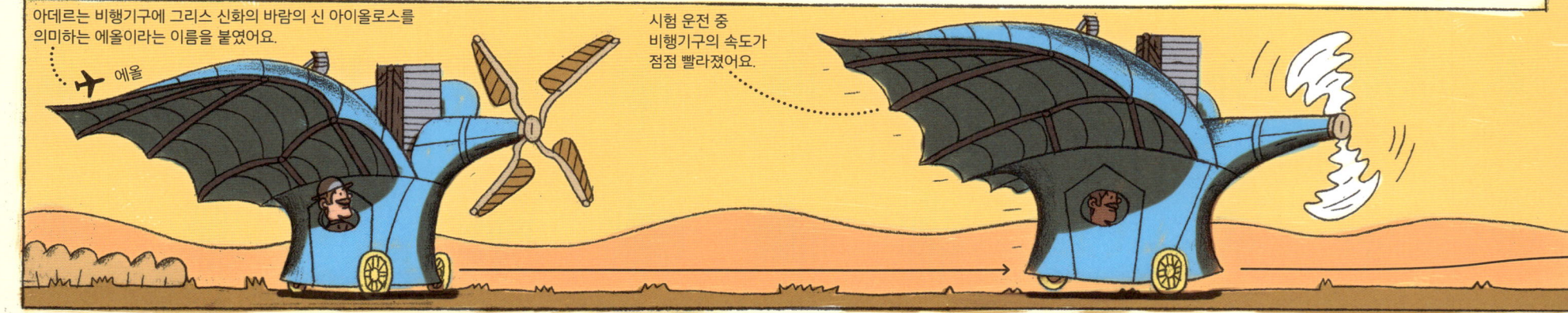

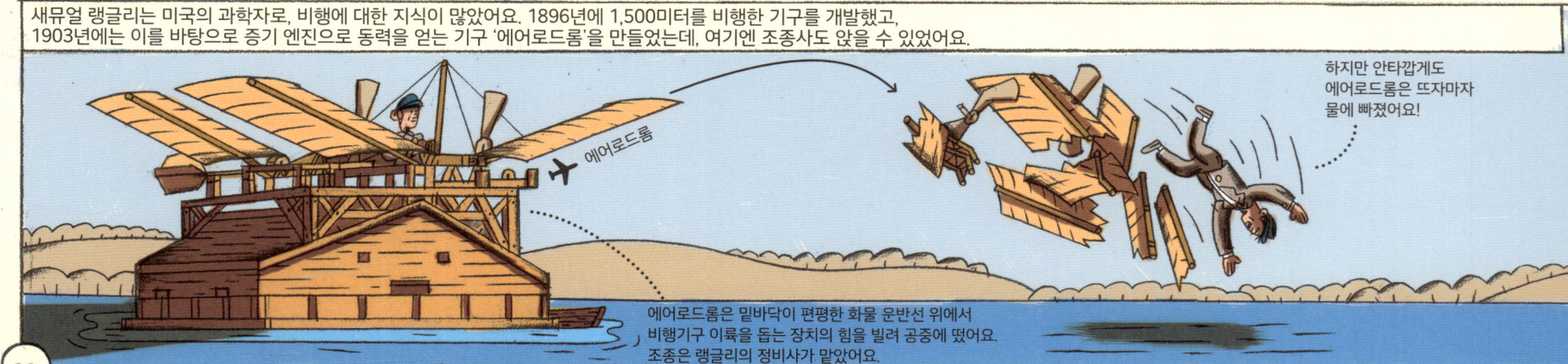

명가 장마리 르브리도 글라이더를 만드는 데 성공했어요. 동력 장치가 있는 비행기구는 어떻게 만드는 걸까요? 증기 기관의 발명은 비행의 선구자들에게 영감을 주었어요. 증기 기관에 동력 장치가 쓰인 것을 보며 계속 새로운 비행기구를 개발했지요. 공중에 뜨기엔 너무 무거운 것도 있었고, 첫 시도에서 부서진 것도 있었으며, 살짝 뜨는 데만 성공한 것도 있었어요. 여전히 안정적인 비행과는 거리가 있었지요. 개발자들은 증기 기관 발명에 쓰인 동력 장치를 잘 이용하기만 하면 하늘을 날 수 있다고 생각했어요. 하지만 가장 큰 문제는 동력 장치가 아니었어요. 케일리와 다른 사람들이 비행기구를 발명했는데도, 아무도 비행의 원리를 완전히 이해하지 못했다는 사실이 가장 큰 문제였지요. ▶ 항공의 개척자들: 윌리엄 헨슨 · 하이럼 맥심 · 알렉산드르 모자이스키 · 알퐁스 페노 · 존 스트링펠로 · 펠릭스 뒤템플

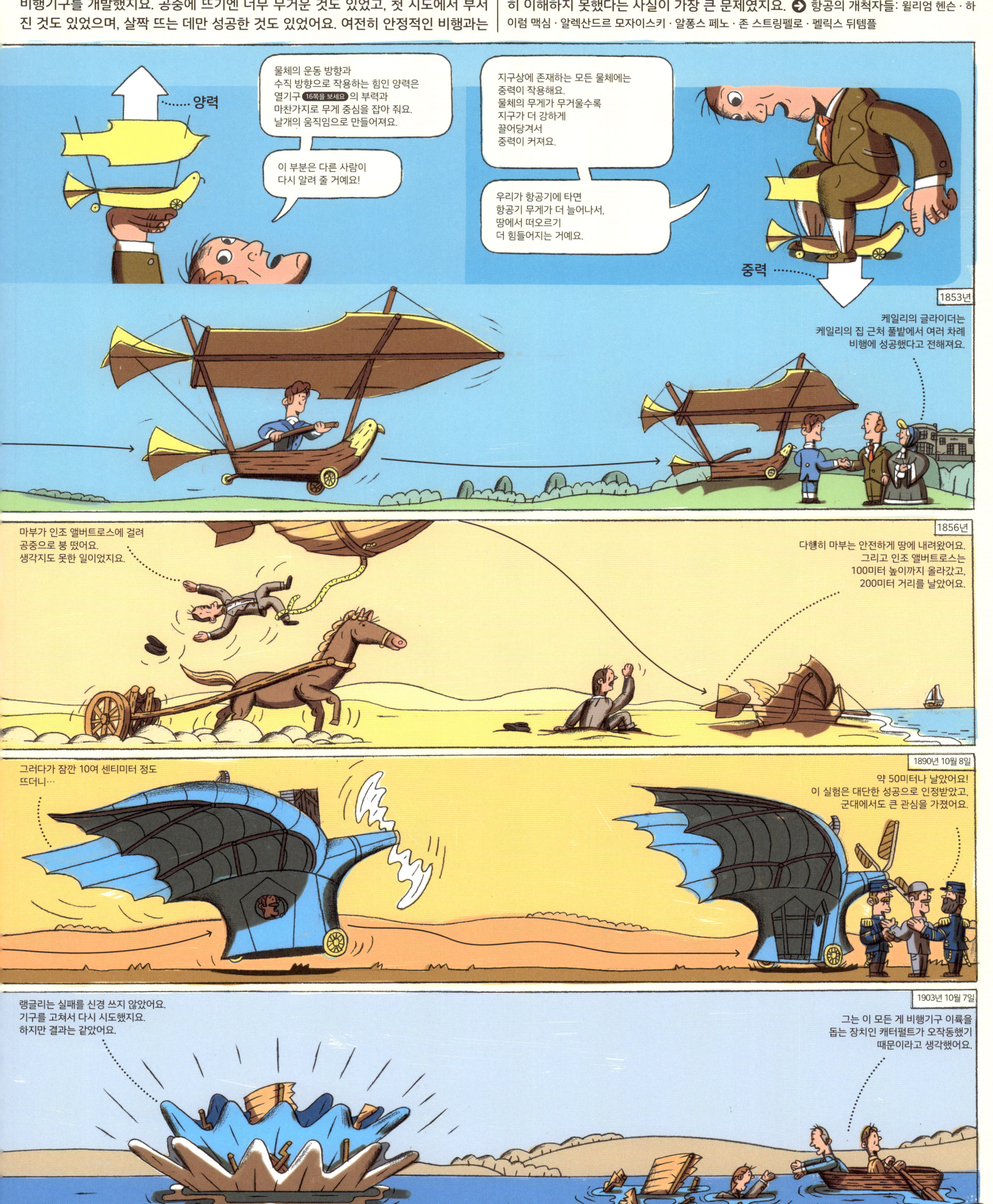

한 걸음씩 차근차근 — 릴리엔탈 형제와 여러 가지 글라이더

한 걸음 앞으로 내딛기 위해서는 때로는 멈추거나 뒤로 물러서야 할 때가 있어요. 19세기는 하늘을 나는 기구로 주로 열기구와 비행선을 볼 수 있었어요. 증기 동력 비행을 시도한 시대이기도 해요. 그렇지만 아예 처음으로 돌아가서, 오래전 최초의 개발자들처럼 다시 날개를 달기로 한 사람들도 있었어요.

새처럼 하늘을 날고 싶었던 사람들은 새로이 얻은 지식이 있었기 때문에, 앞선 개발자들보다 똑똑했어요. 더 이상 새 깃털로 기구를 만들지 않고, 가벼운 나무와 캔버스 천을 활용해 대형 글라이더를 만들었어요. 몇몇 조종사는 글라이더를 제작하기 전에 아주 신중하게 생각했어요. 독일의 구스타프 릴리엔탈, 오토 릴리엔탈 형제처럼요.

릴리엔탈 형제는 열기구를 진짜 비행기라고 생각하지 않았어요.
— 공기보다 가볍다니, 저것도 대단해!
— 하지만 저건 기술이 아니야…

릴리엔탈 형제는 공기보다 무거운 새가 우아하게 나는 모습을 보며, 하늘을 나는 또 다른 방법이 있을 거라고 확신했어요.
오토는 멋지게 활강하는 황새가 나는 모습을 관찰하며 많은 시간을 보냈어요.

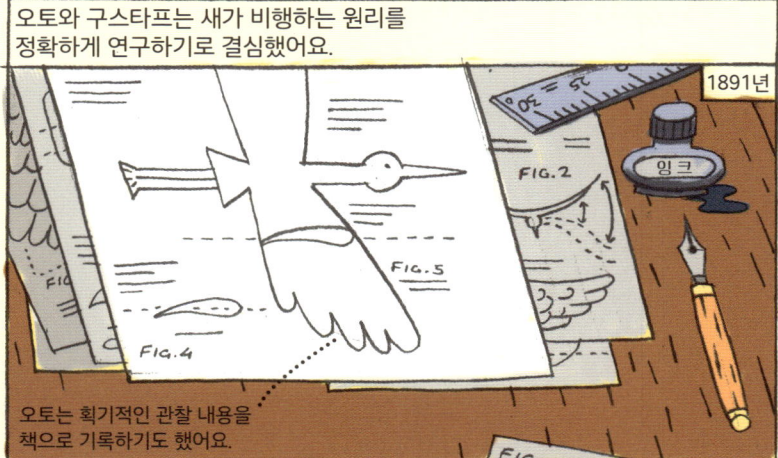

오토와 구스타프는 새가 비행하는 원리를 정확하게 연구하기로 결심했어요.
1891년
오토는 획기적인 관찰 내용을 책으로 기록하기도 했어요.

특히 오토는 옆에서 본 새의 날개 모양에 대해, 더 정확히는 새의 날개 단면에 관심이 많았어요.

오토 릴리엔탈: 단면이란, 정육면체나 새의 날개와 같은 입체를 평면으로 자르면 생기는 평평한 면이에요.

정육면체 / 정육면체의 단면

날개 단면을 보니 날개가 위로는 살짝 볼록하고, 아래로는 살짝 오목했어요.

황새 날개의 단면

새의 날개 단면 모양을 글라이더에도 비슷하게 적용해 보았어요!
그런데 날개 모양이 전부는 아니었어요! 글라이더의 날개와 바람이 만나는 각도가 알맞아야 한다는 사실도 발견했거든요!

오토가 만든 글라이더의 날개 단면

그러면 비행기나 글라이더의 날개는 어떻게 작동하는 걸까요?

❶ 날개가 움직일 때, 어떤 각도를 이루며 기류와 맞닿게 되는데 이를 받음각이라고 해요.

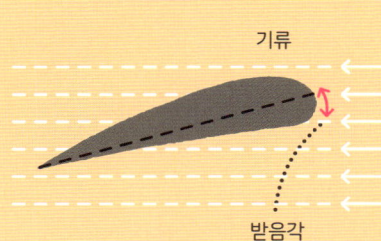

기류 / 받음각

❷ 날개는 공기의 흐름을 바꾸어 공기가 아래쪽으로 내려가게 만들어요.

기류

❸ 그래서 날개는 기류에 일정한 힘으로 작용하며 공기를 아래로 밀어 내고, 공기의 힘 또한 날개에 작용해, 공기를 위로 밀어 올려요. 이 힘이 바로 양력이에요.

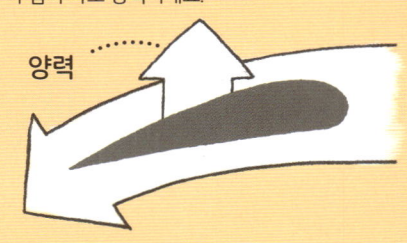

양력

❹ 물에서도 같은 현상이 발생해요. 물에 손을 담그고 수평으로 움직이면 약한 저항이 느껴질 거예요. 그런데 손을 움직이면서 위쪽으로 움직이려고 하면, 저항은 훨씬 커지지만, 무언가가 손을 위로 들어 올리는 듯한 힘도 분명 느껴질 거예요.

❺ 받음각이 커질수록 공기는 더 강하게 아래로 밀려요. 그러나 양력은 어느 순간까지만 커져요.

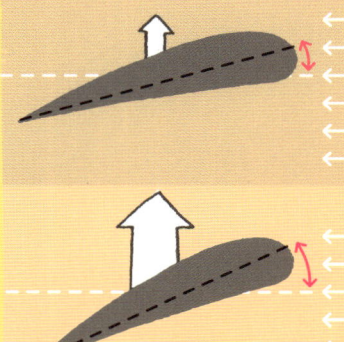

❻ 만약 받음각이 너무 커지면, 실속 현상이 일어나요. 실속 현상이란 기류가 더 이상 날개의 윗면에 흐르지 않고 벗어나면서 양력이 급격히 줄어들게 되는 거예요.

❼ 양력은 속도에 따라 달라지기도 해요. 비행기가 천천히 날수록, 비행에 충분한 양력을 유지하기 위해 받음각은 커져야 해요. 그래서 비행기는 너무 느리게 날 수 없어요. 착륙할 때는 받음각이 커지고요.

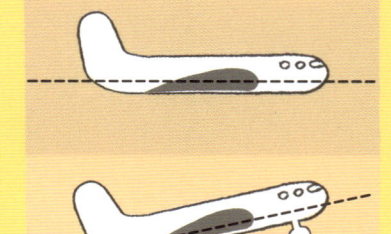

❽ 비행기 날개의 단면을 에어포일이라고 해요. 유선형 에어포일은 공기 저항을 적게 받고, 작은 받음각에서도 양력을 잘 만들어 내요. 대부분의 비행기 날개는 유선형 에어포일이에요. 그렇지만 평평한 날개로도 비행이 가능해요.

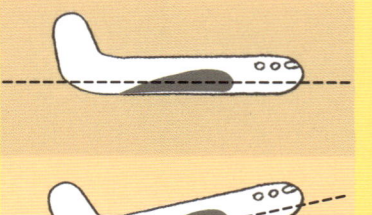

작은 경비행기 날개 단면
초음속 항공기 날개 단면
황새 날개 단면
현대의 여객기 날개 단면

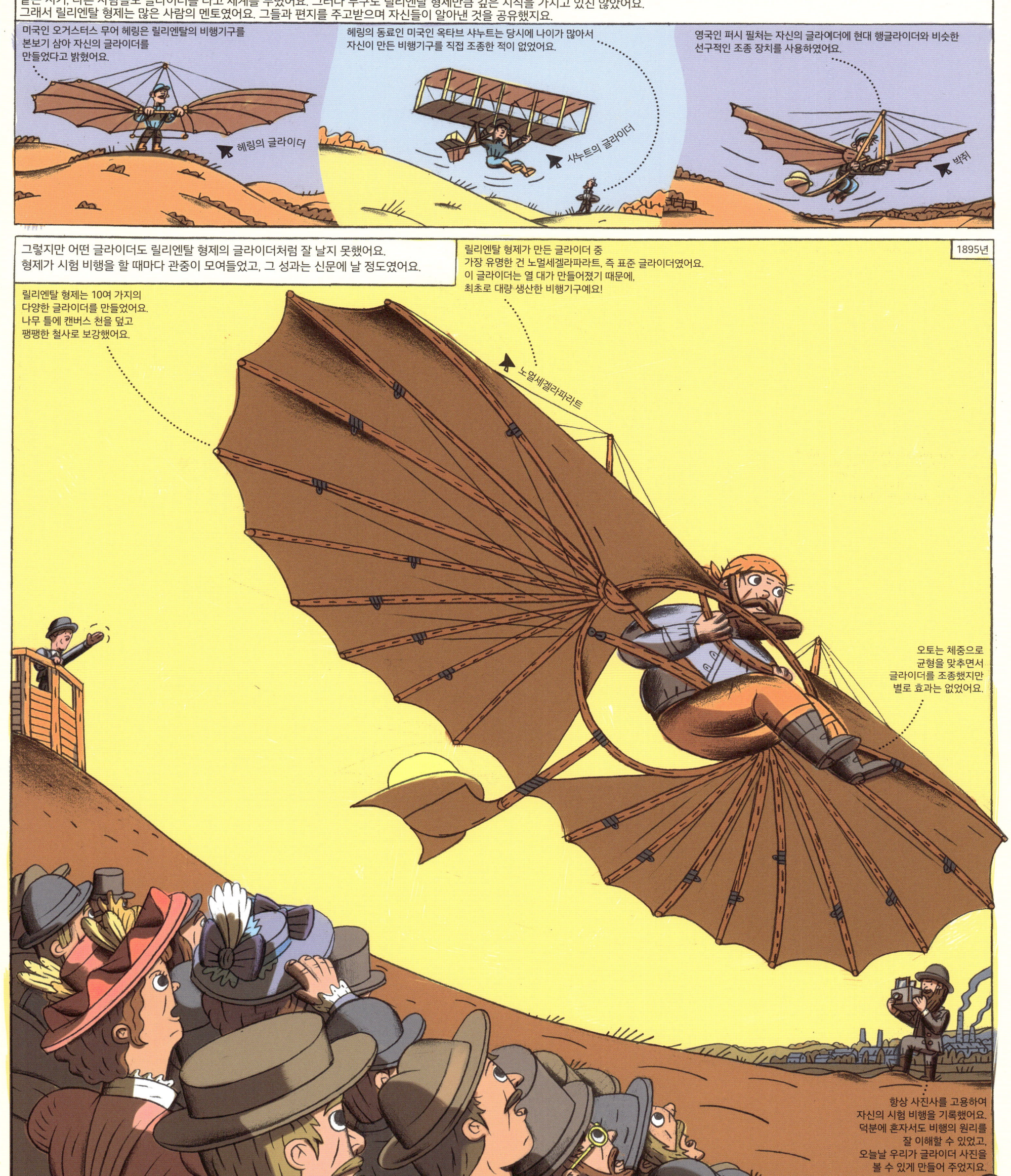

천재 형제의 등장 라이트 형제와 최초의 비행기

릴리엔탈 형제의 성과는 먼 나라에 살고 있던 다른 형제에게도 영감을 주었어요. 1903년 12월, 미국의 라이트 형제가 이룬 성공은 항공학 100년사의 시작점으로 간주해요. 19세기부터 20세기에 항공기는 많이 발전했어요. 하지만 공중에 떠도 제어할 수 없다는 점이 크나큰 문제였지요.

바로 이것이 미국 소도시 출신의 라이트 형제의 비행기가 최초의 비행기로 인정받는 이유예요. 라이트 형제가 만든 기구는 사람을 태우고 조종할 수 있으면서, 공기보다 무거운 최초의 비행기구였어요. 지금 보면 라이트 형제가 만든 비행기의 성능은 크게 인상적이라고 할 수는 없어요. 하지만 라이트 형제가 비행기를 만들어 낸 설계 방

라이트 형제가 어릴 때, 형제의 아버지가 프랑스에서 인기가 많았던 부메랑팽이를 가져왔어요. 세계 최고의 장남감이었지요!

프로펠러를 돌리면 안에 있는 고무가 늘어났어요. 그리고 손을 떼면, 고무가 프로펠러에 추진력을 발생시켜서 팽이가 공중으로 날아갔어요!

이번엔 내 차례야!

어른이 된 형제는 기술에 대한 열정을 생계로도 이어 활용했어요. 자전거 가게와 수리점을 열어 성공적으로 운영했어요.

형제는 독일의 어느 형제가 이룬 비행 업적에 대한 기사를 읽었어요. 형 윌버와 동생 오빌은 어린 시절의 열정이 다시 불타올랐고, 비행기구를 만들기로 결심했지요.

이 기사 내용이 믿어져?

릴리엔탈 또 다시 날다!

형제는 노스캐롤라이나의 키티호크와 가까운 광활한 모래 언덕을 시험 비행 장소로 선택했어요. 강한 바닷바람이 계속 불고, 모래가 있어서 부드럽게 착륙할 수 있는 곳이었지요. 형제는 매번 조금씩 개선한 기구를 가지고, 수차례 그곳을 찾았어요.

처음엔 작은 연을 만들어서 형제가 개발한 제어 방법을 시험했어요.

1900년

1900년의 연

모래 언덕에서 몇 주씩 지냈기 때문에 두 개의 움막을 지었어요. 한쪽은 침실로 이용했고, 다른 한쪽은 발명품을 보관하는 데 썼어요.

마침내 라이트 형제는 사람을 태울 수 있는 글라이더를 만들어 냈어요. 하지만 강한 바람이 불면 잘 날지 못했어요.

그래, 그렇지만 풍경은 참 좋네….

1901년

1901년의 글라이더

잘 안 되는군, 안 그래?

형제는 인적이 드문 곳에서 시험했어요. 형제가 무얼 하는지 궁금했던 키티호크 사람들이 자주 나서서 시험 비행 하는 걸 도왔지요.

오빌 라이트가 비행기에 탔어요. 다섯 사람이 지켜보는 가운데, 비행기는 큰 소리를 내며 공중에 떠올랐어요! 첫 번째 비행은 겨우 12초 만에 끝났고, 37미터 정도 떨어진 곳에 착륙했어요. 같은 날 형제는 번갈아 조종하면서 세 번의 비행을 더 했어요. 53미터, 61미터, 260미터까지 비행하는 데 성공했지요. 윌버와 오빌은 여기서 멈추지 않고, 비행기의 성능을 계속 개선했어요. 2년 후, 라이트 형제의 비행기는 마침내 한 번 뜨면 수십 분 동안 날 수 있게 되었어요.

릴리엔탈 형제처럼, 윌버와 오빌도 비행을 사진으로 기록해 두었어요.

모랫바닥에서 더 쉽게 출발할 수 있도록, 비행기는 특수 선로를 이용해 이륙했어요.

조종은 어떻게 할까? 조종의 어제와 오늘

라이트 형제의 가장 중요한 업적 24쪽을 보세요 중 하나는 항공기의 조종 문제를 해결한 것이었어요. 그때까지만 해도 바람의 힘이나 동력 장치를 이용하여 비행기구를 공중에 띄우는 방법에 대해서만 집중했거든요. 라이트 형제처럼 비행 방향과 고도를 조절해 낸 사람이 없었지요.

라이트 형제는 조지 케일리 24쪽을 보세요 가 설명한, 항공기에 작용하는 힘을 처음으로 적용했어요. 땅 위에서 움직이는 자동차와 달리 항공기는 고정된 지지 지점이 없어요. 하지만 힘의 균형 덕분에 공중에 떠 있을 수 있지요. 라이트 형제는 이 힘의 균형 배열을 바꾸어서 항공기를 조종할 수 있다는 것을 알게 되었어요.

현대 항공기에서는 항공기의 기수를 올리거나 내리고, 기체를 옆으로 기울이기 위해서 알맞은 비행 조종면을 사용해요.
즉, 방향타와 보조 날개를 이용하여 공기의 흐름을 바꾸는 거예요.

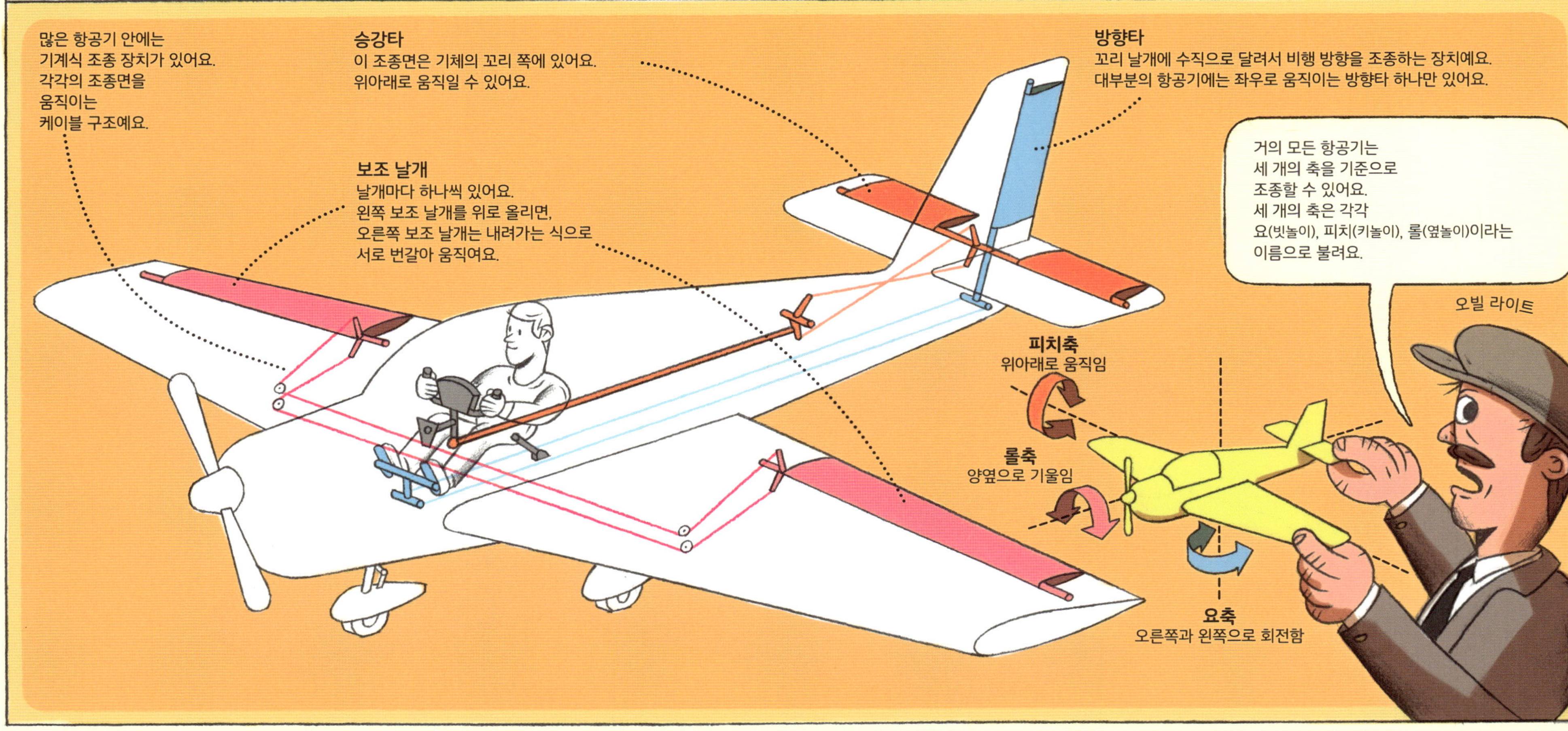

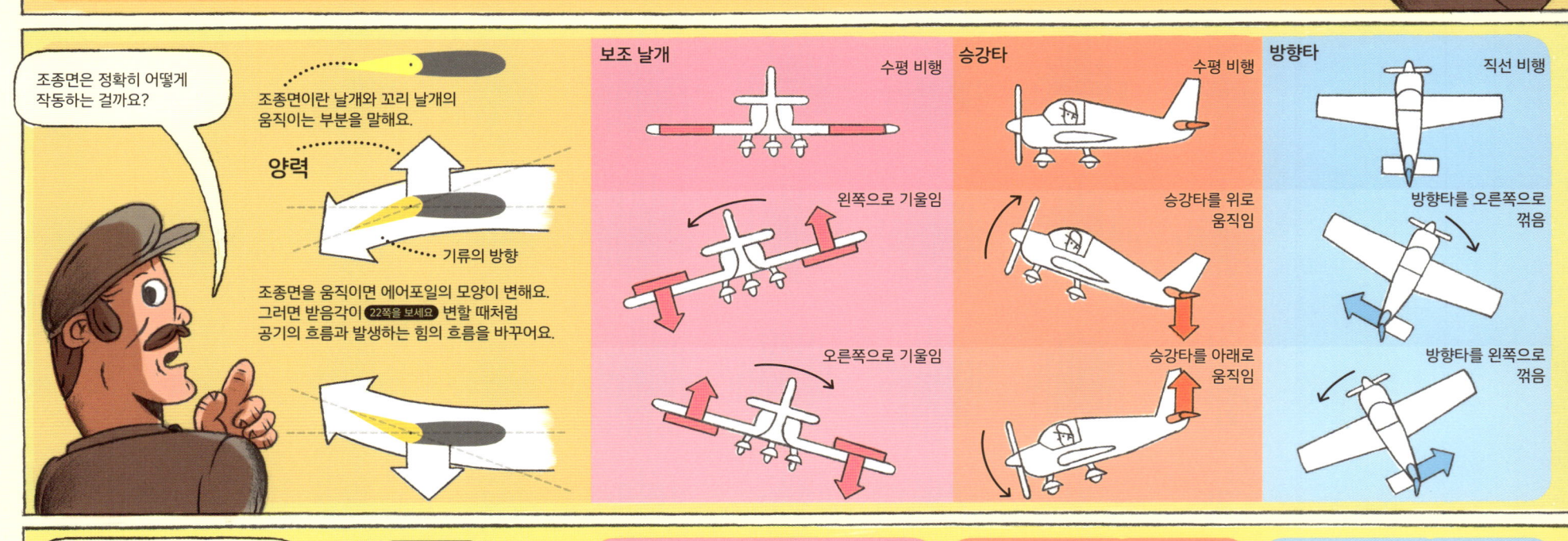

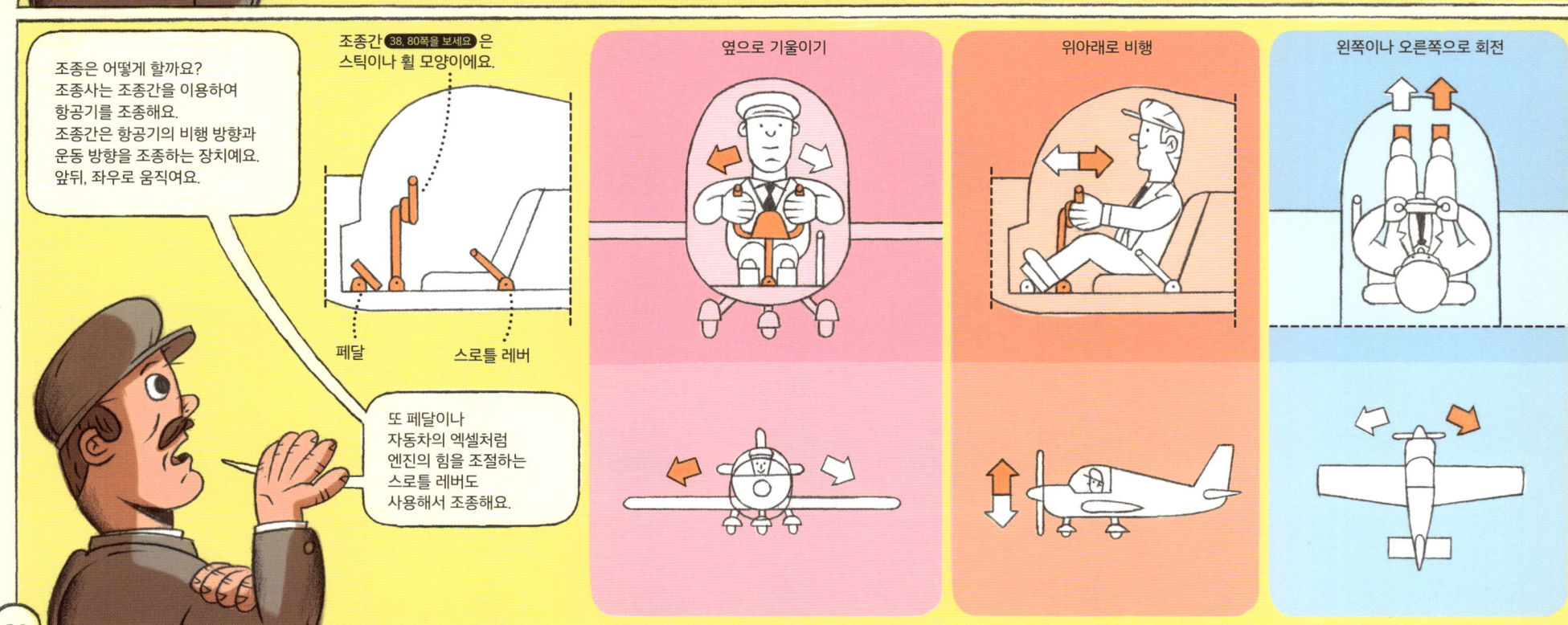

이는 항공의 역사에서 가장 위대한 발견이라 할 수 있어요. 라이트 형제가 남긴 업적의 효과는 금세 나타났어요. 전 세계의 개발자들이 윌버와 오빌의 뒤를 따라 비행기를 설계했어요.

항공기는 시간이 흐를수록 점점 발전해 갔어요. 라이트 형제의 플라이어 1호가 비행을 성공한 이후 10여 년이 지나자, 조종 장치는 오늘날 수많은 항공기에서 볼 수 있는 것과 비슷한 모습을 갖추어 갔어요. 경량 글라이더, 소형 관광용 비행기, 대형 여객기처럼 단단한 날개를 가지고 있는 모든 고정익 항공기는 작동 원리가 같아요. 기술과 유행은 변하고 있지만, 비행의 원리와 조종 방식은 변함없지요. ➡ 당시의 흥미로운 항공기: AEA 준 버그 · 앙투아네트 4 · 블레리오 8 · 던 D.5 · 파르망 3 · 산투스두몽 14-bis · 화이트헤드 21 · 부아쟁-파르망 1

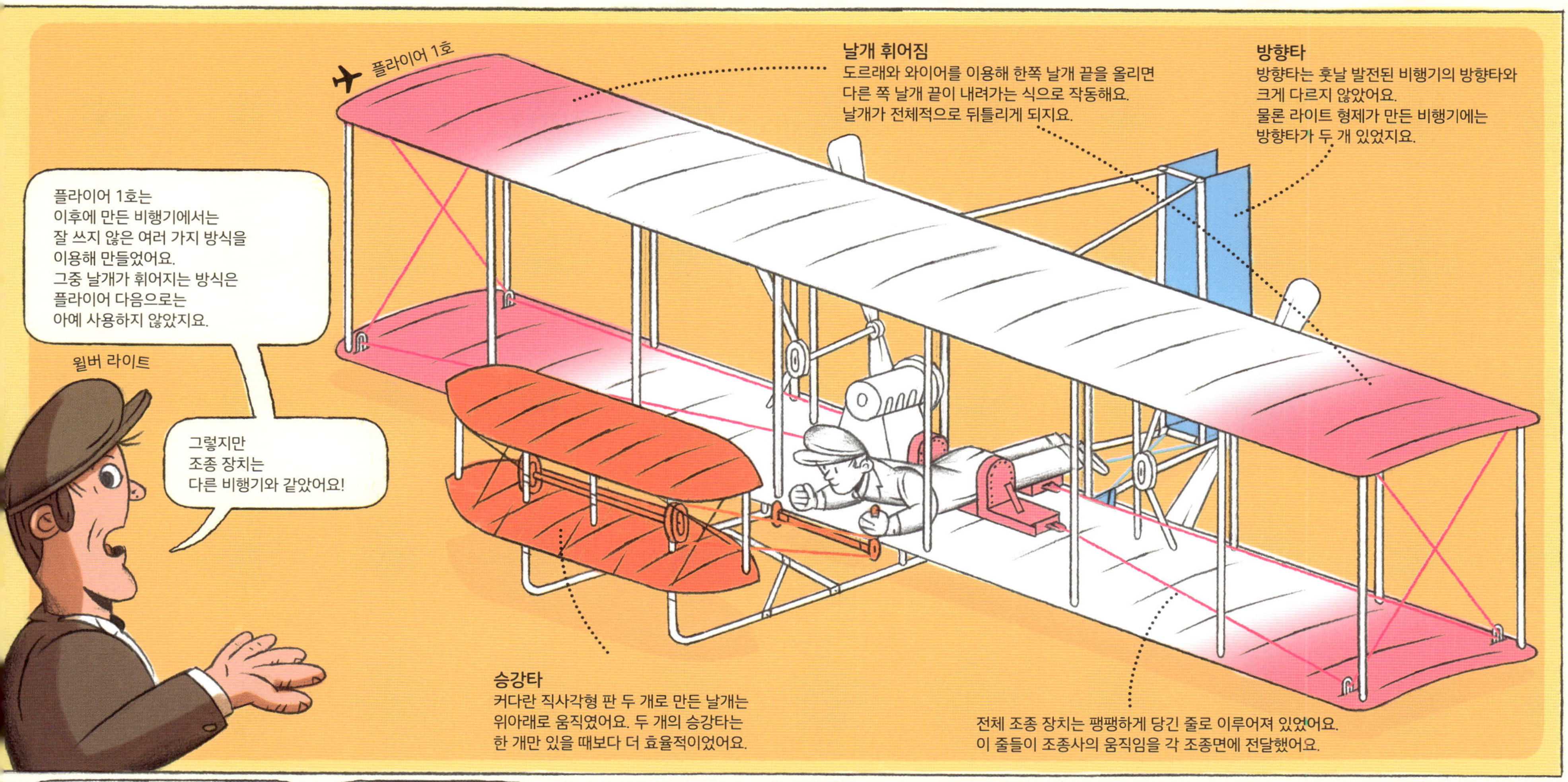

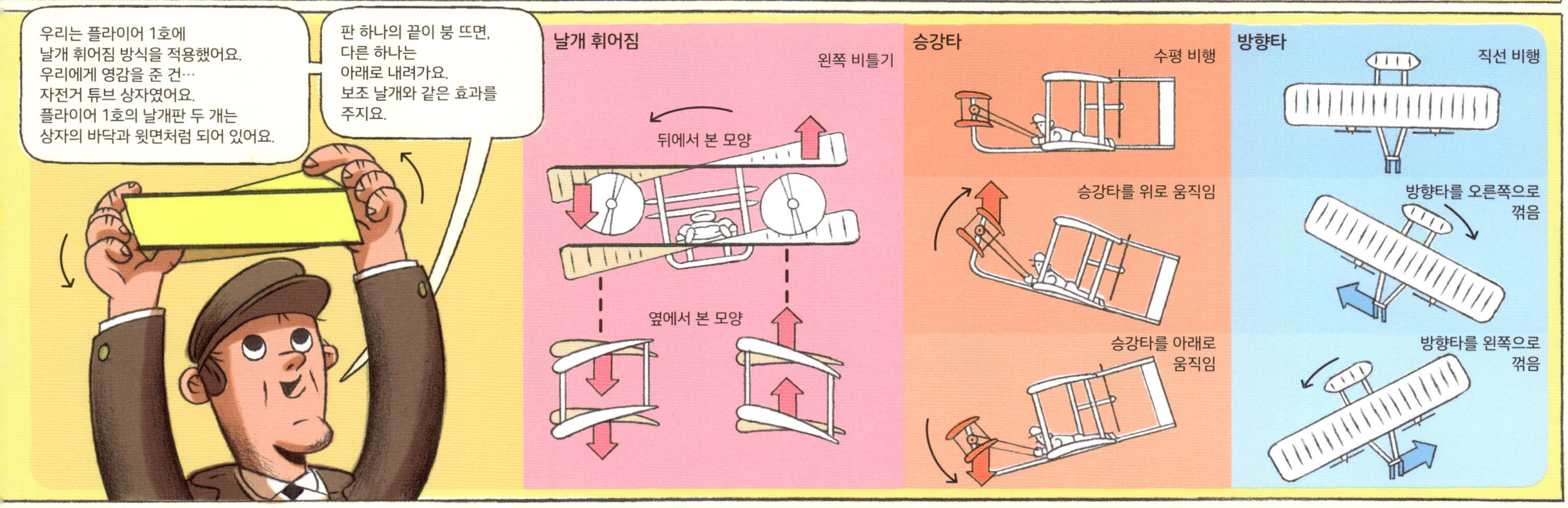

날개가 하나, 둘, 셋 항공기와 세계 전쟁

20세기 초, 비행의 기초가 확립되자 사람들은 라이트 형제가 만든 것처럼 날개를 두 개 장착한 비행기가 가장 이상적인 형태가 맞는지 생각하기 시작했어요. 그래서 날개의 수와 배열을 바꾸어 가며 실험했지요. 또 재료도 바꾸어서 나무가 아닌 다른 재료도 사용해 보고, 점차 튼튼한 금속 소재로 대체했어요.

동시에 더 가볍고 강한 엔진도 개발되었어요. 1900년대 초, 세계 항공학계에는 정말 수많은 일이 벌어졌어요. 1914년에 제1차 세계 대전이 일어나자 항공 기술의 우위는 각국에서 중요한 요소 중 하나가 되었어요. 항공기의 발전이 더욱 빨라질 수밖에 없었지요.

어느 프랑스 조종사가 비행하고 나서부터 날개가 하나인 비행기는 점점 더 큰 인기를 얻기 시작했어요.

루이 블레리오는 직접 만든 비행기를 타고 라망슈 해협을 건너면서 날개가 하나인 비행기도 큰 가능성이 있다는 걸 증명했어요.

1909년
블레리오 11

얼마 후 항공계에서는 당시로서는 가볍고 강력한 로터리 엔진을 널리 사용하기 시작했어요. 그런데 이 엔진은 매우 특수한 구조로 되어 있어요.

로터리 엔진은 프로펠러와 함께 회전했어요. 덕분에 효율적으로 열을 식힐 수 있었고, 같은 중량의 엔진보다 더 강했어요.

연료가 연소하는 실린더

하지만 로터리 엔진에 단점이 없는 건 아니었어요. 엔진이 굉장히 빠른 속도로 회전하면 공중에서 비행 방향이 더 쉽게 틀어질 수 있어요.

엔진과 프로펠러의 회전 방향

비행기는 엔진이 회전하는 방향으로 움직이려는 성질이 강해요.

우회전

그와 반대 방향으로 회전하는 건 매우 어려운 일이에요.

좌회전

비행기의 무게를 버티기 위해서는 날개가 적합한 양력 표면을 가지고 있어야 해요. 여러 개의 면으로 나누어 가질 수 있지요. 제1차 세계 대전 때 개발자들은 날개가 하나인 비행기부터 두 개, 세 개인 비행기까지 만들며 실험했어요. 모두 장단점이 있었어요.

단엽기

와이어   양력 표면

날개가 한 개인 비행기는 가볍고 단순했지만, 날개가 충분한 양력을 얻을 수 있으려면 길이가 꽤 길어야 했어요. 또 공기 저항을 만드는 와이어가 많이 필요했어요.

단엽기 포커 E.3은 용접한 철제 관으로 만들어, 철사로 보강하고 캔버스 천을 씌웠어요. 동체의 앞면만 두랄루민 판으로 덮었어요.

→ 포커 E.3

길고 넓으면서 단면이 얇은 날개는 나무 뼈대에 캔버스 천이 덮여 있었어요.

복엽기

양력 표면

날개가 두 개인 비행기의 구조는 더 복잡했어요. 그만큼 더 견고했지요. 양력 표면이 두 곳으로 분산되면서 단엽기보다 날개 길이가 짧아졌어요.

복엽기인 소프위드 카멜 F.1은 제1차 세계 대전 중에 만든 비행기 중에서 가장 성공한 디자인이었어요. 나무 뼈대에 캔버스 천을 덮어 만들었지요. 수년 동안 복엽기는 가장 인기가 많았어요. 당시의 구조물 내구성과 저항력 사이에서 조율한 구조라고 할 수 있지요.

약간 더 짧고 훨씬 좁은 날개는 나무 뼈대에 캔버스 천이 덮여 있었어요.

→ 소프위드 카멜 F.1

삼엽기

양력 표면

날개가 세 개인 비행기의 날개는 길이가 더 짧고 폭도 더 좁아서 방향 회전이 쉬웠어요. 조종사의 시야 확보에도 좋았어요. 하지만 더 복잡하고, 큰 비용이 드는 구조였지요.

독일의 전투기 포커 Dr.1 같은 삼엽기는 경력이 길지는 않았어요. 공중전에서 효과가 검증되었지만, 전쟁이 끝난 후에는 세 개의 날개가 필요 없어졌지요.

단엽기와 비교하면 삼엽기의 날개는 짧고 폭이 좁았어요.

→ 포커 Dr.1

세월이 흐르면서 다양한 구조의 비행기가 등장했어요. 날개 수도 다르고, 마치 새처럼 날개 모양과 길이도 다양했어요. 또 동체에 날개를 붙인 위치도 달랐어요.

단엽기의 다양한 날개 위치

저익   중익   고익

단엽기의 다양한 날개 지지대

기본 구조   버팀대 구조   자립형 구조

와이어로 고정해요.   지지대가 날개를 받치고 있어요.   날개가 튼튼해서 지지대가 필요하지 않아요.

여러 가지 날개 모양

직사각형 날개   테이퍼 날개   타원형 날개   후퇴형 날개   높고 낮은 종횡비 (날개의 폭과 길이의 비율)

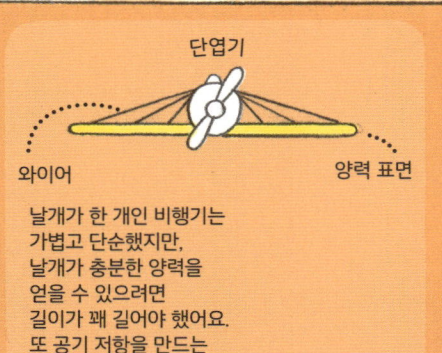
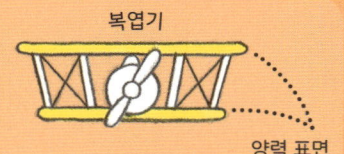
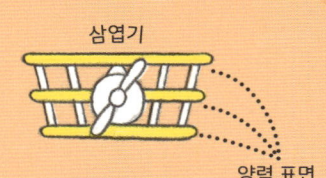
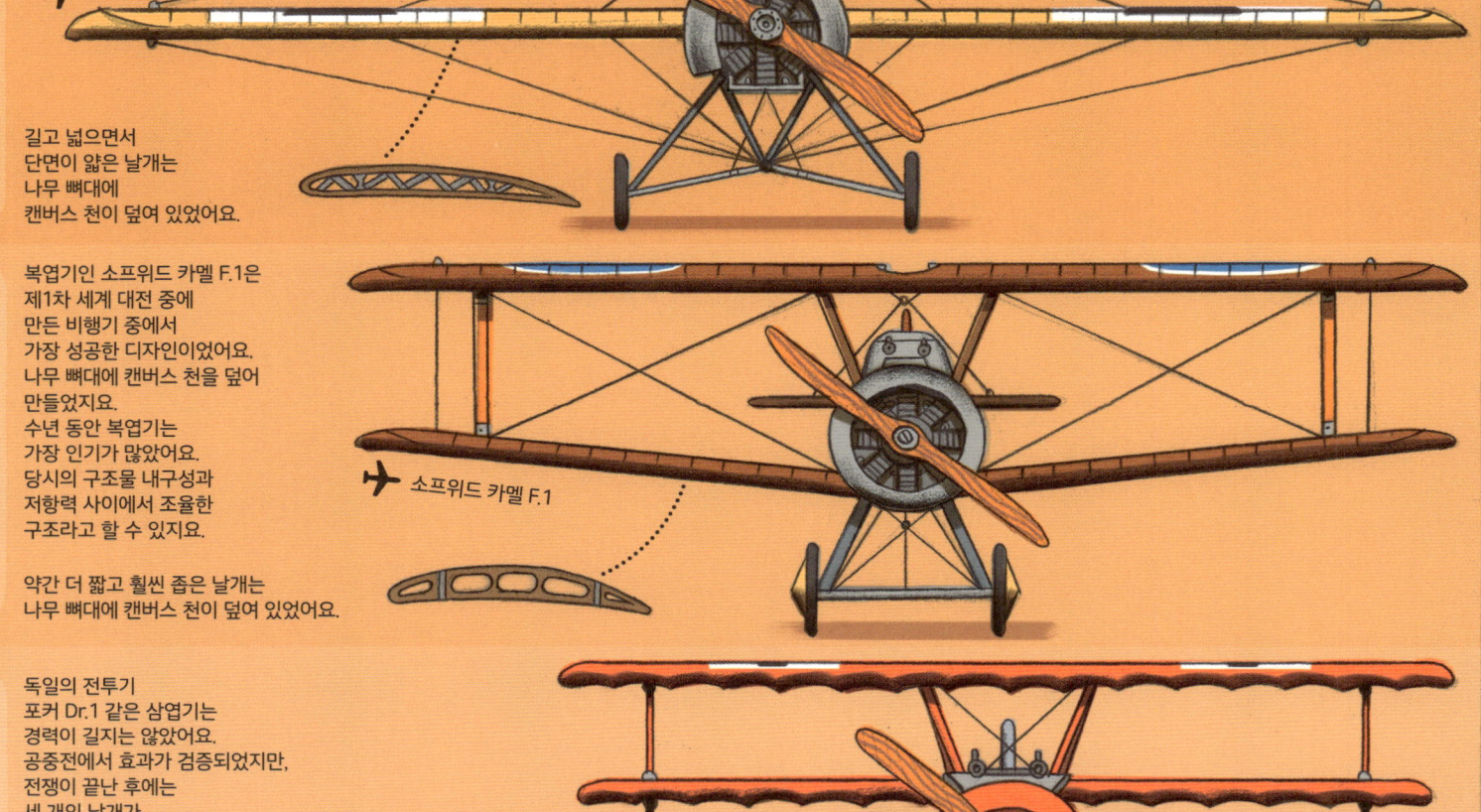
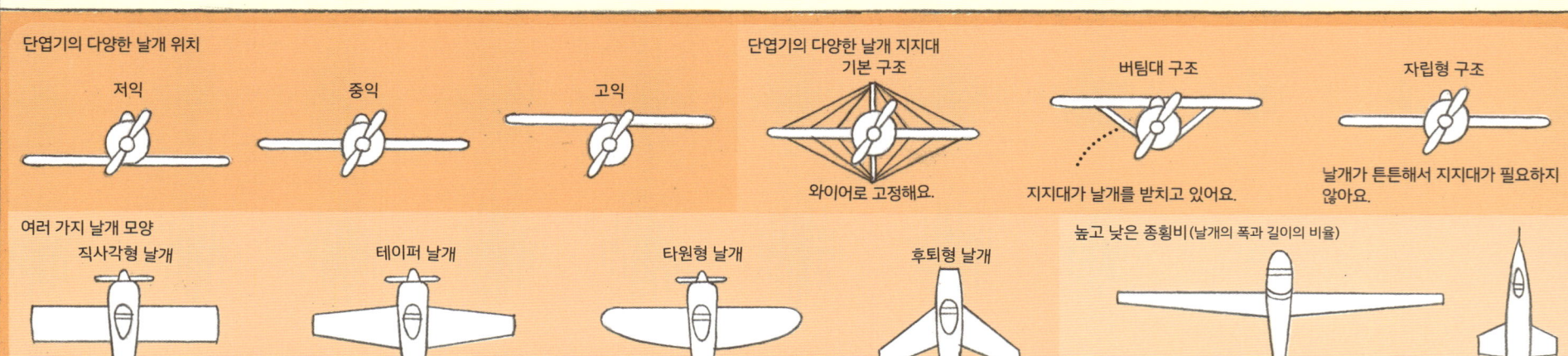

전쟁 초기에는 항공기라는 새로운 발명품을 어떻게 활용할 수 있는지 확실히 알지 못했어요. 하지만 금세 방법을 찾아냈어요. 또 새로운 항공기도 계속 만들어져서 치열한 전투가 벌어지는 몇 년 동안 하늘에서는 날개가 한 개, 두 개, 심지어 세 개인 항공기도 볼 수 있었어요! 전쟁이 끝난 1918년은 라이트 형제의 첫 비행이 성공한 후 15년밖에 되지 않은 시점이었어요.

비행기는 용감하고 무모한 사람들의 호기심으로 탄생했지만, 이제는 복잡하고 견고하며 대량 생산을 하는 기계가 되었어요. 또 조종사라는 새로운 직업도 생겼지요. 이러한 모든 노력이 이상적인 항공기에 대한 해답을 주었을까요? 꼭 그런 건 아니었어요. ➔ 당시의 흥미로운 항공기: 앨버트로스 D.3 · 포커 D.7 · 니우포르 11 · 니우포르 17 · 스패드 S.7

옛날에는 연이나 열기구를 이용해 적의 위치를 관찰했던 것처럼, 전쟁 초기에는 비행기도 그렇게 활용했어요. 비행기에 기관총을 장착한 전투기라는 새로운 유형의 비행기가 등장하면서 모든 게 변했어요. 전투기 조종사들은 하늘에서 싸우기 시작했어요.

적을 제압하기 위해서 조종사는 적이 있는 쪽으로 방향을 조종해야 했어요. 그래서 적의 뒤에 붙을 수 있게 전투기를 움직이는 게 중요했어요.

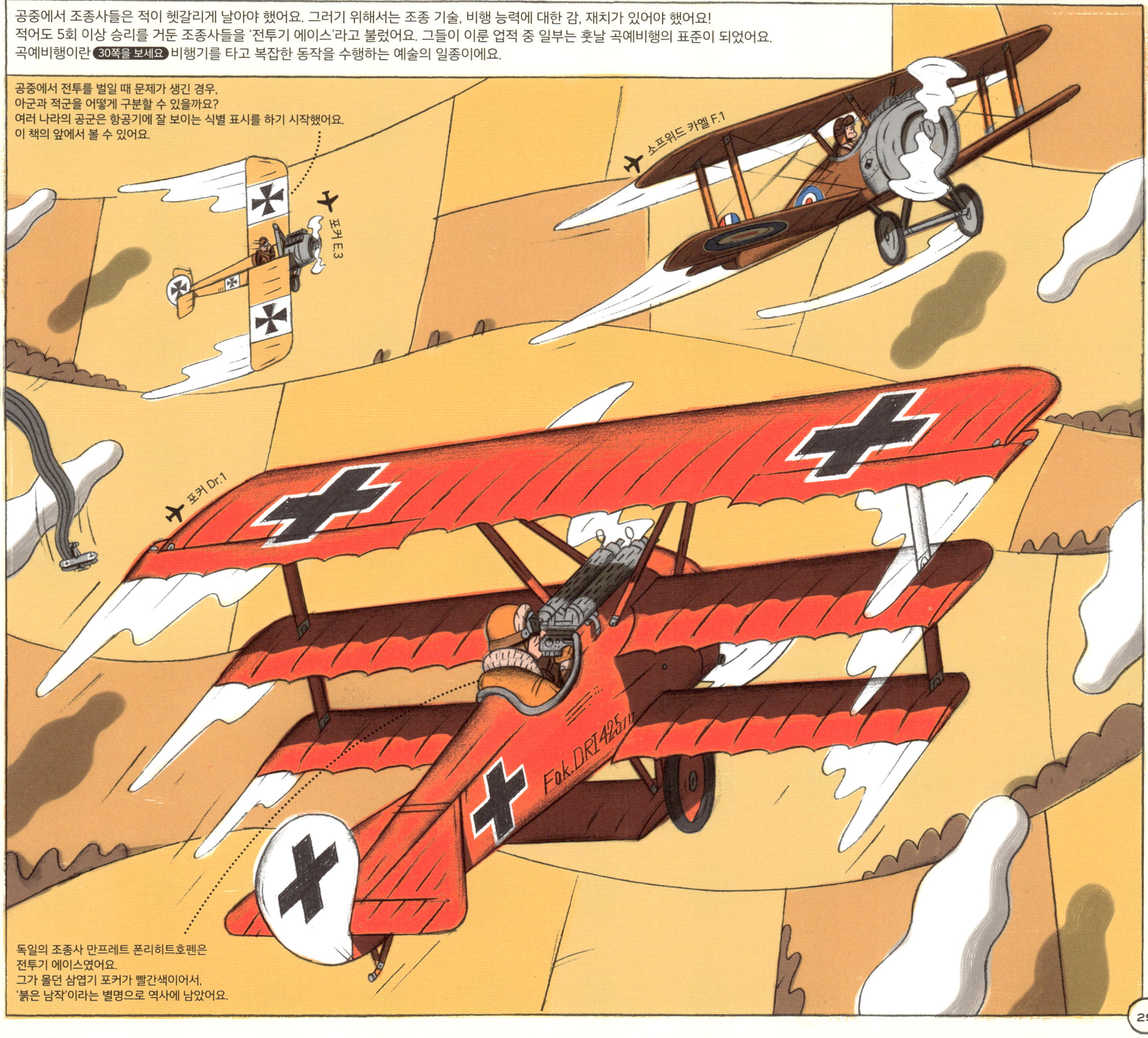

공중에서 조종사들은 적이 헷갈리게 날아야 했어요. 그러기 위해서는 조종 기술, 비행 능력에 대한 감, 재치가 있어야 했어요! 적어도 5회 이상 승리를 거둔 조종사들을 '전투기 에이스'라고 불렀어요. 그들이 이룬 업적 중 일부는 훗날 곡예비행의 표준이 되었어요. 곡예비행이란 30쪽을 보세요 비행기를 타고 복잡한 동작을 수행하는 예술의 일종이에요.

공중에서 전투를 벌일 때 문제가 생긴 경우, 아군과 적군을 어떻게 구분할 수 있을까요? 여러 나라의 공군은 항공기에 잘 보이는 식별 표시를 하기 시작했어요. 이 책의 앞에서 볼 수 있어요.

↑ 소프위드 카멜 F.1

↑ 포커 E.3

↑ 포커 Dr.1

독일의 조종사 만프레트 폰리히트호펜은 전투기 에이스였어요.
그가 몰던 삼엽기 포커가 빨간색이어서, '붉은 남작'이라는 별명으로 역사에 남아요.

하늘을 돌고 도는 곡예비행
공중 곡예를 하는 조종사

항공의 역사가 시작되었을 때부터 위험을 무릅쓰고 비행할 준비가 되어 있는 도전자들은 많았어요. 하지만 진정한 항공 열풍은 제1차 세계 대전이 끝나고 본격적으로 시작했어요. 전투를 경험한 조종사들이 얻은 능력을 활용하기로 한 것이지요. 아직 항공 교통을 위해 정한 규칙은 없었어요.

그래서 사람들은 조종사 면허증과 비행기만 있으면 누구나 하늘을 날 수 있다는 점을 이용했어요. 조종사는 아니었지만 짜릿함을 경험하거나 성공과 명성을 얻고 싶은 젊은 사람들도 동참했어요. '하늘을 나는 곡예단'이라는 이름으로 모인 사람들도 생겼는데, 이런 곡예단은 미국에서 가장 많이 공연했어요.

제1차 세계 대전에 참전한 베테랑 조종사들은 공중에서 매우 다양한 묘기를 보일 수 있었어요. 곡예비행의 기술 중에는 베테랑 조종사들이 역사상 처음으로 해낸 기술이 많아요. 오늘날의 곡예비행은 사람들에게 이름이 알려진 데다 조종 기술의 일부로 자리 잡았어요. 에어쇼에서도 볼 수 있지요.

상상을 초월하는 최대 규모의 곡예비행 공연

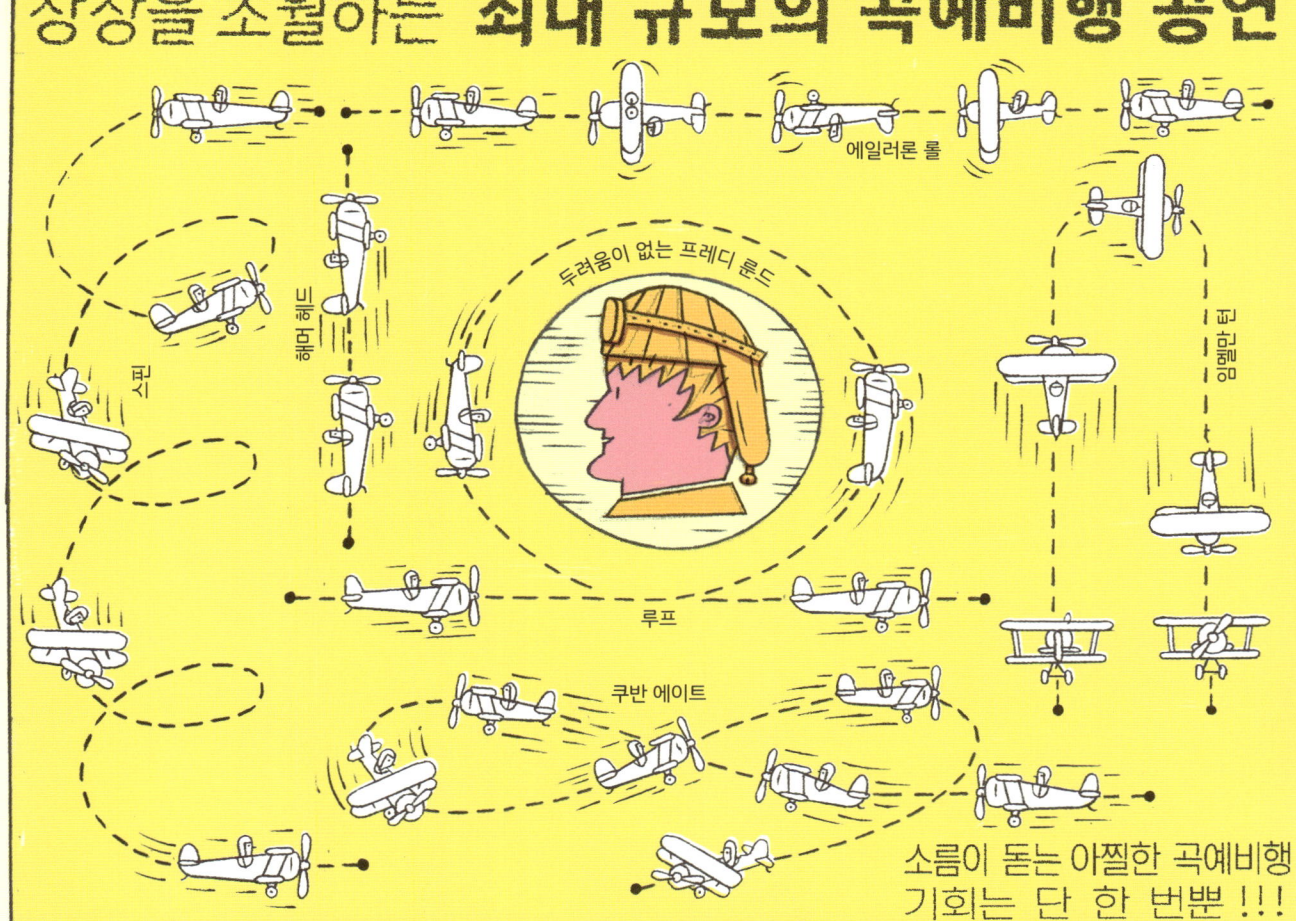

소름이 돋는 아찔한 곡예비행 기회는 단 한 번뿐!!!

하늘을 나는 곡예사들은 묘기를 선보이려고 비행기만 사용한 건 아니었어요. 구조용 낙하산도 즐겨 사용해서 공연의 일부로 자주 활용했지요. 낙하산은 그전부터 존재했지만, 제1차 세계 대전이 끝난 뒤에 오늘날 우리가 알고 있는 형태를 갖추게 되었어요. 예를 들어, 처음에는 낙하산의 캐노피를 말아서 비행기 옆에 설치했어요. 부드러운 배낭 속에 들어 있는 낙하산은 1920년대가 되어서야 널리 퍼져 나갔어요.

하늘의 거장

낙하산을 타고 하늘에서 내려오며 색소폰을 연주하다

전투 비행의 베테랑 조종사들 게이츠 곡예비행단

목숨을 걸고 묘기를 펼치는 사람들!

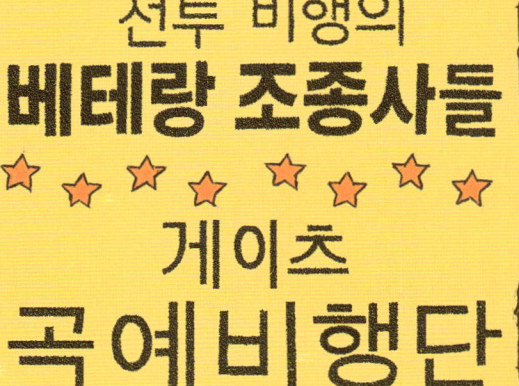

이번 주 토요일!!! 낙하산 점프 공연

낙하산이 펼쳐지는 단계가 있어요.

뛰어내리기에 알맞은 높이에서 밧줄을 잡아당기면 가방 안에 있던 작은 낙하산이 밖으로 나와요.

낙하산 안으로 공기가 채워지면 점점 큰 부품까지, 큰 낙하산을 당겨요.

그럼 안전하게 땅으로 내려올 수 있어요.

곡예비행의 발전에는 여성들이 큰 역할을 했어요. 곡예비행은커녕 여자가 비행기 조종석에 앉는 것도 믿지 않는 사람들이 있었지만요. 실제로 많은 여성들이 어렸을 때 조종사 면허를 땄어요. 20대가 되었을 때는 이미 숙련된 조종사가 되어 있었지요.

뛰어난 여성 조종사 캐서린 스틴슨
하늘 위에 글자를 새기다

특별한 비행사 베시 콜먼
하늘의 곡예사 중력에게 도전하다!

관람료: 단돈 10센트!
꼭 봐야 하는 낙하산 공연!!!

곡예단은 전국을 여행하면서 여기저기에 들러 사람들에게 자신들의 비행 실력을 뽐냈어요. 볼거리가 정말 풍성했어요! 사람이 날고 있는 비행기의 날개 위를 걷거나 비행기와 자동차가 한곳에 모여 경주했어요. 또 어떤 사람은 비행하다가 다른 비행기로 옮겨 타기도 했지요. 이런 묘기들은 당시에 유행이었어요. 어떤 묘기는 믿기 어려울 정도였어요!

하지만 그만큼 조종사는 물론 관객들에게도 위험한 사고로 이어질 때도 있었어요. 그래서 결국 안전성을 개선하고, 공중 곡예를 하는 사람들의 광기를 멈추기 위한 규제가 도입되었어요. 요즘에 볼 수 있는 공연도 오싹하긴 하지만, 예전에 비하면 훨씬 안전해요. ➡ 흥미로운 인물: 예지 바얀 · 판초 반즈 · 글래디스 잉글 · 오머 로클리어 · 피비 오일리 · 로스코 터너

전쟁이 끝나면서 미국 육군은 비행기를 한꺼번에 없애기 시작했고, 그 결과, 많은 기계를 저렴한 가격에 구할 수 있게 되었어요. 그중에는 미군에서 기초 비행 교육을 위해 훈련기로 사용한 복엽기 커티스 JN-4도 있었어요. 공중 곡예사들은 이렇게 날개가 상하로 달린 비행기를 사고 싶어 했어요. 그래서 많은 곡예사들이 이 비행기를 타고 묘기를 선보였어요.

✈ 커티스 JN-4

두려움이 없는 스턴트 배우

릴리언 보이어

수백 미터 상공에서 뱅글뱅글 돌다

커티스 JN-4는 '제니'라는 별칭도 가지고 있어요. 당대 가장 인기 있던 비행기 중 하나로 5,500대 이상 생산되었어요.

유명한 커티스 JN-4
제니
✈ 커티스 JN-4

비행기에 탑승해 하늘을 날아 보는 특별한 체험 할인 행사 중!!!

5 센트

지금까지 볼 수 없었던 특별한 공연

글래디스 로이와 이반 웅거
커티스 제니를 타고
하늘에서 펼치는
흥미진진한 테니스 경기

안타깝게도 겁이 없는 도전자들의 목숨을 앗아간 경우도 종종 있었어요. 그래도 곡예비행 공연은 사람들을 끌어모았어요. 어떤 곡예 조종사는 당시 영화배우보다 더 유명하기도 했어요. 그때 가장 유명했던 링컨 비치는 2천만 명이 넘는 사람들이 자신의 비행 묘기를 직접 보았다고 밝혔어요!

이번 주 화요일! 하늘 위의 고수
링컨 비치의 곡예비행
나이아가라 폭포
상공에서 선보이는 묘기
특별한 비행에 도전하다
‼ 놀라운 광경 ‼
➡ 관람권 50센트 ⬅

여객 항공의 시초 포드 트리모터

제1차 세계 대전이 끝난 후, 사람들은 그전까지 날개와 프로펠러가 달린 이상한 기계 취급을 하던 비행기를 더 이상 특별하게 생각하지 않았어요. 그렇게 비행기는 사람들 눈에 익숙해졌지만, 여전히 전문가들만 비행기를 타고 하늘을 날 수 있었어요. 군용기 조종사, 스턴트맨, 용감한 곡예사 들이 하늘을 날았어요. 평범한 사람들은 하늘에 닿을 수 없었지요.

당시 주로 2인승이었던 비행기에 많은 승객을 태우려면 기체가 커져야 했기 때문에 일반인들은 조금 더 기다려야 했어요. 또 비행기가 더 견고해지고 내구성이 좋아져야 했지요. 다행히도 초창기에 사용하던 나무와 캔버스 천 대신 금속으로 비행기를

여객 항공은 제1차 세계 대전이 끝난 직후, 커다란 군용 비행기가 여객기로 변신하면서 유럽에서 꽃을 피웠어요. 그러나 이내 신식 비행기가 이 자리를 차지했어요.

1918년
파르망 F.60 골리앗

일부 항공기는 신뢰성과 혁신으로 눈에 띄었어요. 독일의 기술자 휴고 융커스는 신식 소재를 쓰는 데 거리낌이 없어서, 최초로 두랄루민을 사용하였고 전부 금속 소재로 비행기를 만들었어요.

1919년
융커스 F13
F13은 역사상 기체가 전부 금속 소재인 최초의 여객기예요.

네덜란드 개발자 안톤 포커가 만든 포커 F.7은 세 개의 엔진을 단 고익 비행기 28쪽을 보세요 로 인정받았어요. 강철 튜브로 만든 동체에 캔버스 천을 덮고, 나무와 합판으로 만든 날개를 달았지요. 고익 비행기는 기본 날개가 비행기의 몸체보다 높이 있는 외날개 비행기를 말해요.

1925년
포커 F.7

자동차의 혁명을 이끈 기업가 미국의 헨리 포드는 이를 유심히 보았어요. 현재 유럽에서 벌어지고 있는 상황을 주시하면서 항공업의 양상을 바꾸고 싶어 했어요. 그는 국민들에게 비행기 탑승을 권할 수 있는 비행기를 만들기 위해 기술자인 윌리엄 스타우트의 회사를 샀어요. 유럽 경쟁사의 아이디어를 활용했어요.

헨리 포드
포커처럼 엔진 세 개를 장착하되, 융커스처럼 기체 전체가 금속 소재면 좋겠어요. 안전이 가장 중요해요!

그리하여 1926년, 포드 트리모터가 미국에서 탄생했어요. 트리모터는 세 개의 엔진을 의미했어요. 이 엔진은 승객들에게 고장이 나더라도 안전하게 땅에 착륙할 수 있다는 믿음을 심어 주기 위한 것이었어요. 게다가 포드라는 이름도 신뢰감을 주는 유명 브랜드였지요. 이 비행기는 번쩍이는 알루미늄 코팅 덕분에 곧 '틴 구스'라는 별명도 얻었어요.

주름진 두랄루민으로 전부 덮은 기체는 견고하고 가벼우면서, 내구성이 좋고, 어떤 기상 조건에도 잘 견뎠어요.

포드가 만든 거라면 뭔가 의미가 있겠지!
엔진이 세 개라던데, 별문제 있겠어?
비행기 타 보셨어요?
아뇨, 처음이에요.

포드 트리모터

날개는 넓은 표면과 두꺼운 에어포일을 가지고 있었어요. 덕분에 비행기는 속도가 느려도 안전하게 이착륙할 수 있었고, 날개의 내부에는 짐을 실을 수 있는 공간이 있었어요.

'틴 구스'를 타고 떠나는 여행은 요즘의 여객기처럼 70, 98쪽을 보세요 편안하지 않았어요. 어쩌면 롤러코스터와 더 비슷했어요. 비행기는 아주 높이 뜨진 않았고, 구름, 비, 난기류를 통과할 때면 승객들을 힘겨운 시험대에 오르게 했어요.

트리모터는 화장실이 설치된 최초의 비행기 중 하나였어요. 오늘날 여객기와 비슷하게 객실 뒤쪽에 화장실이 있었어요.

객실에는 10여 명의 승객이 앉을 수 있었지요. 초기 모델에는 라탄 의자가 있어서 비행기의 무게를 조금 줄여 주었어요.

구름 속을 비행할 때는 멀미가 안 나는 게 이상했지요.

만약 너무 더우면, 창문을 열 수도 있었지요!

엔진 옆에 앉은 승객은 최악이었을 거예요. 그 자리는 대형 록 콘서트장처럼 시끄러웠거든요!

만드는 경우가 많아졌어요. 두랄루민이 개발된 덕분에 가능한 일이었어요. 두랄루민은 알루미늄과 구리의 합금으로, 강철처럼 강하면서도 세 배나 가벼웠어요.
운송 수단이 된 비행기는 서서히 자동차, 기차, 배와 경쟁하기 시작했어요. 기술자들은 여전히 당대의 신식 비행기를 만들어 냈고, 이는 민간 항공에 단계적인 변화를 가져왔어요.

이 무렵, 사람들은 깨달았어요. 비행기를 만드는 데 굳이 혁신적일 필요는 없다는 것을요. 여객기의 목적에만 초점을 맞추면 되었지요. '사람들을 안전하게 수송하는 일'만 생각해 기술을 발전시키면 되었지요. 그러나 항공의 역사는 비행을 사업의 아이디어로만 생각했던 사람들에게도 큰 영향을 받았어요. ➔ 당시의 다른 여객기: 보잉 247 · 더글러스 DC-3 · 융커스 Ju 52

트리모터는 빠르게 인기를 얻었고, 사람을 태우는 데에만 그치지 않았어요. 필요에 따라 착륙 장치를 다른 모양으로 바꿀 수 있었던 덕분이었지요.
착륙 장치는 항공기가 이착륙할 때 항공기 자체의 무게를 지지하는 구조물이에요. 트리모터 내부의 의자도 떼어 내서 다른 목적으로 이용할 수 있는 등 쉽게 개조할 수 있었어요.

바퀴형 착륙 장치를 단 비행기는 달리다가 이륙해야 하기 때문에 비행장이 필요했어요. 하지만 트리모터는 활주로가 아주 짧아도 이륙할 수 있었어요.

플로트 착륙 장치를 단 비행기는 물이 있는 곳이나 강 위에서도 이착륙할 수 있었어요.

스키형 착륙 장치를 단 비행기는 눈이나 얼음 위에 착륙할 수 있었어요. 리처드 버드의 유명한 남극 탐험에도 스키형 착륙 장치를 단 비행기가 쓰였어요.

항공 우편에서도 트리모터를 자주 사용했어요. 1.5톤의 편지와 소포를 운반할 수 있었지요.

비행장이 매우 적은 남미의 열대 우림 지역에서도 이 비행기를 자주 이용했어요.

탐험 중 남극 대륙의 항공 사진을 찍었고, 역사상 최초로 남극 상공을 비행하기도 했어요!

1929년

그 후 몇 년 동안, 트리모터와 다른 비행기들은 미국의 항공 운송을 바꾸어 놓았어요.
여객기를 사용하는 항공사가 우후죽순 늘어났어요. 그중 많은 항공사가 여객기로는 틴 구스를 처음 구매했어요.
하지만 틴 구스의 인기는 그리 오래가지 못했어요.
몇 년 후, 더 빠르고 편안한 비행기가 트리모터의 자리를 차지했거든요.

틴 구스에게 성공을 가져다준, 주름진 합금으로 만든 단순하고 가벼운 구조도 단점이 있었어요. 공기 저항이 커서 비행기가 느리고 연료도 상당히 많이 소비했어요.

포드 트리모터

20세기 초에 많은 항공사가 생겨났어요. 지금도 운항하고 있는 KLM 네덜란드 항공, 아비앙카 항공(1919), 콴타스 항공(1920), LOT 폴란드 항공(1928)도 이때 생겼어요. 다른 항공사들은 세월을 견뎌 내지 못하거나, 그림에 소개된 TAT 항공처럼 다른 회사에 인수되었어요.

트리모터가 최초로 비행한 항로 중 하나는 미국의 동쪽과 서쪽을 잇는 항로였어요. 그러나 승객들은 꽤 긴 거리를 철도로 이동해야만 했고, 전 여정은 이틀이 걸렸어요.

○ 정류장
— 항공 노선
— 철도 노선

샌프란시스코 뉴욕

33

대서양 횡단 비행 *비행의 대여정과 조종사의 옷*

항공의 발달은 사람들로 하여금 대담한 업적을 세우고 싶게 했어요. 곧 전례 없는 탐험을 떠나는 조종사들이 나타났어요. 몇 시간을 날아 대서양을 건너는 비행이었지요. 엔진이 고장 나진 않을까? 연료는 충분할까? 조종사가 무사히 돌아올 수 있을까? 온갖 의문점을 품은 엄청난 모험이었지요.

이러한 시도는 세계적으로 엄청난 관심을 불러일으켰어요. 물론 모든 시도가 좋게 끝난 건 아니었지만, 성공한 조종사들은 국민적 영웅이 되어 항공의 역사에 남았어요. 대서양을 건너는 긴 비행을 위해서는 많은 준비가 필요했어요. 우선 추가 연료를 실을 수 있도록 항공기를 더 강화하고 개조해야 했어요.

영국인 존 올콕과 아서 브라운은 최초로 대서양을 단번에 건넜어요. 중간에 멈추지 않고 한 번에 말이에요! 두 사람이 가장 힘들었던 건 개방된 조종석에서 비행해야 한다는 거였어요. 두 사람은 몇 시간 동안 추위와 비에 노출되어야 했기에, 거의 극지 탐험에 나서는 것처럼 옷을 입었어요.

당시에는 양가죽으로 만든 항공 점퍼가 인기였어요. 바람을 막기 위한 커다란 깃이 달려 있었지요. 전기 난방이 되는 점퍼도 있었어요!

폐쇄형 조종석이 표준이 된 1920년대에는 복장이 가벼워졌어요. 1927년, 단독 비행으로는 최초로 대서양을 건넌 미국인 찰스 린드버그는 점프 슈트를 입고 비행을 했어요.

점프 슈트는 여러 개의 옷을 입는 것보다 간단했고, 추위도 잘 막아 주었어요. 현대판 점프 슈트는 지금도 군 조종사들이 자주 입어요.

당시 조종사들은 목덜미와 귀를 덮고 턱 밑을 감싸서 잠그는 파일럿 모자 없이는 비행할 수가 없었어요.

아서 브라운 (항해사) / 존 올콕 (조종사) / 찰스 린드버그

조종사들은 따뜻한 가죽 장갑을 꼈어요.

목이 긴 부츠는 털 안감에 두꺼운 고무 밑창을 덧대었어요.

올콕과 브라운은 최신형 비행기 말고 2인승 군용 복엽기를 선택했어요. 이 비행에서는 신뢰성이 가장 중요했기에, 이미 검증되고 잘 알려진 비행기를 선택했어요.

✈ 비커스 비미

가슴 주머니에 지도를 넣어 다녔어요.

고글은 바람, 비, 눈으로부터 눈을 보호해 주었어요. 고글의 특수 렌즈는 눈부신 햇빛도 막아 주었어요.

항공기에 연료를 많이 실어야 했어요. 조종사 앞이 보이지 않을 정도로 큰 연료 탱크가 기체 앞에 달려 있었어요! 그래서 조종사는 반사식 망원경 잠망경을 이용했어요.

✈ 라이언 NYP 스피릿 오브 세인트루이스

비행은 쉽지 않았어요. 캐나다의 뉴펀들랜드에서 출발한 직후 조종사들은 짙은 안개를 만났고, 그다음엔 눈보라와 맞닥뜨렸어요. 브라운은 엔진 위에 쌓인 눈을 치우기 위해서 날개 위를 기어올라야만 했어요! 열여섯 시간의 비행 끝에 마침내 목적지인 아일랜드 해안에 도착했어요.

린드버그는 뉴욕주의 롱아일랜드에서 이륙했어요. 앞이 잘 보이지 않아서 가끔은 몇 킬로미터밖에 안 되는 고도로 비행하기도 했고, 가끔은 파도에 부딪힐 정도로 낮게 날기도 했어요. 서른세 시간의 비행 끝에 프랑스에 도착했고, 파리 공항에서 15만 명이 넘는 사람들의 환대를 받았어요!

1919년

1927년

조종사는 개방된 조종석에서 바람에 쓸리고 비에 젖은 구름 속을 날고, 눈부신 햇빛을 이겨 낼 적절한 채비를 해야 했지요. 그때는 항공기를 자동으로 일정 항로로 유도하는 자동 조종 장치도 없었기 때문에, 매 순간 집중하는 것도 필요했고요. 라이트 형제처럼 정장을 입고 비행하는 건 이미 오래전부터 꿈도 꿀 수 없었어요. 최초의 조종사 옷은 당시의 레이싱 드라이버의 복장을 따라한 옷이었어요. 레이싱 드라이버도 용감한 사람이라고 평가받았기에 그들의 옷을 모방한 것이었지요. 그렇지만 이내 조종사들을 위한 특별한 요소들이 옷에 더해졌어요. 항공이 전성기를 맞이한 1920년대와 1930년대 항공 패션은 패션계의 꾸준한 인기를 얻게 되었어요. 지금도 당시의 항공 패션을 볼 수 있어요. ➡ 다른 대서양 횡단 비행: 가고 코치뉴와 사카두라 카브랄의 비행(1922) · 브레멘 호의 비행(1928) · 진 배튼의 비행(1935) · 베릴 마컴의 비행(1936)

미국인 아멜리아 에어하트는 혼자 대서양을 건넌 최초의 여성 조종사로, 많은 여성의 롤 모델이 되었어요. 또한 패션에서도 자신만의 소년 같은 스타일을 앞세워 새로운 유행을 만들며, 여자도 바지를 입을 수 있다는 것을 보여 주었어요!

에어하트는 당시 유행과는 거리가 먼 단색의 단순하고 편안한 복장을 좋아했어요.

당시에는 흔하지 않던 짧고 헝클어진 듯한 헤어스타일이었어요.

아멜리아 에어하트

어느새 항공은 '새로움'의 동의어가 되었고, 패션을 포함한 삶의 여러 영역에 영향을 미쳤어요. 당시 디자이너들이 선보인 항공과 관련된 여러 패션 아이템을 보면 알 수 있지요. 에어하트는 의류 브랜드도 가지고 있었어요.

스카프

조종사 모자

에어하트는 록히드 베가 5B 비행기로 두 가지 기록을 세웠어요. 대서양을 횡단한 지 3개월 후, 미국 상공을 멈추지 않고 한 번에 횡단한 최초의 여성으로 기록되었어요.

➡ 록히드 베가 5B

에어하트는 캐나다 뉴펀들랜드에서 출발하여, 바람과 눈을 견디면서 열다섯 시간의 비행 끝에 북아일랜드에 도착했어요. 처음으로 만난 사람은 현지 농부였지요.
농부가 물었어요. "어디서 날아왔어요?"
에어하트가 답했어요. "미국에서요."

1932년

새로운 기록을 위해서라면 점프 슈트마저 과감히 포기한 조종사도 있었어요. 폴란드인 스타니스와프 스카르진스키는 다른 사람들이 갔던 항로와는 반대로, 동쪽 세네갈에서 서쪽 브라질까지 횡단하기로 결심했어요. 스카르진스키는 적도에서 부는 무역풍인 파사트에 대한 지식을 활용했어요. 아주 가벼운 항공기를 골라서 최대한 무게를 줄였어요.

스카르진스키는 항공기의 무게를 최대한 줄이기 위해 노력했어요. 구명정, 점프 슈트, 중요한 방위 장치 등을 포기했어요. 결국 평범한 양복을 입고 혼자 비행했지요.

스타니스와프 스카르진스키

주로 야간 비행을 했기 때문에 헤드라이트로 조종석에 불을 켰어요.

육분의

스카르진스키는 대중적이지만 복잡한 항법 장치인 육분의도 포기했어요. 위도와 경도를 알아내는 기계였지요. 대신 훨씬 단순한 나침반을 가져갔지요.

나침반

대서양을 횡단한 가장 가벼운 항공기 RWD-5bis는 RWD-5를 변형한 버전이에요. 기내와 날개 위에 추가 연료 탱크를 장착했어요.

➡ RWD-5bis

스카르진스키는 여기저기에 알린다고 해서 새로운 기록을 세울 수 있는 건 아니라고 생각했어요. 그래서 자신의 계획을 비밀로 했어요. 스무 시간하고도 30분의 비행 후 목적지에 도착했을 때, 그가 어디에서 왔는지 아무도 믿으려 하지 않았어요!

1933년

회전익 항공기의 발전 — 후안 데라시에르바의 자이로플레인

사람들은 쉽게 만족하지 않았어요! 열기구와 비행기만으로는 충분하지 않다는 듯, 하늘을 나는 또 다른 방법을 찾기 시작했어요. 특히 곤충과 벌새가 수직으로 올라가서 제자리에서 뱅글뱅글 도는 모습은 인간의 상상력을 자극했어요. 물론 이 아이디어가 새로운 건 아니었어요.

이미 레오나르도 다빈치 (14쪽을 보세요)가 생각했던 방식이었지요. 1920년대에 비행기를 개발하며 얻은 여러 지식은, 새로운 비행 방식을 찾는 데 도움이 되었어요. 특히 회전익 항공기의 발전에 큰 희망을 주었어요. 공기보다 무거운 회전익 항공기는 비행기와는 다르게 생겼어요.

스페인의 기술자 후안 데라시에르바는 어릴 때부터 항공학을 아주 좋아했어요. 한번은 조종사가 후안이 만든 새로운 항공기를 실험했는데 뜻대로 되지 않았어요.

후안은 조종사를 원망하지 않았어요. 다만 하늘에서는 아주 작은 실수로도 대형 사고가 발생할 수 있다는 사실에 화가 났어요. 그래서 안전하게 날 수 있는 방법을 연구하기로 결심했어요.

후안은 실속 현상이 일어날 위험 없이 (22쪽을 보세요) 정말 천천히 날 수 있는 방법을 찾기 시작했어요. 회전익 항공기를 떠올렸지만, 완전히 새로운 시선으로 바라보려고 했어요. 회전 날개가 동력 장치 없이 공기의 힘만으로 움직일 수 없을지 생각했지요.

후안은 결국 해냈어요! 프로펠러에 시동을 걸자 항공기는 앞으로 나아갔고, 그 영향으로 위쪽에 수직으로 달린 회전 날개가 돌기 시작했지요. 시험으로 만든 이 항공기는 이륙하진 않았지만, 이미 후안은 기구가 공중에 뜨면 어떻게 조종할지까지 생각하고 있었어요.

후안은 처음에 회전 날개 꼭대기에 방향타를 설치하려고 했어요.

- 두 개의 주 회전 날개
- 엔진이 달린 프로펠러
- 시에르바 C.1

1919년

항공기 위쪽에 있는 주 회전 날개는 비행기 날개나 프로펠러와 매우 비슷하게 작동했어요. 회전 날개에는 블레이드가 달려 있어요.

주 회전 날개 / 블레이드 / 회전 날개 축

블레이드의 에어포일은 비행기 날개의 에어포일 (22쪽을 보세요)과 매우 비슷해요.

블레이드가 회전 날개 축을 중심으로 회전하면, 양력을 발생시켜서 항공기를 공중에 띄워요.

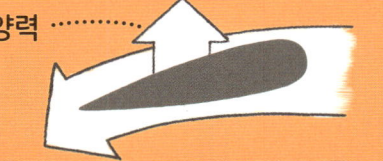

양력 / 블레이드의 에어포일

후안은 계속해서 작업했고 실험은 매번 조금씩 발전했어요. 시에르바 C.4 모델에 이르러서야 장시간 비행이 가능해졌어요. 그러나 비행기처럼 계속 보조 날개를 제어해야 했어요. 이는 특히나 항공기가 천천히 날 때 비효율적이었어요.

초기 기구에서는 회전 날개를 돌리는 데 공기의 힘만으로는 부족했어요. 손을 이용해서 직접 돌려야 했어요!

- 보조 날개
- 시에르바 C.4

1923년

그 후 좋은 방법이 떠올랐어요. 블레이드를 완전히 고정하지 않고, 이음 장치에 고정하는 것이지요.

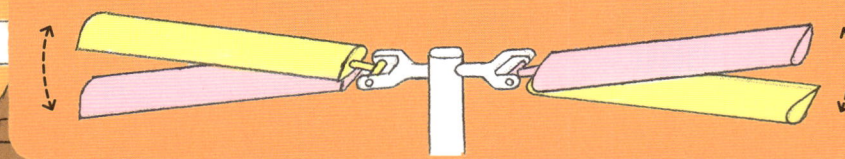

이음 장치

이 방법 덕분에 블레이드는 위아래로 자유롭게 움직일 수 있게 되었어요. 드디어 안정적으로 비행할 수 있었어요!

시에르바 C.30에서 후안은 마침내 조종 문제를 해결했어요. 회전 날개의 기울기를 조절하는 획기적인 시스템을 연구했지요. 덕분에 보조 날개를 없앨 수 있었지만, 여전히 비행기처럼 방향타는 필요했어요.

특수 막대를 이용하여 회전 날개의 기울기를 조절했어요.

- 시에르바 C.30

1933년

회전 날개의 기울기를 변경할 수 있었던 건, 특수 유동형 헤드 덕분이었어요.

유동형 헤드

헤드는 양력의 방향을 바꾸었고, 항공기는 원하는 방향으로 이동했어요.

위로 비행

아래로 비행

왼쪽으로 기울이기

오른쪽으로 기울이기

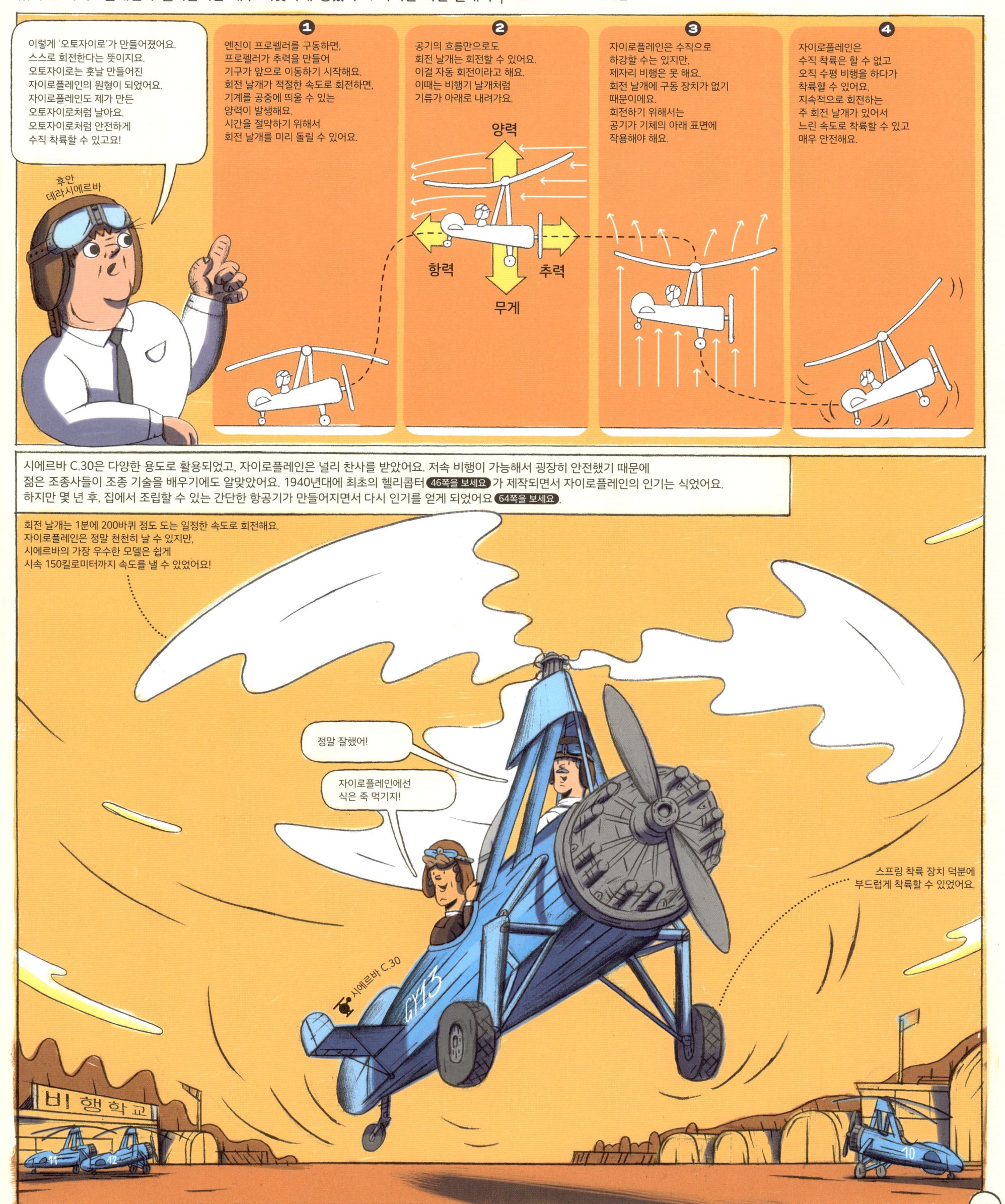

안전한 비행을 위한 비행계기
드하빌랜드 타이거 모스와 기본 비행계기

하늘은 사람을 위한 곳이 아니라는 말은 어느 정도는 맞아요. 사람은 하늘에서 방향 감각을 잃기가 정말 쉬워요! 공중에는 우리가 일상생활에서 볼 법한 익숙한 것들이 하나도 없으니까요. 비행 중 방향을 잡고 길을 찾는 방법에 대한 문제는 1920년대와 1930년대에 이르러 특히 중요해졌어요.

비행기가 점점 더 멀리, 높이 날기 시작했거든요. 조종사들은 하늘에서 비행을 방해하는 다양한 기상 현상을 자주 접했어요. 숙련된 조종사라도 구름이 조금만 짙어지면 금방 방향 감각을 잃었지요. 비행할 때 앞이 잘 보이지 않는 상황이 되면 정확히 알아야 하는 것들을 판단하기 어려워져요.

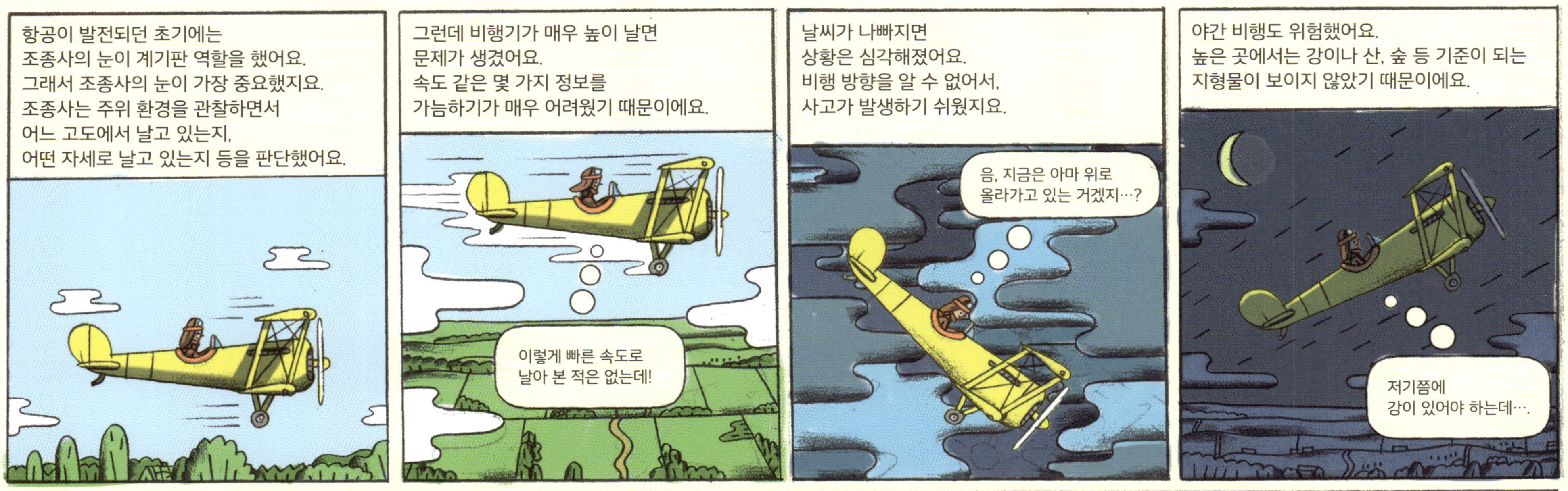

항공이 발전되던 초기에는 조종사의 눈이 계기판 역할을 했어요. 그래서 조종사의 눈이 가장 중요했지요. 조종사는 주위 환경을 관찰하면서 어느 고도에서 날고 있는지, 어떤 자세로 날고 있는지 등을 판단했어요.

그런데 비행기가 매우 높이 날면 문제가 생겼어요. 속도 같은 몇 가지 정보를 가늠하기가 매우 어려웠기 때문이에요.

날씨가 나빠지면 상황은 심각해졌어요. 비행 방향을 알 수 없어서, 사고가 발생하기 쉬웠지요.

야간 비행도 위험했어요. 높은 곳에서는 강이나 산, 숲 등 기준이 되는 지형물이 보이지 않았기 때문이에요.

이러한 이유로 조종사가 주변 환경과 조건에 상관없이 하늘에서 방향을 인식할 수 있는 기계를 개발하기 시작했어요. 항공 계기판은 1932년에 영국의 훈련용 항공기 드하빌랜드 타이거 모스의 조종실에 처음 도입되었어요. 시간이 흐르면서 많이 바뀌긴 했지만, 이때 도입된 기계 중에는 오늘날 우리가 알고 있는 비행계기도 여럿 있었어요.

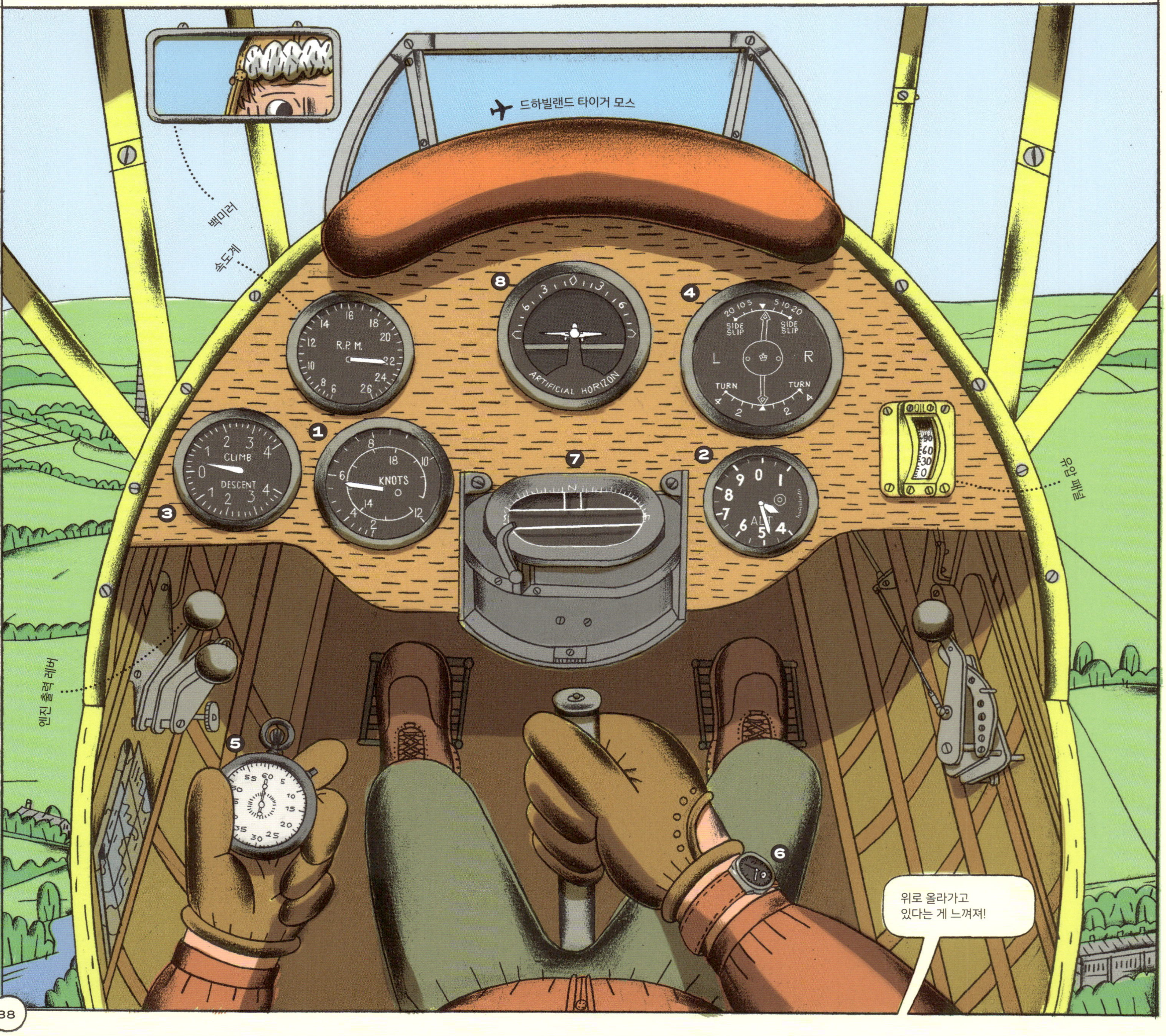

조종사는 비행기가 어느 높이에 있는지, 위로 올라가고 있는지 아래로 내려가고 있는지, 원하는 방향으로 날아가고 있는지 알 수 없지요. 그러다 보니 조종사들이 불리한 조건에서도 원하는 장소에 갈 수 있게 도와주는 특수 장치가 개발된 건 당연한 일이었어요. 이러한 장치를 비행계기라고 해요. 비행계기는 글라이더나 최신 제트기 등 항공기의 종류에 따라 달라요.

꽤 많은 종류의 비행계기가 있고, 그중 일부는 모든 조종사에게 꼭 필요해요. 현대 항공기 조종실에는 대부분 계기판이 있어요. 계기판은 잘 모르는 사람들의 눈에는 숫자와 화살표, 기호로 가득해서 복잡한 눈금판처럼 보이지만, 조종사들은 매우 익숙해서 각 계기를 금방 구분할 수 있지요. 계기판 없이 하늘을 날아다니는 건 상상조차 할 수 없어요.

1930년대의 계기판은 현재의 계기판과는 모양은 조금 다르지만 62쪽을 보세요, 기능은 똑같아요. 현재의 계기판은 항공기에 따라 다르고, 스크린 형태를 가지고 있는 경우가 많아요 84쪽을 보세요.

속도계 ❶
항공기의 속도를 재요.
땅 위에서의 상대 속도가 아닌,
공기 중을 지나갈 때의
상대 속도를 나타내요.

고도계 ❷
해수면이나 공항을 기준으로
항공기의 고도를 재요.
고도는 기압을 기준으로
정해져요.

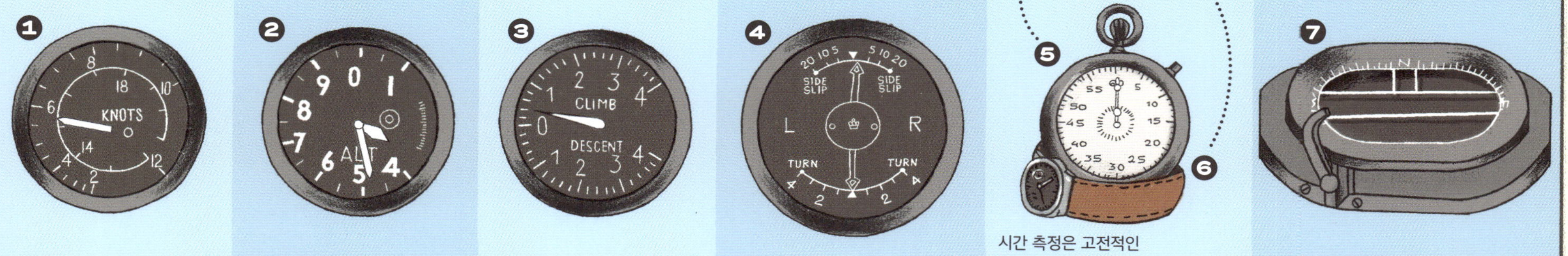

승강계 ❸
수직 방향 속도를 재요.
항공기가 상승하거나 하강할 때
얼마나 빠른 속도로
움직이는지를 표시해요.

선회 경사계 ❹
항공기가
좌우 방향으로 선회하는
속도를 나타내고,
정확히 선회했는지도 보여 줘요.

스톱워치 ❺ / 시계 ❻
시간 측정은 고전적인
항법 방식이에요.
스톱워치는 시야가 확보되지 않는
상태에서 기동할 때 필요했어요.
그리고 시계는 위치 계산을 위해
필요했지요.

자기 나침반 ❼
항공기가 날고 있는 방향을 보여 주어요.
매우 순순하고 기초적인 장비로
오늘날 최신 기계에도
장착되어 있지요.

1930년대에는 가장 실용적인 비행계기 중 하나인 인공 수평의도 등장했어요.
날씨가 좋지 않아서 앞이 잘 보이지 않을 때 유용했어요. 인공 수평의 덕분에 조종사는 한눈에 비행기의 수평을 알 수 있었어요.

인공 수평의 ❽
인공 수평의는
항공기가 아래로 기울어졌는지,
위로 기울어졌는지,
혹은 왼쪽이나 오른쪽으로
기울어졌는지를 나타내요.

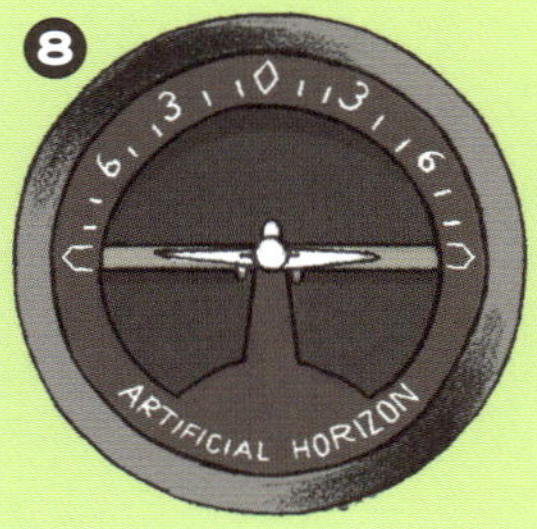

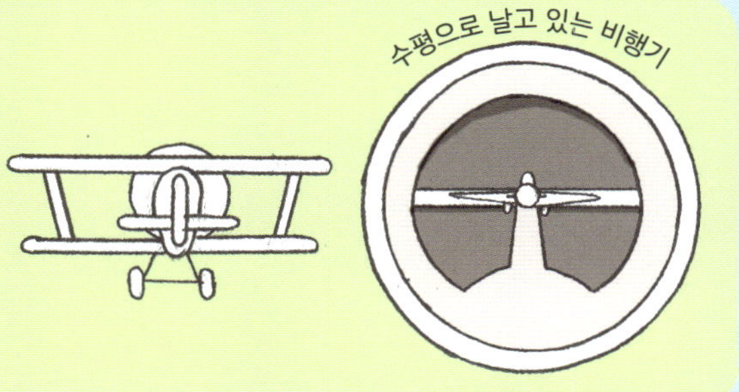

수평으로 날고 있는 비행기

드하빌랜드 타이거 모스

이제 수평으로 날자!

좋아!

아래를 향하는 비행기 | 위를 향하는 비행기 | 왼쪽으로 기울어진 비행기 | 오른쪽으로 기울어진 비행기

바다 위에서 겨루는 승부 슈퍼마린 S.6과 비행 경주

항공 기술이 발전하는 데 있어서 경쟁은 원동력이었어요. 조종사끼리 경쟁하는 것뿐만 아니라 국가 사이에서도 경쟁이 일어났지요. 라이트 형제의 첫 비행이 성공하고 몇 년 후, 조종사들은 먼 거리를 누가 가장 빨리 날아가는지 등을 겨루기 시작했어요. 그중에서도 폐쇄된 경로를 여러 바퀴 돌면서 가장 빠른 기록으로 완주해야 하는 경주 대회가 가장 흥미진진했어요. 비행기가 관중들의 머리 위에 거의 바짝 붙어서 날았기 때문에, 많은 관중을 끌어모았어요. 놀랍게도 대량 생산한 비행기는 이런 대회에서 별로 승산이 없었어요.

대신 대회를 위해 특별히 만든 비행기들이 많은 성과를 거뒀지요. 새로운 비행기가 슈나이더 트로피 대회는 오늘날 월드컵 못지않은 열기를 불러일으켰어요. 참가국들은 기술도 시험하고, 명성을 얻기 위해서 항공기 개발에 지원을 아끼지 않았어요. 항공기는 해를 거듭할수록 유선형 모양으로 만들어지며 빨라졌어요. 1913년, 첫 대회에서 우승했던 항공기의 속도는 시속 73.5킬로미터였는데, 10년 후에는 최고 속도가 시속 285킬로미터를 넘어섰어요!

1920년대 중반에는 놀랍게도 우승자가 모두 미국인이었고… 커티스 R3C-2

1925년 그다음 해에는 이탈리아인에게 우승이 돌아갔어요. 마키 M.39

1926년 그다음엔 영국인이 앞질렀어요! 슈퍼마린 S.5

1927년

여러 가지를 개선하며 항공기의 속도는 점점 더 빨라졌어요. 더 큰 엔진을 만들고 모든 면에서 출력을 높였어요.

경주용 엔진에는 추가 공기를 주입하는 기계인 압축기를 장착한 경우가 많았어요. 게다가 액체 냉각을 이용하면서 엔진 효율이 향상되었어요.

V형 엔진

공기 저항을 줄이기 위한 노력도 했어요. 견고한 금속 구조가 개발되면서 단엽기도 많아졌어요. 날개를 하나만 달면 항력이 줄어들었지요. 또 동체에서 불필요한 요소를 모두 없앴어요. 이로써 항공기는 점차 얇아지고, 단순한 형태를 가지게 되었어요.

날개 모양에 대한 연구는 계속 이어졌어요. 시간이 지날수록 날개는 더 완벽해지고, 고속 비행에 더 적합해졌어요.

경주용 단엽기의 얇은 날개는 특수 와이어 시스템으로 단단하게 고정하는 경우가 많았어요.

1920년대 후반에는 영국인들이 우승 후보였어요. 그러나 1927년에 우승한 슈퍼마린 S.5는 더 이상 빠르게 날 수 없었어요. 결국 새로운 비행기를 만들기로 결정했어요!

이후 대회에서 우승하기 위해서는 여러 가지 부품이 들어간 커다란 엔진이 필수였어요. 커다란 엔진만이 우승을 보장했지요.

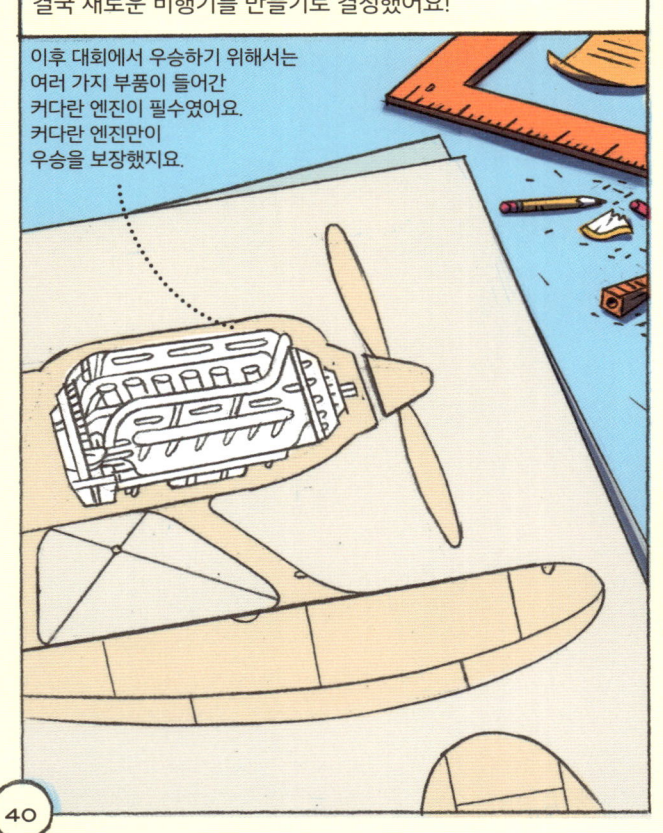

그렇게 슈퍼마린 S.6이 탄생했어요. 슈퍼마린 S.5와 생김새는 비슷하지만 기체를 전부 금속 재료로 만들었다는 점이 달랐어요.

엔진에는 어마어마한 양의 기름이 필요했어요. 한 시간을 비행하려면 거의 45리터가 필요했지요! 그래서 수직 안정판에 추가 연료 탱크가 있었어요.

비행할 때는 엔진이 유선형 덮개에 감춰졌어요.

S.6은 엔진이 매우 뜨거워질 때마다 날개로 감춰 두었던 냉각수로 열을 식혔어요. 그래서 '하늘을 나는 냉각기'라고 불리기도 했어요.

슈퍼마린 S.6

플로트 착륙 장치는 비행 중에 많은 항력을 발생시켰기 때문에, 개발자는 최대한 유선형으로 기체를 만들기 위해 노력했어요.

S.6은 1분당 16리터의 연료를 소비했어요. 플로트 착륙 장치 안에 거대한 연료 탱크를 두었지만, 연료로는 경주 구간을 비행하는 40분 정도만 간신히 날 수 있었어요.

대회에 참가하면 조종사와 개발자의 능력을 실제로 검증할 수 있었어요. 1913년에는 물 위에서 이륙하는 수상 비행기의 개발을 촉진하기 위해 슈나이더 트로피라는 비행기 경주 대회가 열렸어요. 1931년까지 개최된 슈나이더 트로피는 초반에는 매년 대회를 개최했지만, 이후에는 2년마다 개최했지요.

슈나이더 트로피는 명성 있고 우수한 기술을 겨루는 국제 대회로 급부상했어요. 미국의 커티스, 이탈리아의 마키, 영국의 슈퍼마린 같은 비행기가 연이어 기록을 세우면서 미래의 항공기가 어떤 모습일지 보여 줬어요. 새로운 비행기들이 꾸준히 등장하자 대회 우승을 넘어, 항공학 전체의 발전 속도가 빨라졌어요. ➡ 당대의 다른 경주용 비행기: 피아트 아비아지오네 C.2 · 그랜빌 지 비 · 홀 불독 · 레어드 슈퍼 솔루션 · 쇼트 크루세이더 · 웨델-윌리엄스 44형

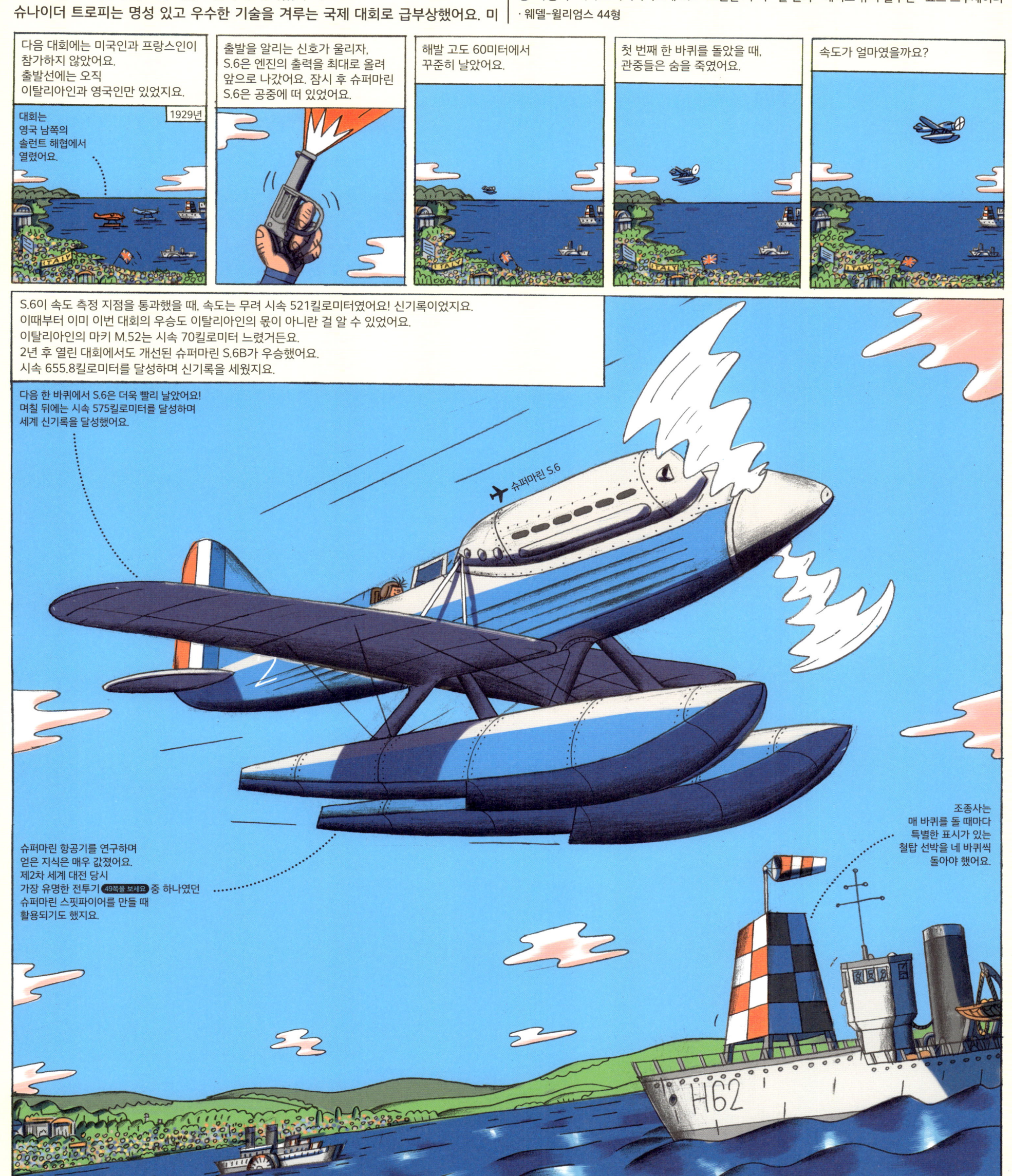

다음 대회에는 미국인과 프랑스인이 참가하지 않았어요. 출발선에는 오직 이탈리아인과 영국인만 있었지요.

대회는 영국 남쪽의 솔런트 해협에서 열렸어요. 1929년

출발을 알리는 신호가 울리자, S.6은 엔진의 출력을 최대로 올려 앞으로 나아갔어요. 잠시 후 슈퍼마린 S.6은 공중에 떠 있었어요.

해발 고도 60미터에서 꾸준히 날았어요.

첫 번째 한 바퀴를 돌았을 때, 관중들은 숨을 죽였어요.

속도가 얼마였을까요?

S.6이 속도 측정 지점을 통과했을 때, 속도는 무려 시속 521킬로미터였어요! 신기록이었지요. 이때부터 이미 이번 대회의 우승도 이탈리아인의 몫이 아니란 걸 알 수 있었어요. 이탈리아인의 마키 M.52는 시속 70킬로미터 느렸거든요. 2년 후 열린 대회에서도 개선된 슈퍼마린 S.6B가 우승했어요. 시속 655.8킬로미터를 달성하며 신기록을 세웠지요.

다음 한 바퀴에서 S.6은 더욱 빨리 날았어요! 며칠 뒤에는 시속 575킬로미터를 달성하며 세계 신기록을 달성했어요.

슈퍼마린 S.6

슈퍼마린 항공기를 연구하며 얻은 지식은 매우 값졌어요. 제2차 세계 대전 당시 가장 유명한 전투기 49쪽을 보세요 중 하나였던 슈퍼마린 스핏파이어를 만들 때 활용되기도 했지요.

조종사는 매 바퀴를 돌 때마다 특별한 표시가 있는 철탑 선박을 네 바퀴씩 돌아야 했어요.

거대한 비행선 — LZ 129 힌덴부르크와 비행선의 황금시대

항공의 미래는 비행기에 달려 있을까요? 1930년대에는 이 질문에 대한 답이 흐릿해졌어요. 흐릿해진 이유는 비행선이 나타났기 때문이에요. 비행선은 열기구와 마찬가지로, 공기보다 가벼운 기체를 이용해 떠오르는 경항공기예요. 열기구와 다른 점은 동력 장치와 비행 조종면이 있다는 점이었어요. 덕분에 비행선은 원하는 장소로 날 수 있었지요. 비행선은 뜨겁게 데운 공기 대신, 공기보다 가벼운 기체로 내부를 채우는 경우가 많았어요. 가벼운 기체는 뜨거운 공기와 효과가 같기 때문에 공기를 계속 데울 필요가 없었어요.

최초의 비행선은 19세기 중반에 등장했어요. 이후 50년간 개발자들은 점점 현대적

앙리 지파르가 설계한 비행선을 최초의 비행선으로 여겨요. 프랑스인 앙리는 이 비행선을 타고 무려 27킬로미터나 날았지만, 세 시간이나 걸렸어요!
- 방향타
- 지파르의 비행선 / 1852년
- 증기 엔진으로 돌아가는 프로펠러

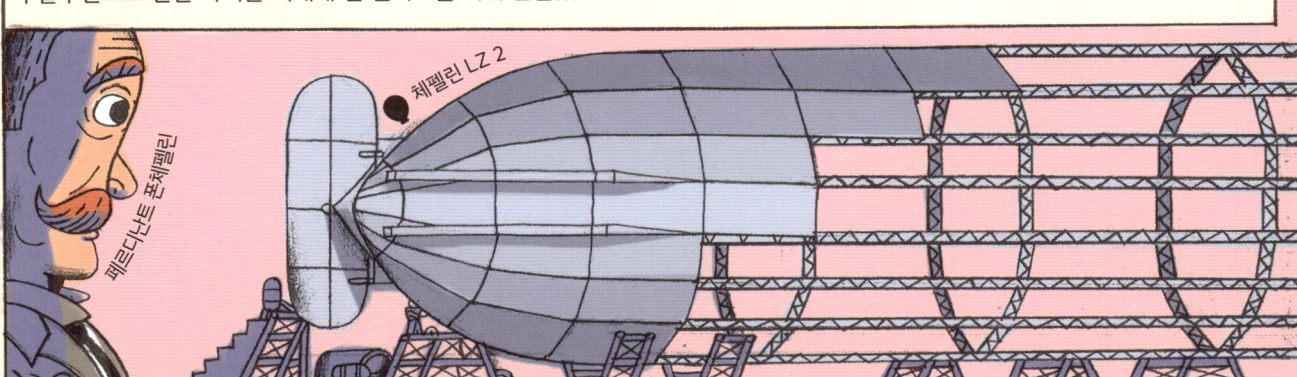
독일의 장군이자 개발자인 페르디난트 폰체펠린이 만든 비행선은 획기적이었어요. 두랄루민으로 만든 가벼운 뼈대에 면 캔버스를 씌워 만들었어요.
- 페르디난트 폰체펠린
- 체펠린 LZ 2

1920년대 후반, 비행선은 최초로 승객을 태우고 유럽과 미국을 오간 최초의 항공기였어요.
그러나 비행선의 크기와는 달리 승객을 많이 태울 수 없었어요.
1936년에 만든 가장 큰 비행선 LZ 129 힌덴부르크는 50명에서 70명 정도 승객을 태우면서, 50명 정도의 승무원이 필요했어요.
힌덴부르크는 같은 시기에 수십 차례나 대서양 왕복 비행을 했는데, 도착할 때마다 엄청난 화제를 일으켰어요!

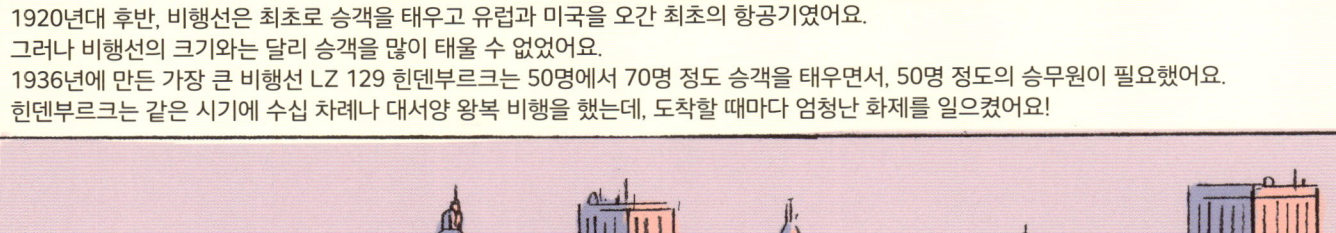
꼬리 쪽의 조종면으로 비행선의 방향을 바꾸거나 기울일 수 있었어요.

엔진은 항공기 아래쪽에 달린 다섯 개의 나셀에 장착했어요. 나셀은 항공기의 엔진을 싣는 부분이에요. 힌덴부르크의 속도는 시속 100킬로미터가 조금 넘는 정도였어요.

대서양을 건너는 여정은 이틀 정도 걸렸어요. 힘든 승객들은 각자의 객실에서 휴식을 취했어요.

우아한 식당 칸에서는 세계 유일의 초경량 알루미늄 피아노 연주를 들을 수 있었어요!

옆에는 통유리로 된 창문으로 멋진 광경이 펼쳐졌어요. 비행선에 타면 누구나 풍경을 감상할 수 있었지요. 힌덴부르크는 겨우 지상 200미터 높이로 낮게 날았어요.

인 비행기구를 만들었어요. 20세기 초 전 세계가 비행기에 푹 빠지자 비행선 개발자들의 열정은 사그라들었고, 결국 비행선은 하늘에서 거의 모습을 감추었어요. 그러나 1930년대에 비행선은 멋진 모습으로 다시 돌아왔어요. 가볍고 거대한 비행선은 세계를 종횡무진 누볐고, 비행기와 여객선과 진짜 경쟁을 했어요.

그럴 만한 이유가 있었어요. 비행선은 연료도 덜 필요하고, 비행기보다 장거리를 날 수 있고, 배보다 빠른 데다 조용하고 흔들림이 없었거든요. 그래서 비행선을 이용하면 편안하게 여행할 수 있었어요. 비록 비용이 많이 들었지만. 비행선의 황금기는 그리 오래가지는 못했지만, 비행선의 역사는 항공 역사에 길이길이 남았어요. ▶ 당대의 흥미로운 비행선: 이탈리아 · LZ 127 그라프 체펠린 · 노르게 · 파르스발 · R100 · R101 · 로마 · USS 아크론 · USS 메이컨 · 조디악 VZ-11(레흐)

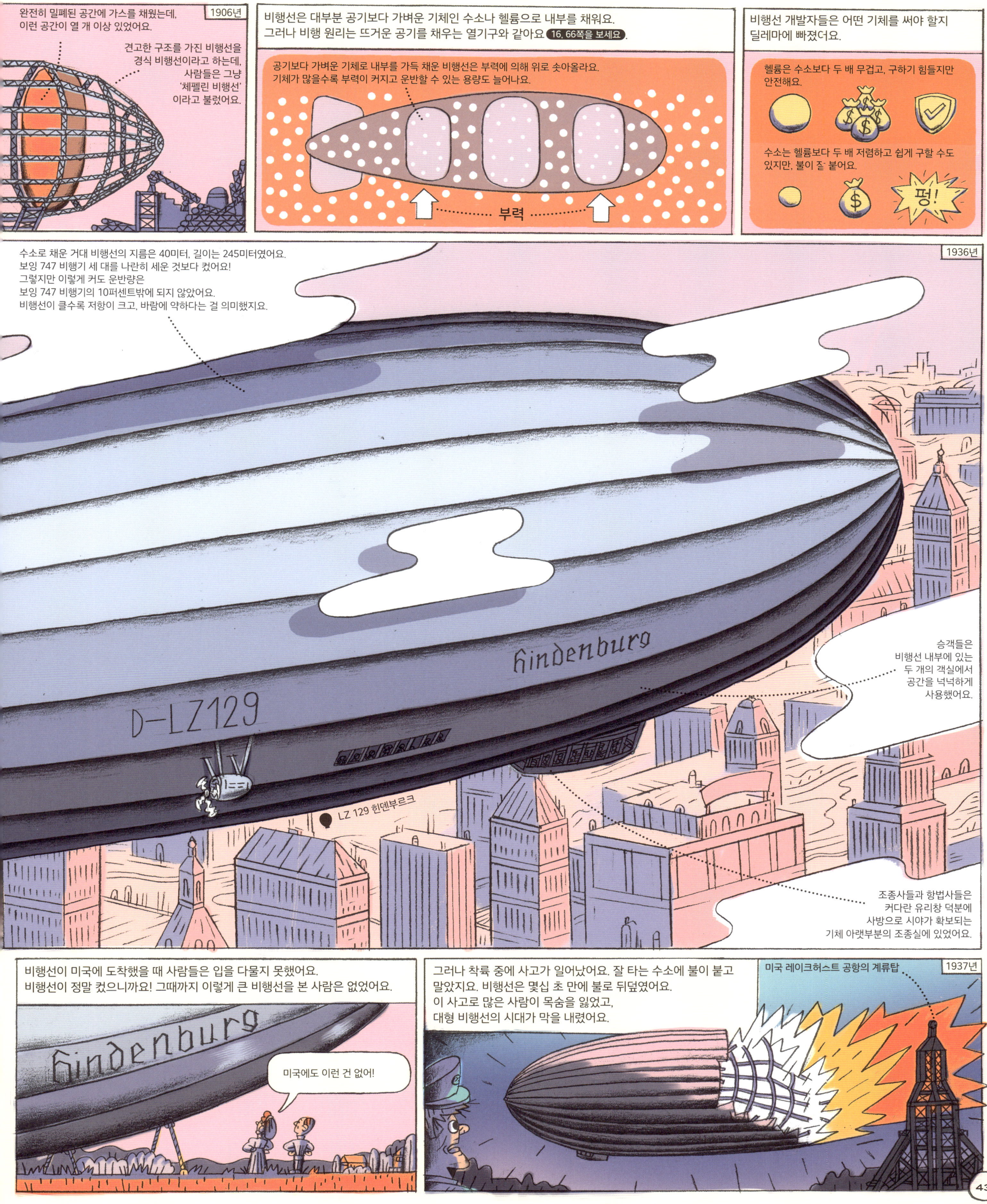

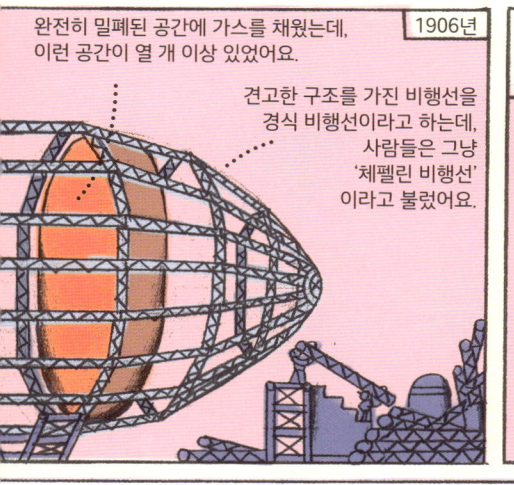

1906년
완전히 밀폐된 공간에 가스를 채웠는데, 이런 공간이 열 개 이상 있었어요.
견고한 구조를 가진 비행선을 경식 비행선이라고 하는데, 사람들은 그냥 '체펠린 비행선'이라고 불렀어요.

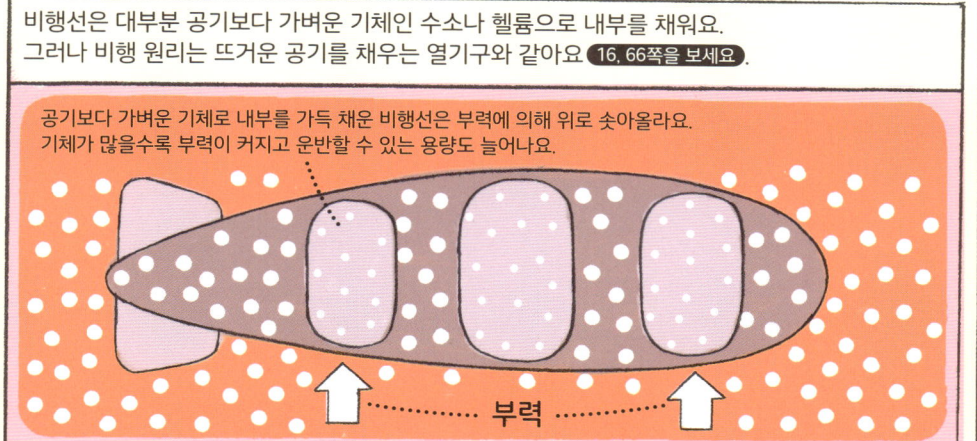

비행선은 대부분 공기보다 가벼운 기체인 수소나 헬륨으로 내부를 채워요. 그러나 비행 원리는 뜨거운 공기를 채우는 열기구와 같아요. 16, 66쪽을 보세요.

공기보다 가벼운 기체로 내부를 가득 채운 비행선은 부력에 의해 위로 솟아올라요. 기체가 많을수록 부력이 커지고 운반할 수 있는 용량도 늘어나요.

부력

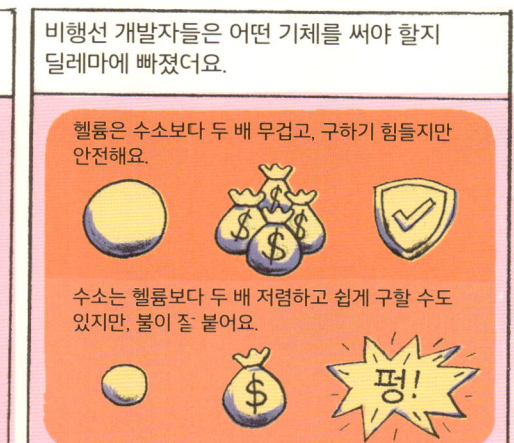

비행선 개발자들은 어떤 기체를 써야 할지 딜레마에 빠졌어요.

헬륨은 수소보다 두 배 무겁고, 구하기 힘들지만 안전해요.

수소는 헬륨보다 두 배 저렴하고 쉽게 구할 수도 있지만, 불이 잘 붙어요.

펑!

1936년
수소로 채운 거대 비행선의 지름은 40미터, 길이는 245미터였어요. 보잉 747 비행기 세 대를 나란히 세운 것보다 컸어요! 그렇지만 이렇게 커도 운반량은 보잉 747 비행기의 10퍼센트밖에 되지 않았어요. 비행선이 클수록 저항이 크고, 바람에 약하다는 걸 의미했지요.

hindenburg
D-LZ129

LZ 129 힌덴부르크

승객들은 비행선 내부에 있는 두 개의 객실에서 공간을 넉넉하게 사용했어요.

조종사들과 항법사들은 커다란 유리창 덕분에 사방으로 시야가 확보되는 기체 아랫부분의 조종실에 있었어요.

비행선이 미국에 도착했을 때 사람들은 입을 다물지 못했어요. 비행선이 정말 컸으니까요! 그때까지 이렇게 큰 비행선을 본 사람은 없었어요.

미국에도 이런 건 없어!

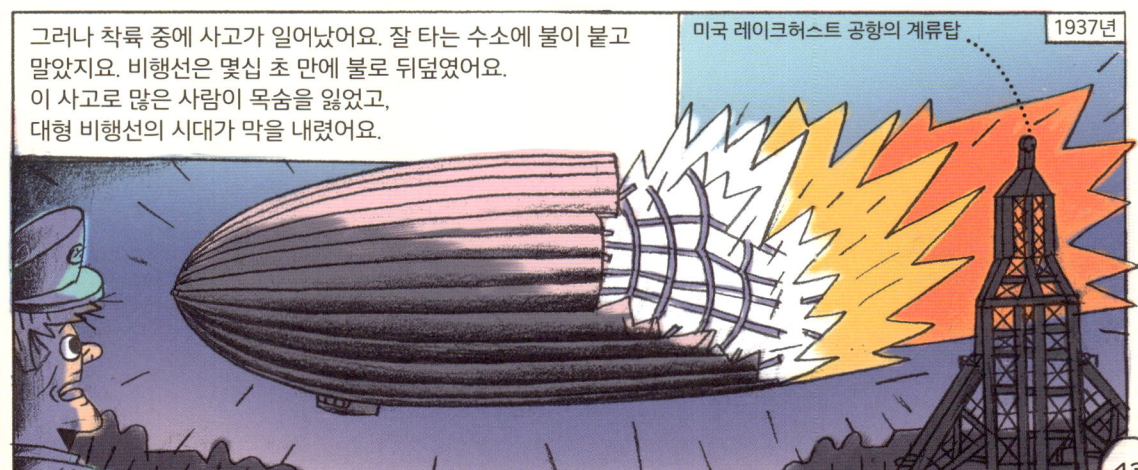

그러나 착륙 중에 사고가 일어났어요. 잘 타는 수소에 불이 붙고 말았지요. 비행선은 몇십 초 만에 불로 뒤덮였어요. 이 사고로 많은 사람이 목숨을 잃었고, 대형 비행선의 시대가 막을 내렸어요.

미국 레이크허스트 공항의 계류탑
1937년

43

날개 달린 배 보잉 314 클리퍼와 비행정

세계 대전을 거치며 항공은 놀라운 속도로 발전했어요. 1920년대와 1930년대를 항공의 황금기라고 해요. 이러한 발전은 여객 항공 분야에서도 마찬가지였어요. 여전히 여객기를 타고 여행하는 비용은 비쌌지만, 항공사가 주변 도시나 나라뿐만 아니라 대륙을 잇는 운항을 시작하면서 점점 멀리 날아갈 수 있게 되었거든요.

그러나 여객기는 한계가 있었어요. 항속 거리, 즉 한 번 실은 연료만으로 계속 비행할 수 있는 거리가 짧아서 안전하게 대서양을 건널 수 있을지 확신하기 어려웠지요. 공항이 많지 않다는 것도 문제였어요. 새로운 공항이 만들어지고 있었지만 여전히 부족했어요.

1930년대에 공항은 대부분 넓은 벌판 같았어요. 작은 비행기는 이용하는 데 어렵지 않았지만, 큰 비행기는 포장된 활주로가 필요했어요.

1930년

잔디라도 깎아 주면 좋을 텐데….

비행정은 공항도 필요 없었고, 이론상으로는 지구 곳곳에 착륙할 수 있었어요. 그래서 항공사들은 점점 과감하게 수상 비행기를 선택했고, 더 큰 수상 비행기를 주문하기 시작했어요.

비행정은 이전에는 접근하기 어려웠던 세계 곳곳의 이국적인 곳까지 갈 수 있었어요. 항공사의 화려한 포스터는 이런 여행을 부추겼어요.

임페리얼 항공
유럽 이집트 중국

제2차 세계 대전 직전에 비행정의 인기는 하늘을 찔렀어요. 이때 대륙 간의 정기 노선이 생겨났어요. 보잉 314 클리퍼는 대양을 횡단하는 수상 여객기 중 하나였어요. 60명이 넘는 승객과 열한 명의 승무원을 태우고 태평양 상공을 날았지요. 그리고 전쟁 발발 직전에는 대서양도 횡단하기 시작했어요.

여객용 비행정은 여러 가지 단점이 있었어요. 만약 승객이 내륙 지역에 가고 싶다면, 다른 교통수단으로 갈아타야 했지요.

비행정은 비행기지만 일부분은 배를 닮았어요. 선체의 모양이 물 위에 착륙하기 좋게 만들어졌어요.

비행정이 물 위에 안정적으로 떠 있을 수 있도록 선체에 돌출판을 추가했어요. 승객이 쉽게 탑승할 수 있도록 도와주는 역할도 했어요.

YANKEE CLIPPER PAA
PAN AMERICAN AIRWAYS SYSTEM

비행정 클리퍼를 타고 가는 여행도 비행선처럼 호화로웠어요! 객실에서는 최고급 레스토랑처럼 근사한 식사가 제공되었어요.

비행은 며칠씩 걸리는 경우가 많아서 승객들이 잘 수 있는 공간과 편히 쉴 수 있는 소파가 필요했어요.

비행정 안에는 탈의실도 있었고, 여성을 위해 특별히 만든 공간으로 파우더룸도 있었어요!

이러한 문제는 하늘도 날고 물 위에서도 잘 작동하는 비행정이 해결해야 했어요. 비행정은 동체가 배와 비슷하게 생긴 수상 비행기의 일종이에요. 비행정은 수상 비행기와 수륙 양용 항공기 32, 96쪽을 보세요 처럼 공항이 없어도 물이 있는 곳이라면 바다, 호수, 강 등 어디든 이착륙할 수 있었어요. 지구 표면에서 물은 71퍼센트나 차지해요.

비행정이 이착륙하기에 적절한 장소가 꽤 많지요! 그래서 당시에는 비행정이 여객 항공의 미래라고 생각하는 사람이 많았어요. 그러나 역사는 다르게 흘러갔고, 얼마 지나지 않아 비행정도 비행선처럼 42쪽을 보세요 짧은 영광을 누린 후 사라졌어요.

→ 다른 흥미로운 비행정: 카프로니 Ca.60 · 도르니에 Do J Wal · 도르니에 Do X · 마틴 M-130 · 쇼트 엠파이어 · 시코르스키 S-42

비행정은 물 위라면 거의 모든 곳에 착륙할 수 있었어요.

수상 비행기는 종종 선박용 항구와 부두를 이용했어요.

리우데자네이루로 떠나요! 팬아메리칸 항공

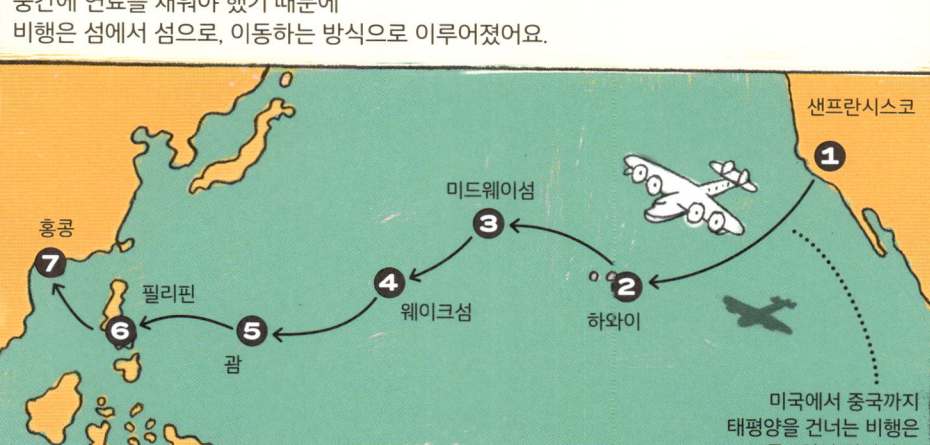

그렇지만 비행정은 긴 항로를 몇 번에 걸쳐 나눠서 날아야 했어요! 중간에 연료를 채워야 했기 때문에 비행은 섬에서 섬으로, 이동하는 방식으로 이루어졌어요.

샌프란시스코 ①
② 하와이
③ 미드웨이섬
④ 웨이크섬
⑤ 괌
⑥ 필리핀
⑦ 홍콩

미국에서 중국까지 태평양을 건너는 비행은 보통 6일이 걸렸어요.

'클리퍼'라는 이름은 19세기 초부터 사용된 쾌속선의 한 유형인 클리퍼에서 유래했어요.

✈ 보잉 314 클리퍼

1938년

비행정은 항공 역사상 가장 큰 항공기예요. 클리퍼는 날개 길이가 무려 46미터였지만, 가장 큰 비행정에 비하면 아무것도 아니었어요. '멋진 거위'라는 별칭을 가진 휴즈 H-4 허큘리스 비행정은 날개 길이가 거의 100미터였어요!

승무원들의 상황은 좀 달랐어요. 대양을 건너는 비행은 힘든 일이었어요. 비행하는 동안 통신이 제한되어서 조종사들은 스스로를 믿어야 했어요. 그래서 가장 경험이 풍부한 조종사들만이 비행정에 탑승했어요.

넓은 바다에는 기준이 되는 지점이 없었기 때문에 특히 항법 장치가 문제였어요. 항로 계산에 작은 실수라도 있으면 비행기가 목적지에 도착하지 못할 수도 있으니까요.

지도에 따르면, 곧 섬들을 지나쳐야 해.

얼마 후 제2차 세계 대전이 일어났고, 여객기의 운항이 중단되었어요. 많은 공항이 중폭격기 50쪽을 보세요 를 위해 포장된 활주로로 바뀌었지요. 전쟁이 끝난 후, 무겁고 느린 비행정은 더 이상 발전한 여객기의 경쟁 상대가 되지 못했어요.

1946년

헬리콥터의 탄생 — 시코르스키 헬리콥터

후안 데라시에르바가 혁신적인 자이로플레인(36쪽을 보세요)을 구상하기 훨씬 전부터, 사람들은 회전 날개를 엔진으로 돌리는 헬리콥터를 만들기 위해 노력했어요. 어느 정도 성과를 거둔 사람들도 있지만, 대부분은 안전 비행과는 거리가 먼 회전익 항공기를 만들었지요.

회전익 항공기가 효율적이고 신뢰할 수 있는 항공기라는 것을 증명한 사람이 바로 자이로플레인을 만든 후안이었어요. 창의적이고 성실했던 후안은 인내심을 가지고 많은 기술적 문제를 해결했고, 헬리콥터의 탄생이 가까워진 걸 느꼈어요. 헬리콥터는 다른 항공기는 할 수 없는 수직 비행이나 제자리 비행을 할 수 있었기 때문에 전

러시아 출신의 이고리 시코르스키는 어릴 때부터 레오나르도 다빈치의 그림을 무척 좋아했어요.

그는 얼마 지나지 않아 최초의 비행기와 열기구, 비행선을 실제로 보았어요. 시코르스키는 항공에 대해 공부하기 시작했고, 커서는 비행기구를 직접 만들었어요.
일리야 무로메츠
네 개의 엔진이 달린 거대 비행기를 설계했어요. 당대 가장 큰 비행기였어요!

그 무렵 러시아에서는 혁명이 일어나서 새로운 정부가 들어섰어요. 시코르스키는 러시아에 자신이 설 자리가 없다고 생각했어요. 그래서 프랑스로 떠났고, 다시 배를 타고 미국 뉴욕으로 갔어요.

시코르스키는 비행기를 만드는 회사를 차렸어요. 그렇지만 머릿속에는 줄곧 어린 시절의 추억과 레오나르도 다빈치의 그림이 남아 있었어요. 결국 시코르스키는 밤마다 자신만의 헬리콥터를 연구했어요.

회전 날개에 엔진을 연결하는 건 쉬울 것 같았어요. 그러나 중대한 문제가 발생했어요.
헬리콥터가 땅에 있을 때는 아무런 문제가 없었어요.
회전 날개
엔진
기어 박스
그렇지만 헬리콥터가 공중에 떠오르면 주 회전 날개와 엔진의 연결부에 문제가 생겨서 동체가 회전 날개의 반대 방향으로 회전하기 시작했어요!

개발자들은 다양한 방식으로 이 문제를 해결하려고 했어요. 시코르스키도 자신만의 아이디어가 있었지요. 꼬리 끝에 프로펠러를 달았어요.
꼬리 회전 날개는 추력을 발생시켜서 동체의 회전 방향에 반대로 작용해요.
추력
꼬리 회전 날개의 받음각(22쪽을 보세요)을 바꾸면서, 조종사는 헬리콥터가 회전하도록 추력을 바꿀 수 있어요.

문제 하나가 해결되었어요! 그 무렵 여러 개발자가 노력하여, 공중에서 헬리콥터를 조종할 수 있는 복잡하지만 효과적인 시스템을 개발했어요.
회전 경사판이라는 조종 장치예요. 회전 날개의 머리 부분인 회전 날개 헤드에 있어요.
회전 경사판
이 복잡한 조종 장치가 블레이드의 받음각을 바꿀 수 있게 해 주어요. 그 결과 회전 날개의 추력과 그 방향이 바뀌지요. 그래서 조종사가 원하는 방향으로 헬리콥터가 날 수 있어요.
좀 더 쉽게 설명하고 싶은데, 여긴 그럴 만한 자리가 없네요….

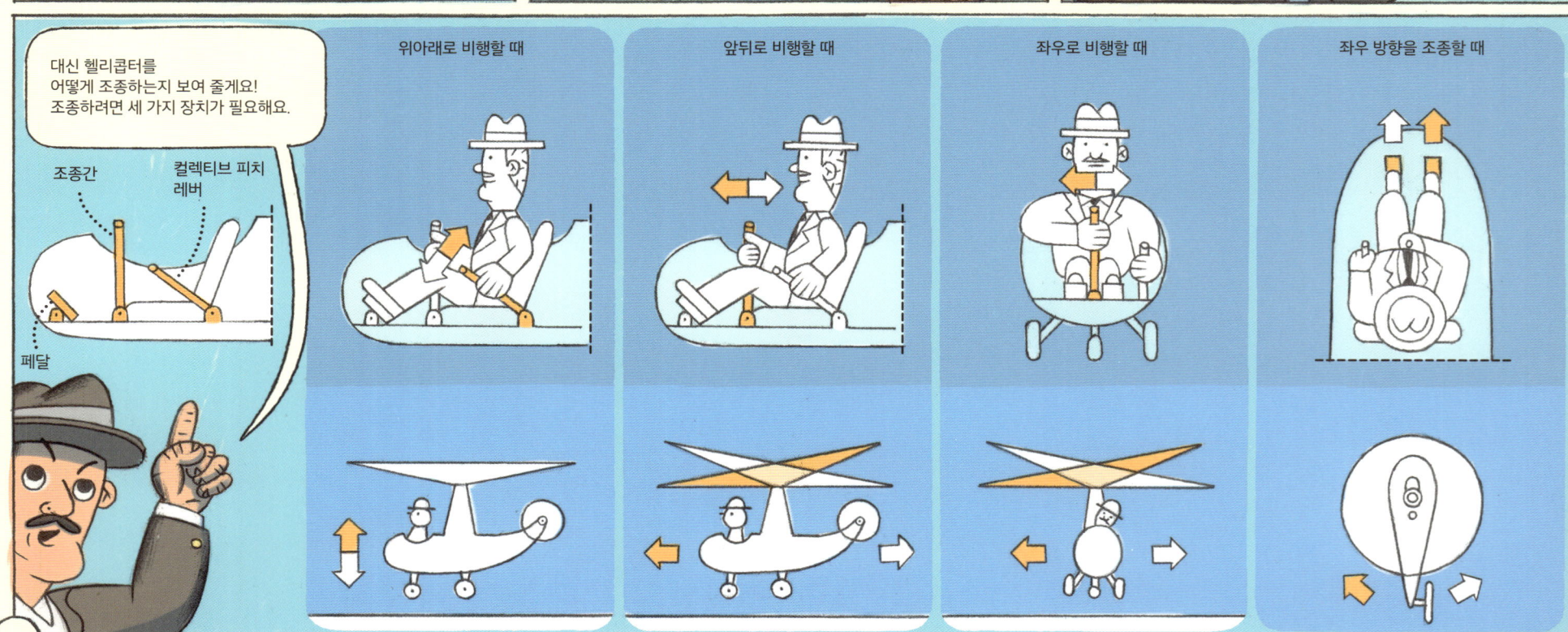
대신 헬리콥터를 어떻게 조종하는지 보여 줄게요! 조종하려면 세 가지 장치가 필요해요.
조종간 / 컬렉티브 피치 레버 / 페달
위아래로 비행할 때 | 앞뒤로 비행할 때 | 좌우로 비행할 때 | 좌우 방향을 조종할 때

프로펠러 없이 비행하기 최초의 제트기

전쟁은 군인뿐만 아니라 과학자와 산업계 종사자 등 많은 사람의 엄청난 노력을 필요로 해요. 그들은 최대한 많은 영역에서 상대보다 우위를 차지하기 위해 노력하는 동시에 기술을 발전시키기 위해 힘썼어요. 이는 이미 제1차 세계 대전 28쪽을 보세요 중에도 볼 수 있었고, 제2차 세계 대전(1939년~1945년) 때 더욱 분명하게 드러났어요.

당시 수년간 기술자들이 연구하고 있던 새롭고 유망한 동력 기관이 많은 관심을 받았어요. 바로 터보제트 엔진이에요. 이 엔진을 장착하면 이전보다 상당히 빠른 속도로 날 수 있었어요. 터보제트 엔진은 공기를 빨아들여 압축한 다음, 가스를 분출시켜 터빈을 회전시키면서 그 가스로 추진력을 얻는 엔진이에요.

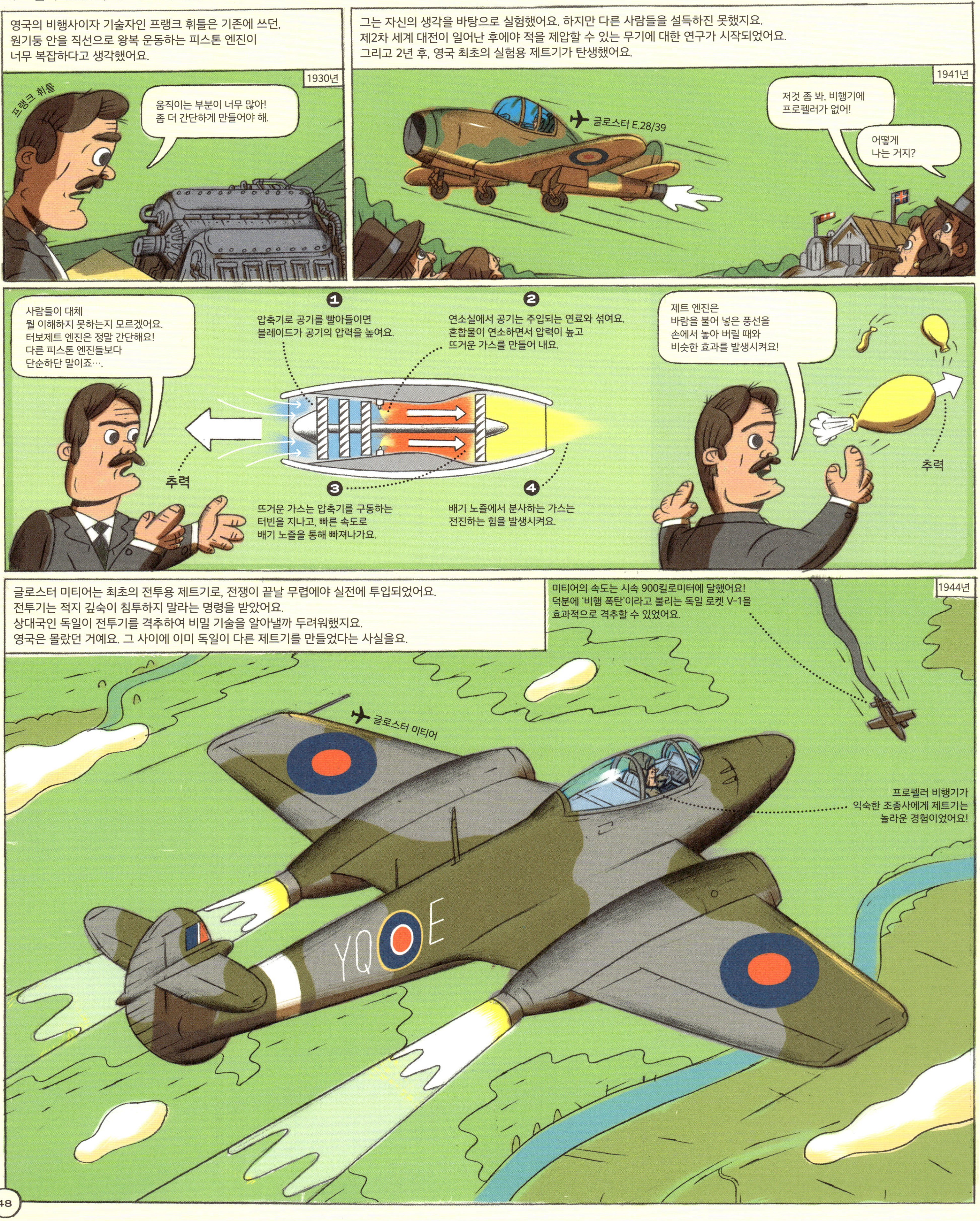

영국의 비행사이자 기술자인 프랭크 휘틀은 기존에 쓰던, 원기둥 안을 직선으로 왕복 운동하는 피스톤 엔진이 너무 복잡하다고 생각했어요.

프랭크 휘틀

"움직이는 부분이 너무 많아! 좀 더 간단하게 만들어야 해."

1930년

그는 자신의 생각을 바탕으로 실험했어요. 하지만 다른 사람들을 설득하진 못했지요. 제2차 세계 대전이 일어난 후에야 적을 제압할 수 있는 무기에 대한 연구가 시작되었어요. 그리고 2년 후, 영국 최초의 실험용 제트기가 탄생했어요.

글로스터 E.28/39

"저것 좀 봐, 비행기에 프로펠러가 없어!"
"어떻게 나는 거지?"

1941년

"사람들이 대체 뭘 이해하지 못하는지 모르겠어요. 터보제트 엔진은 정말 간단해요! 다른 피스톤 엔진들보다 단순하단 말이죠…."

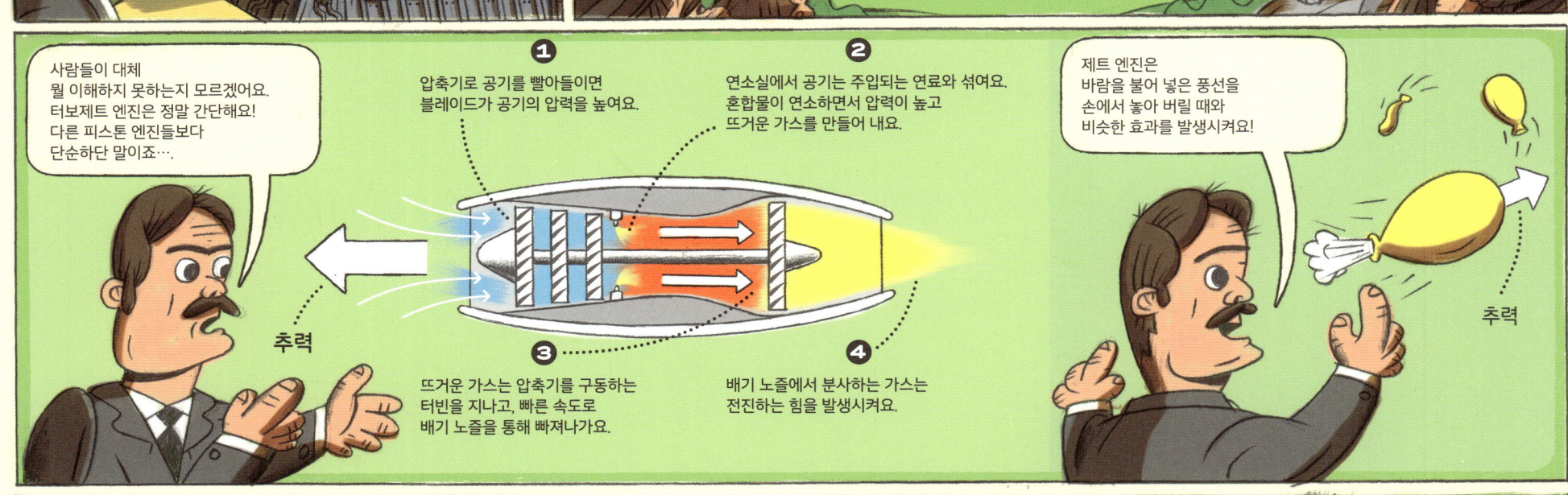

❶ 압축기로 공기를 빨아들이면 블레이드가 공기의 압력을 높여요.
❷ 연소실에서 공기가 주입되는 연료와 섞여요. 혼합물이 연소하면서 압력이 높고 뜨거운 가스를 만들어 내요.
❸ 뜨거운 가스는 압축기를 구동하는 터빈을 지나고, 빠른 속도로 배기 노즐을 통해 빠져가요.
❹ 배기 노즐에서 분사하는 가스는 전진하는 힘을 발생시켜요.

추력

"제트 엔진은 바람을 불어 넣은 풍선을 손에서 놓아 버릴 때와 비슷한 효과를 발생시켜요!"

추력

글로스터 미티어는 최초의 전투용 제트기로, 전쟁이 끝날 무렵에야 실전에 투입되었어요. 전투기는 적지 깊숙이 침투하지 말라는 명령을 받았어요. 상대국인 독일이 전투기를 격추하여 비밀 기술을 알아낼까 두려워했지요. 영국은 몰랐던 거예요. 그 사이에 이미 독일이 다른 제트기를 만들었다는 사실을요.

미티어의 속도는 시속 900킬로미터에 달했어요! 덕분에 '비행 폭탄'이라고 불리는 독일 로켓 V-1을 효과적으로 격추할 수 있었어요.

1944년

글로스터 미티어

프로펠러 비행기가 익숙한 조종사에게 제트기는 놀라운 경험이었어요!

항공의 어두운 역사 제2차 세계 대전의 폭격기

최초의 비행기가 세상에 등장했을 때, 사람들에게 새로운 기회가 생기는 건 당연한 일이었어요. 항공의 개척자들은 도로나 국경에 상관없이 하늘에서 빠르게 이동할 수 있게 해 준 비행기가 인류를 하나로 통합해 줄 거라고 생각했어요. 전쟁과 대립도 끝날 줄 알았지요.

첫 비행 이후 10년쯤 지났을 무렵 제1차 세계 대전(1914년~1918년)이 일어났고, 이 전투에서 비행기가 사용되기 시작하자 28쪽을 보세요 사람들은 자신들의 생각이 틀렸다는 걸 알았어요.

그러나 이게 끝이 아니었어요. 제2차 세계 대전(1939년~1945년) 때는 제1차 세계

제2차 세계 대전에서는 여러 종류의 폭격기를 사용했어요.
가장 크고 무거우며, 엔진 네 개를 장착한 보잉 B-29 폭격기가 가장 위협적이었어요.
이러한 폭격기들은 열 시간 이상 비행할 수 있어서 적의 영토에 있는 대형 표적물과 도시를 공격할 수 있었어요.

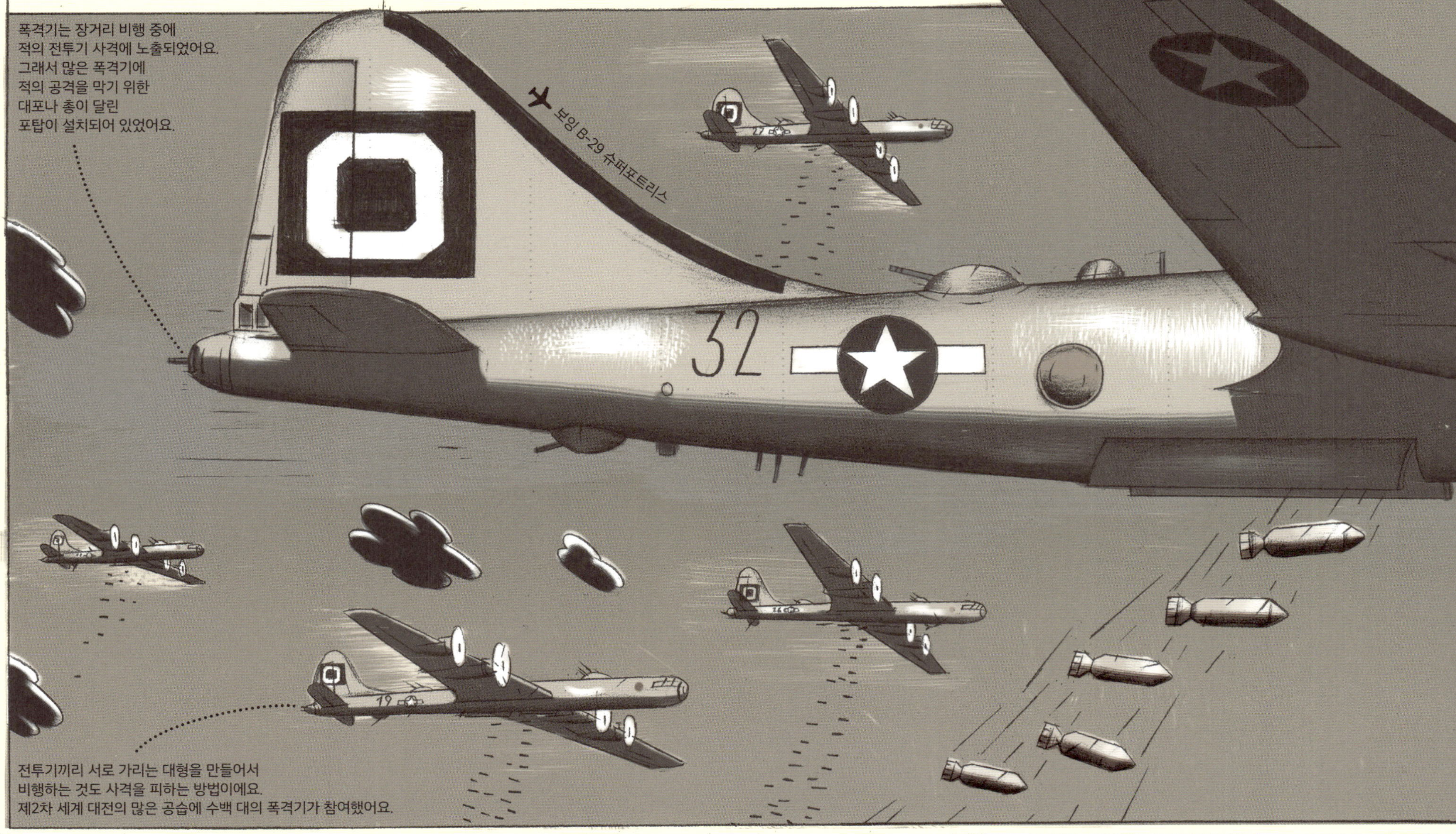

폭격기는 장거리 비행 중에 적의 전투기 사격에 노출되었어요. 그래서 많은 폭격기에 적의 공격을 막기 위한 대포나 총이 달린 포탑이 설치되어 있었어요.
보잉 B-29 슈퍼포트리스
32
전투기끼리 서로 가리는 대형을 만들어서 비행하는 것도 사격을 피하는 방법이에요.
제2차 세계 대전의 많은 공습에 수백 대의 폭격기가 참여했어요.

폭격기가 공격할 목표물은 전략 시설이었어요.
특히 발전소, 공장, 항구, 댐 등
적에게 중요한 시설들을 목표로 했지요.
그렇지만 수천 미터 높이의 상공에서는
아주 큰 공장을 공격하는 것도 어려웠어요.

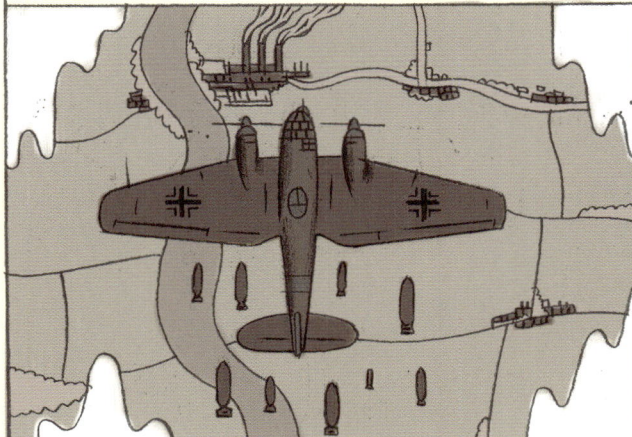

떨어지는 폭탄은 바람 때문에 낙하 경로가 바뀌었어요.
그래서 목표물을 맞히려면
정말 많은 폭탄을 떨어뜨려야 했어요.

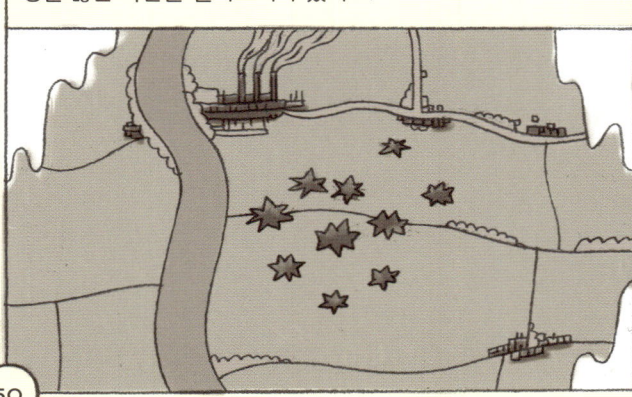

때로는 특정 목표물을 정하지 않고
넓은 구역에 폭탄을 떨어뜨리기도 했어요.
수많은 폭탄이 카펫처럼 땅을 뒤덮었기 때문에
'융단 폭격'이라고 불렀지요.
폭탄은 도시 전체를 폐허로 만들고,
수천 명의 목숨을 빼앗았으며, 집과 재산을 파괴했어요.

1939년
제2차 세계 대전이 발발한 첫 주, 독일이 폴란드의 도시 바르샤바를 포위하고 있을 때 융단 폭격을 날렸어요. 400개가 넘는 폭격기가 도시 상공에 나타났어요.
ULICA

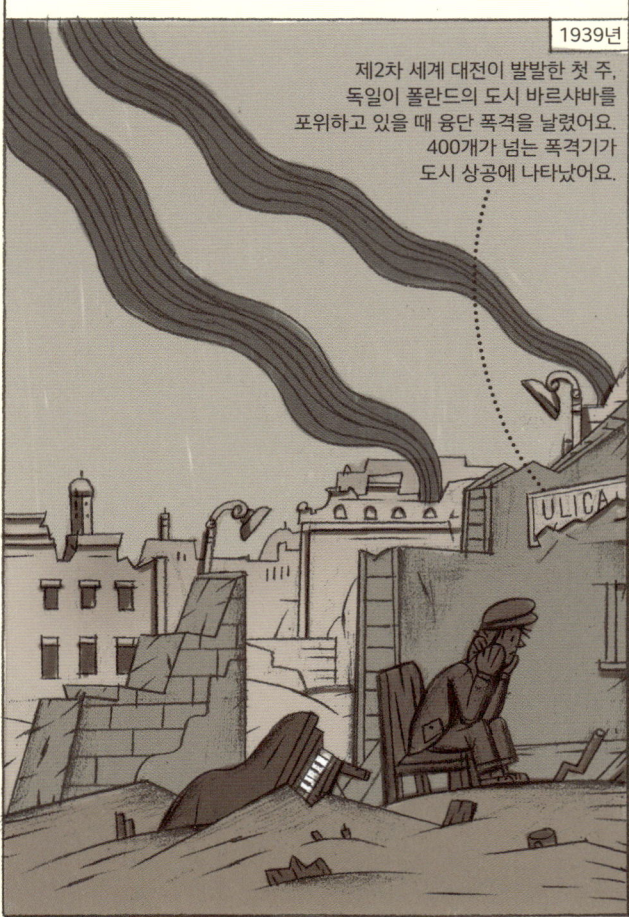

이런 공격은 자신들의 우위를 과시하고,
상대국 국민의 사기를 떨어뜨리기 위함이었어요.
전쟁 지역에서 멀리 떨어져 사는
사람들조차 폭격의 두려움에
벌벌 떨어야 했어요.

1941년
독일이 런던을 공격하는 동안, 일부 시민들은 손에 잡히는 것들로 집 마당에 대피소를 지었어요. 나머지는 지하철역에 숨었어요.
UNDERGROUND

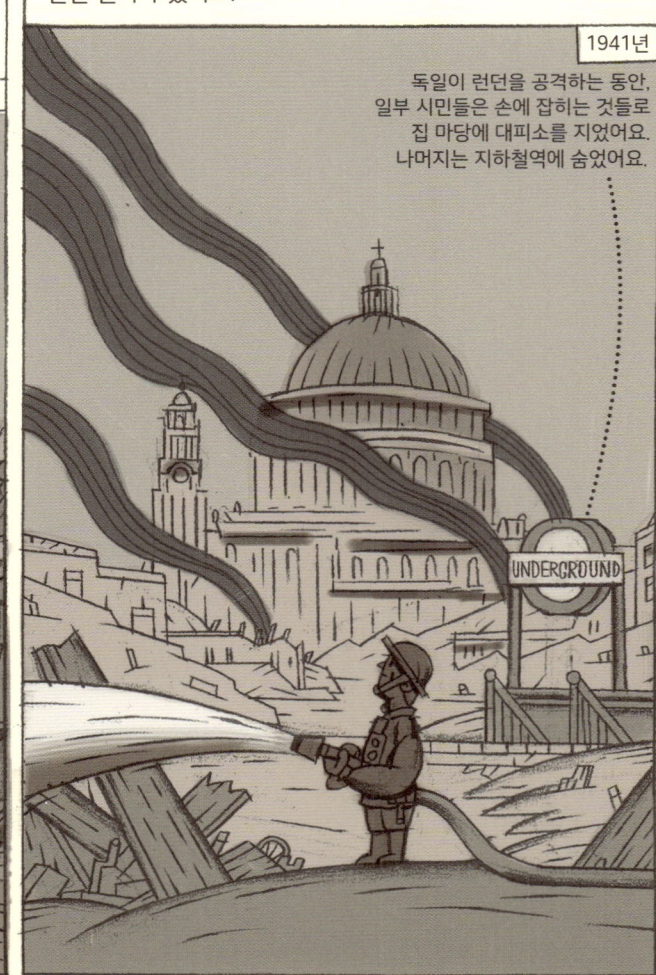

대전과 비교할 수 없을 만큼 위협적인 폭격기를 대규모로 사용했거든요. 폭격기의 임무는 하나였어요. 건물 전체는 물론 도시까지도 잿더미로 만들고, 동시에 수백 명의 생명을 앗아 가는 치명적인 폭탄을 떨어뜨리는 거였지요. 이 전쟁만큼 많은 폭격기가 참전한 적은 없었어요.

제2차 세계 대전 이후 많이 달라지긴 했지만 지금도 여전히 폭격기는 만들어지고 있어요 88쪽을 보세요. 공습의 끔찍한 결과는 발명품을 좋은 목적으로 쓸 수도 있지만, 나쁜 목적으로 쓸 수도 있다는 증거예요. 우리는 항공의 발전으로 얻은 이익이 정말 많아요. 하지만 그 이면에는 어두운 면도 있음을 항상 기억해야 해요. ➡ 당시 폭격기: 콘솔리데이티드 B-24 리버레이터 · 하인켈 111 · 융커스 Ju 88 · 노스 아메리칸 B-25 미첼 · Pe-2 · PZL.37 로스 · 비커스 웰링턴

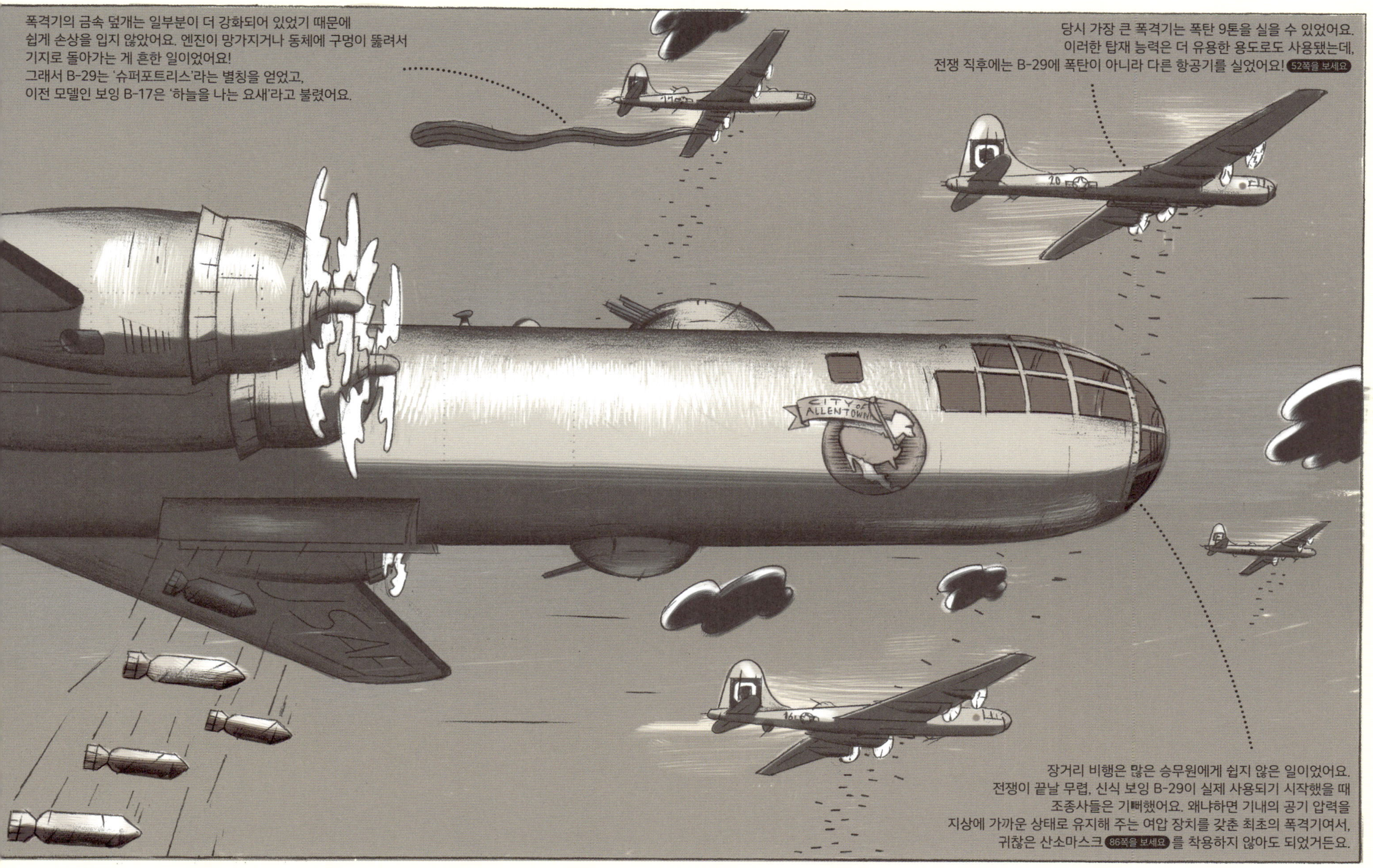

폭격기의 금속 덮개는 일부분이 더 강화되어 있었기 때문에 쉽게 손상을 입지 않았어요. 엔진이 망가지거나 동체에 구멍이 뚫려서 기지로 돌아가는 게 흔한 일이었어요. 그래서 B-29는 '슈퍼포트리스'라는 별칭을 얻었고, 이전 모델인 보잉 B-17은 '하늘을 나는 요새'라고 불렸어요.

당시 가장 큰 폭격기는 폭탄 9톤을 실을 수 있었어요. 이러한 탑재 능력은 더 유용한 용도로도 사용됐는데, 전쟁 직후에는 B-29에 폭탄이 아니라 다른 항공기를 실었어요! 52쪽을 보세요.

장거리 비행은 많은 승무원에게 쉽지 않은 일이었어요. 전쟁이 끝날 무렵, 신식 보잉 B-29가 실제 사용되기 시작했을 때 조종사들은 기뻐했어요. 왜냐하면 기내의 공기 압력을 지상에 가까운 상태로 유지해 주는 여압 장치를 갖춘 최초의 폭격기여서, 귀찮은 산소마스크 86쪽을 보세요 를 착용하지 않아도 되었거든요.

제2차 세계 대전 중에는 양측 모두 민간인을 대상으로 폭격을 날렸어요. 잘못이 없는 쪽은 없었어요.

영국이 독일의 도시 쾰른을 공격할 때, 폭격기는 무려 1천 대에 달했어요. 공습으로 도시 전체가 파괴되었지만, 역사적으로 중요한 고딕 대성당은 기적적으로 폭격에서 살아남았어요.
1942년

공격 효과를 극대화하기 위해서 다양한 종류의 폭탄을 사용했어요. 그중 소이탄은 심각한 화재를 일으켰는데, 특히 목조 건물에 더 심각한 피해를 입혔지요. 얼마 후, 온 도시가 커다란 불덩이에 휩싸였어요.

일본 도쿄에서 벌어진 3월 공습에는 미국의 폭격기 B-29가 300대 이상 동원되었어요. 가장 큰 규모의 공습은 아니었지만, 가장 끔찍한 결과를 낳았어요. 수만 명이 사망했고, 목조 건물이 많은 지역인지라 도시의 4분의 1이 불탔어요.
1945년

제2차 세계 대전이 끝날 무렵, 가장 치명적인 무기인 핵폭탄이 개발되었어요. 얼마 후 B-29는 일본의 히로시마와 나가사키에 핵폭탄을 떨어뜨렸어요.

폭탄 하나로 단시간에 수만 명을 죽이고, 대도시 전체를 지구상에서 사라지게 할 수 있었어요. 이때가 핵무기를 사용한 유일한 경우였어요. 폭탄 투하 몇 주 뒤, 제2차 세계 대전은 끝이 났어요.

폭발 후에는 버섯구름이라고 불리는 특이한 모양의 구름이 생겨났어요.
1945년

소리보다 빠른 비행기 벨 X-1

1940년대에는 제트 엔진과 로켓 엔진 덕분에 비행기가 음속에 근접하며 더 빨리 날 수 있었어요. 음속은 소리가 전파되는 속도를 말해요. 해수면의 공기 온도가 15도일 때, 음속은 시속 1,225킬로미터예요. 많은 항공기가 이 속도에 거의 근접했지만, 음속을 넘기 직전이 되면 도저히 이길 수 없는 저항에 부딪혔어요. 그래서 이 저항을 '음속 장벽'이라고 부르게 되었어요. 게다가 속도가 너무 빠른 항공기는 불안정해서 조종할 수 없었고, 그러다 큰 사고로 이어질 수도 있었어요. 개발자들은 소리보다 빠른 속도로 나는 것이 가능한지 의문을 가지기 시작했어요. 만일 항공기가 음속보다 빠르게 날아가는 것이 가능하다면, 사람은 그 속도에 어떻

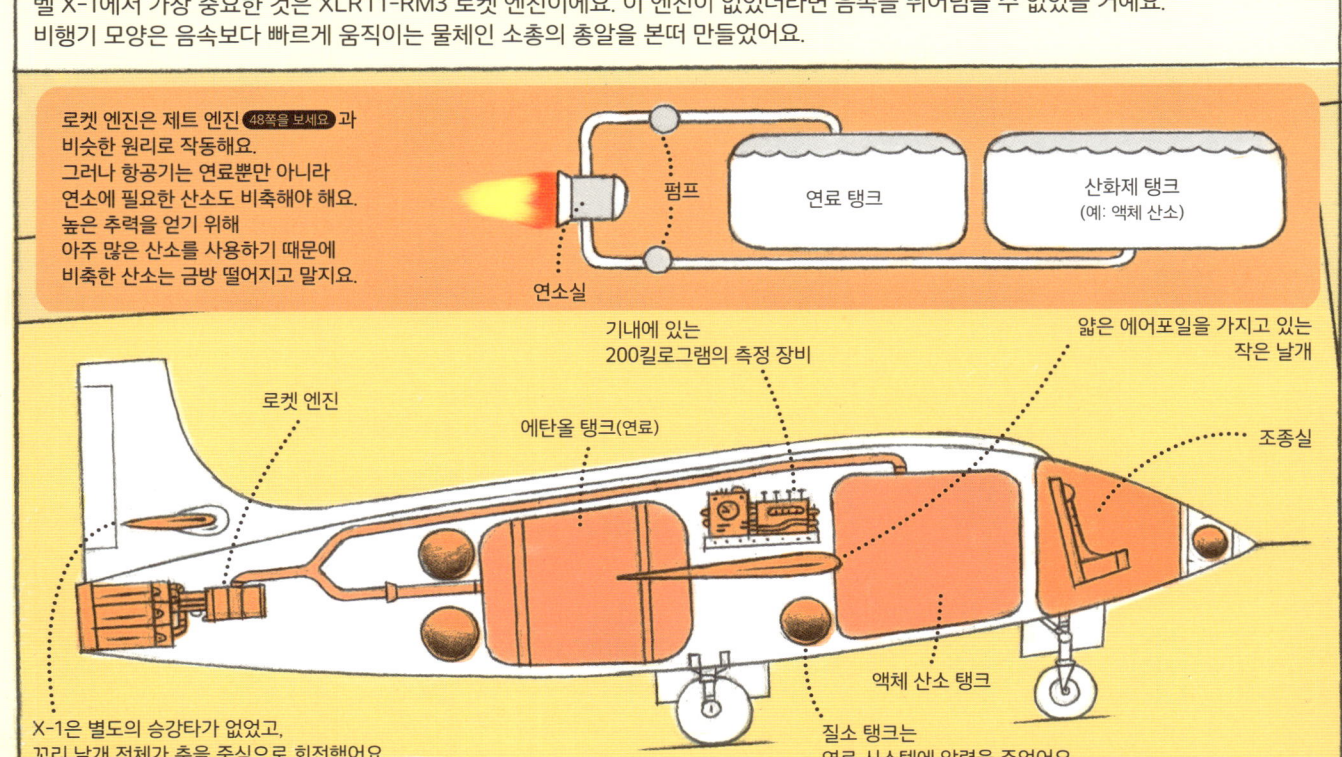

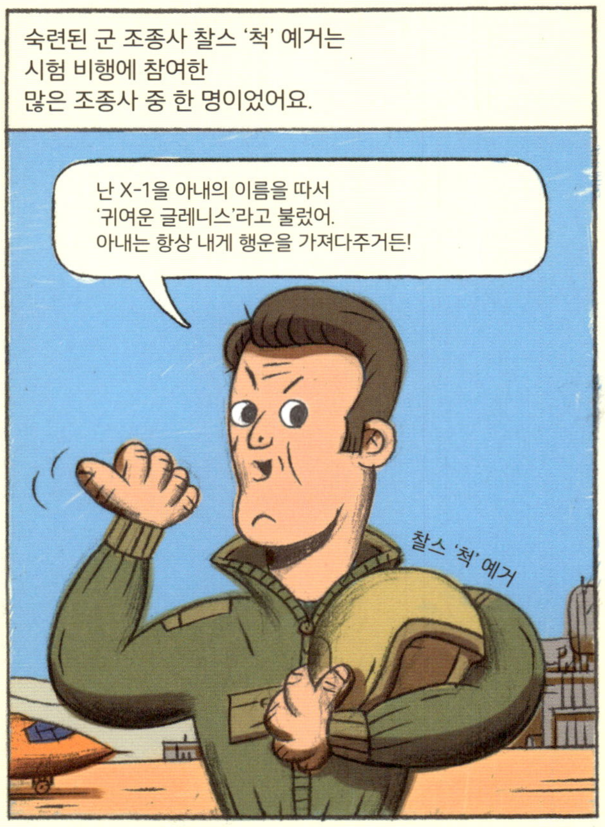

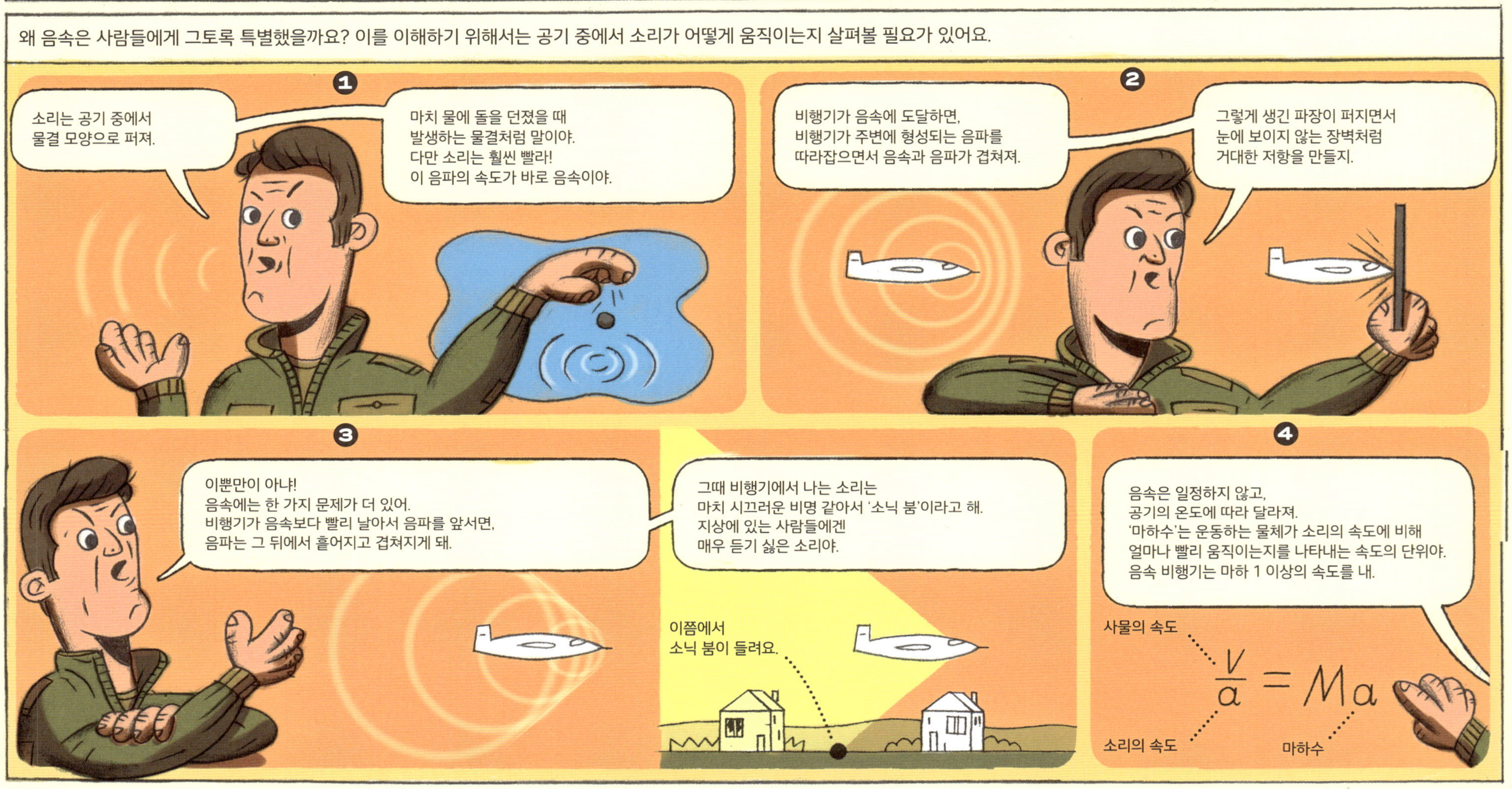

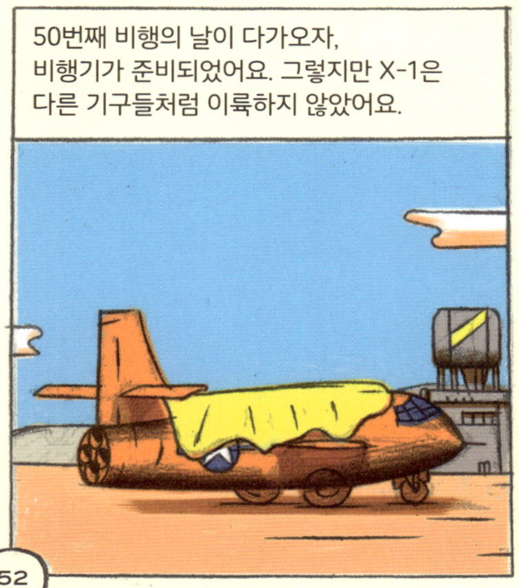

왜 음속은 사람들에게 그토록 특별했을까요? 이를 이해하기 위해서는 공기 중에서 소리가 어떻게 움직이는지 살펴볼 필요가 있어요.

1 소리는 공기 중에서 물결 모양으로 퍼져. / 마치 물에 돌을 던졌을 때 발생하는 물결처럼 말이야. 다만 소리는 훨씬 빨라! 이 음파의 속도가 바로 음속이야.

2 비행기가 음속에 도달하면, 비행기가 주변에 형성되는 음파를 따라잡으면서 음속과 음파가 겹쳐져. / 그렇게 생긴 파장이 퍼지면서 눈에 보이지 않는 장벽처럼 거대한 저항을 만들지.

3 이뿐만이 아냐! 음속에는 한 가지 문제가 더 있어. 비행기가 음속보다 빨리 날아서 음파를 앞서면, 음파는 그 뒤에서 흩어지고 겹쳐지게 돼. / 그때 비행기에서 나는 소리는 마치 시끄러운 비명 같아서 '소닉 붐'이라고 해. 지상에 있는 사람들에겐 매우 듣기 싫은 소리야.

4 음속은 일정하지 않고, 공기의 온도에 따라 달라져. '마하수'는 운동하는 물체가 소리의 속도에 비해 얼마나 빨리 움직이는지를 나타내는 속도의 단위야. 음속 비행기는 마하 1 이상의 속도를 내.

$$\frac{V}{a} = Ma$$

사물의 속도 / 소리의 속도 / 마하수

50번째 비행의 날이 다가오자, 비행기가 준비되었어요. 그렇지만 X-1은 다른 기구들처럼 이륙하지 않았어요.

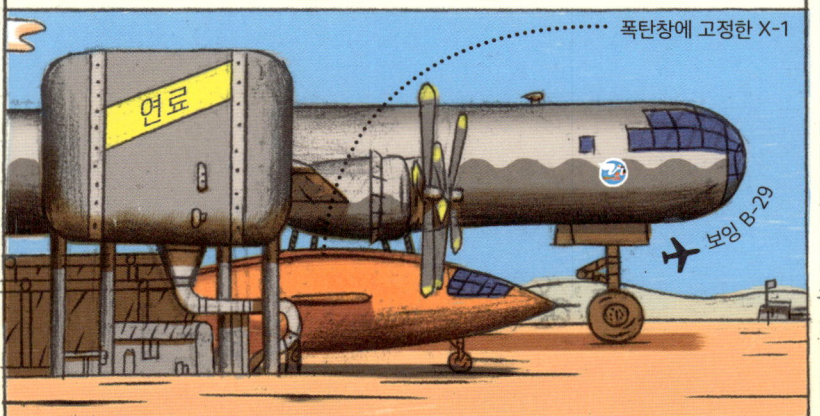

특수하게 개조한 폭격기에 X-1을 매달아 적당한 높이까지 들어 올렸어요. X-1이 최대한 오래 날기 위해서였어요.

연료 탱크와 액체 산소 탱크를 채워 넣었어요. 잠시 후 보잉 B-29 조종사가 두 비행기를 조심스럽게 위로 들어 올렸어요.

게 반응하고, 기계는 어떻게 작동하는 걸까요?
이를 확인하기 위해서 미국에서는 특수한 비행기를 만들기로 했어요. 벨 X-1은 이렇게 탄생했어요. 음속을 위한 실험용 항공기인 'X'시리즈의 첫 번째 항공기였어요. 이 비행기 덕분에 조종사들과 개발자들은 빠른 속도로 날아가는 항공기에 어떤 일이 벌어지는지 알 수 있었어요. 연구자들과 조종사들은 신중했고, 비행할 때마다 항공기의 속도를 조금씩 올렸어요.

1947년 말에 X-1은 이미 마흔아홉 번의 시험을 마쳤그, 50번째 비행을 앞두고 있었어요. 음속 장벽을 넘는 순간이 눈앞으로 다가왔어요. ▶ 다른 실험용 항공기: 바쳄 Ba 349 · 컨베이어 XF-92 · 드하빌랜드 DH 108 스왈로우 · 더글러스 D-58 스카이로켓 · 레듀크 0.10 · 메서슈미트 Me 163 · 마일스 M.52 · 실버포겔

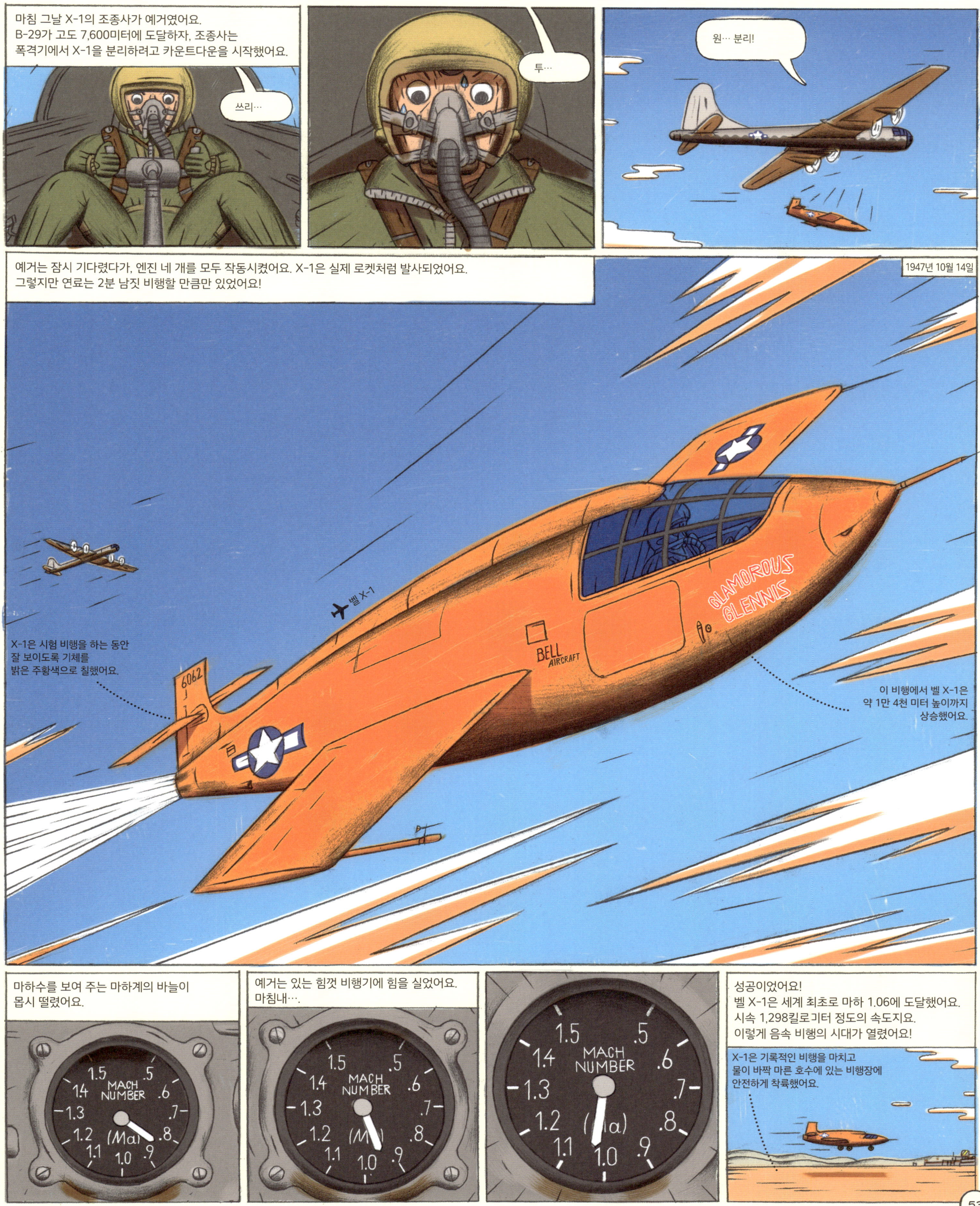

마침 그날 X-1의 조종사가 예거였어요.
B-29가 고도 7,600미터에 도달하자, 조종사는 폭격기에서 X-1을 분리하려고 카운트다운을 시작했어요.

쓰리…

투…

원… 분리!

예거는 잠시 기다렸다가, 엔진 네 개를 모두 작동시켰어요. X-1은 실제 로켓처럼 발사되었어요. 그렇지만 연료는 2분 남짓 비행할 만큼만 있었어요!

1947년 10월 14일

X-1은 시험 비행을 하는 동안 잘 보이도록 기체를 밝은 주황색으로 칠했어요.

이 비행에서 벨 X-1은 약 1만 4천 미터 높이까지 상승했어요.

마하수를 보여 주는 마하계의 바늘이 몹시 떨렸어요.

예거는 있는 힘껏 비행기에 힘을 실었어요. 마침내…

성공이었어요!
벨 X-1은 세계 최초로 마하 1.06에 도달했어요. 시속 1,298킬로미터 정도의 속도지요. 이렇게 음속 비행의 시대가 열렸어요!

X-1은 기록적인 비행을 마치고 물이 바짝 마른 호수에 있는 비행장에 안전하게 착륙했어요.

수직 이착륙을 시도하다 스네크마 C.450 콜레옵테르와 시제기

때때로 비행기를 만드는 건 하나의 대형 실험이었어요. 특히 새로운 가능성을 열어 주는 혁신적인 신기술이 등장할 땐 더욱 그랬어요. 기술자들은 아주 이상한 아이디어를 생각해 내곤 했지요! 기술자들은 생각하고, 그림을 그리고, 계산하고, 그들의 계산과 계획에 가능성이 보이면 시제기를 만들었어요.

이런 과정을 거쳐야만 항공기의 실제 성능을 검증하는 데 확신을 가질 수 있었지요. 이렇게 새로 항공기를 설계할 때 시험 제작하는 항공기를 시제기라고 불러요. 시제기는 목적에 따라 형태가 매우 다양해요. 평범한 비행기처럼 생긴 것도 있고, 전혀 비행기처럼 생기지 않은 것도 있어요.

최초의 수직 이착륙 항공기를 만들기 위해 미국인들이 모였어요. 미국의 개발자들은 항공기가 꼬리로 선 채 이륙할 수도 있다고 생각했어요.

처음에는 이중 프로펠러, 그다음엔 제트 엔진 등 다양한 추진 장치를 실험했어요.

1954년 록히드 XFV

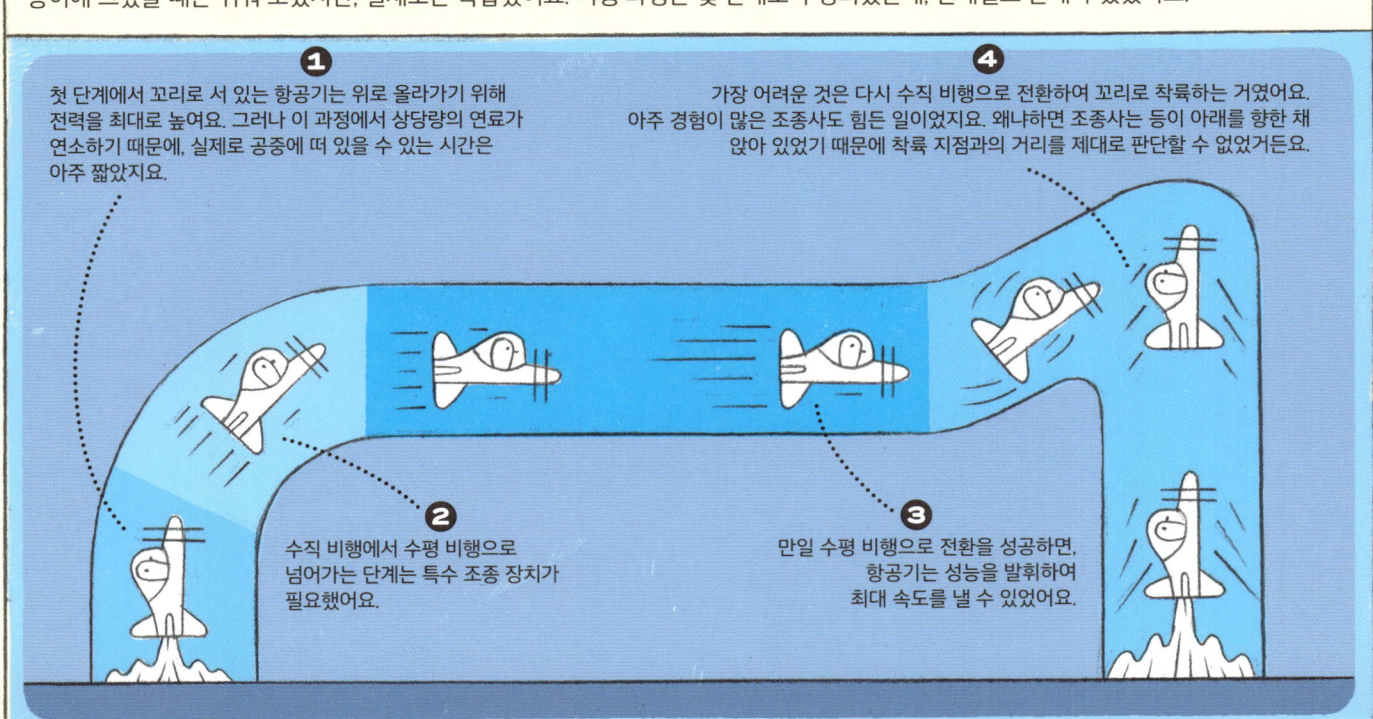

종이에 그렸을 때는 쉬워 보였지만, 실제로는 복잡했어요. 비행 과정은 몇 단계로 구성되었는데, 단계별로 문제가 있었어요.

❶ 첫 단계에서 꼬리로 서 있는 항공기는 위로 올라가기 위해 전력을 최대로 높여요. 그러나 이 과정에서 상당량의 연료가 연소하기 때문에, 실제로 공중에 떠 있을 수 있는 시간은 아주 짧았지요.

❷ 수직 비행에서 수평 비행으로 넘어가는 단계는 특수 조종 장치가 필요했어요.

❸ 만일 수평 비행으로 전환을 성공하면, 항공기는 성능을 발휘하여 최대 속도를 낼 수 있었어요.

❹ 가장 어려운 것은 다시 수직 비행으로 전환하여 꼬리로 착륙하는 거였어요. 아주 경험이 많은 조종사도 힘든 일이었지요. 왜냐하면 조종사는 등이 아래로 향한 채 앉아 있었기 때문에 착륙 지점과의 거리를 제대로 판단할 수 없었거든요.

'수직 이착륙(VTOL)' 항공기를 만들기 위한 첫 시도가 이루어졌어요. 수직 이착륙 항공기는 활주를 하지 않고 수직으로 이착륙하는 항공기를 뜻해요.

시험용 항공기는 공중에서 오래 떠 있을 수 있었어요. 그렇지만 조종은 매우 어려웠어요.

1954년 콘베어 XFY 포고

세 대의 시제기 중 마지막 제트기는 가능성이 있어 보였어요. 그렇지만 기대를 충족시키지는 못했어요. 결국 미국인들은 포기했어요.

제트기는 특수 플랫폼에 수직으로 연결되는 매우 독특한 착륙 방식을 가지고 있었어요.

1955년 라이언 X-13 버티제트

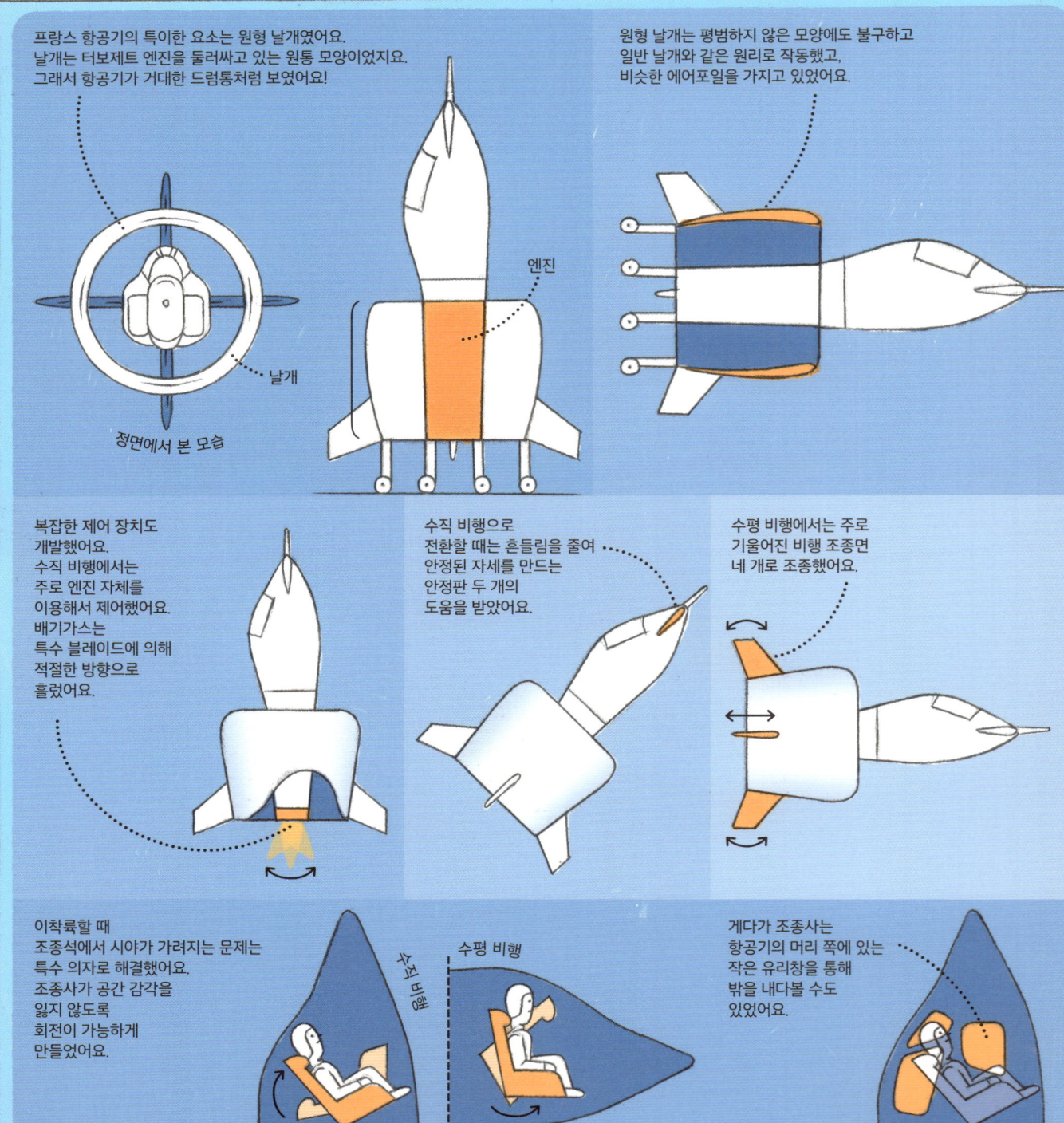

비슷한 항공기를 생각하고 있던 프랑스인들은 미국의 실험을 지켜보았어요. 프랑스인들은 미국인들이 직면했던 여러 문제에 대한 해결책을 자신들이 찾았다고 생각했어요. 그러나 공개된 항공기는 과연 공중에 뜰 수 있을지 의심되는 모양이었지요.

프랑스 항공기의 특이한 요소는 원형 날개였어요. 날개는 터보제트 엔진을 둘러싸고 있는 원통 모양이었지요. 그래서 항공기가 거대한 드럼통처럼 보였어요!

정면에서 본 모습 / 엔진 / 날개

원형 날개는 평범하지 않은 모양에도 불구하고 일반 날개와 같은 원리로 작동했고, 비슷한 에어포일을 가지고 있었어요.

복잡한 제어 장치도 개발되었어요. 수직 비행에서는 주로 엔진 자체를 이용해서 제어했어요. 배기가스는 특수 블레이드에 의해 적절한 방향으로 흘렀어요.

수직 비행으로 전환할 때는 흔들림을 줄여 안정된 자세를 만드는 안정판 두 개의 도움을 받았어요.

수평 비행에서는 주로 기울어진 비행 조종면 네 개로 조종했어요.

이착륙할 때 조종석에서 시야가 가려지는 문제는 특수 의자로 해결했어요. 조종사가 공간 감각을 잃지 않도록 회전이 가능하게 만들었어요.

수직 비행 / 수평 비행

게다가 조종사는 항공기의 머리 쪽에 있는 작은 유리창을 통해 밖을 내다볼 수도 있었어요.

설계와 제작에 많은 비용과 시간이 들었어도 몇 대만 만드는 경우도 있어요. 1950년대에는 이런 시제기를 많이 제작했어요. 당시 항공기 엔진이 매우 강력해졌기에, 기술자들은 활주로에서 항공기 속도를 올리지 말고, 수직으로 이륙해 보자고 말했어요. 이미 헬리콥터가 `56쪽을 보세요` 수직으로 이착륙하고 있었지만, 그다지 빠른 속도가 아니었거든요.

그래서 개발자들은 수직 이착륙이 가능한 헬리콥터와 속도가 빠른 비행기를 결합하기를 원했어요. 결국 성공하지는 못했지만 괜찮아요. 실험이었으니까요. 실험은 성공할 때도 있고, 실패할 때도 있어요. 끊임없는 실험을 통해 새로운 해결책을 찾아볼 수 있지요. ➡ 다른 흥미로운 시제기: 도르니에 Do 31 · 페어리 로토다인 · 그루먼 X-29 · 나사 AD-1 · 노드 1500 그리폰 · 스티파-카프로니

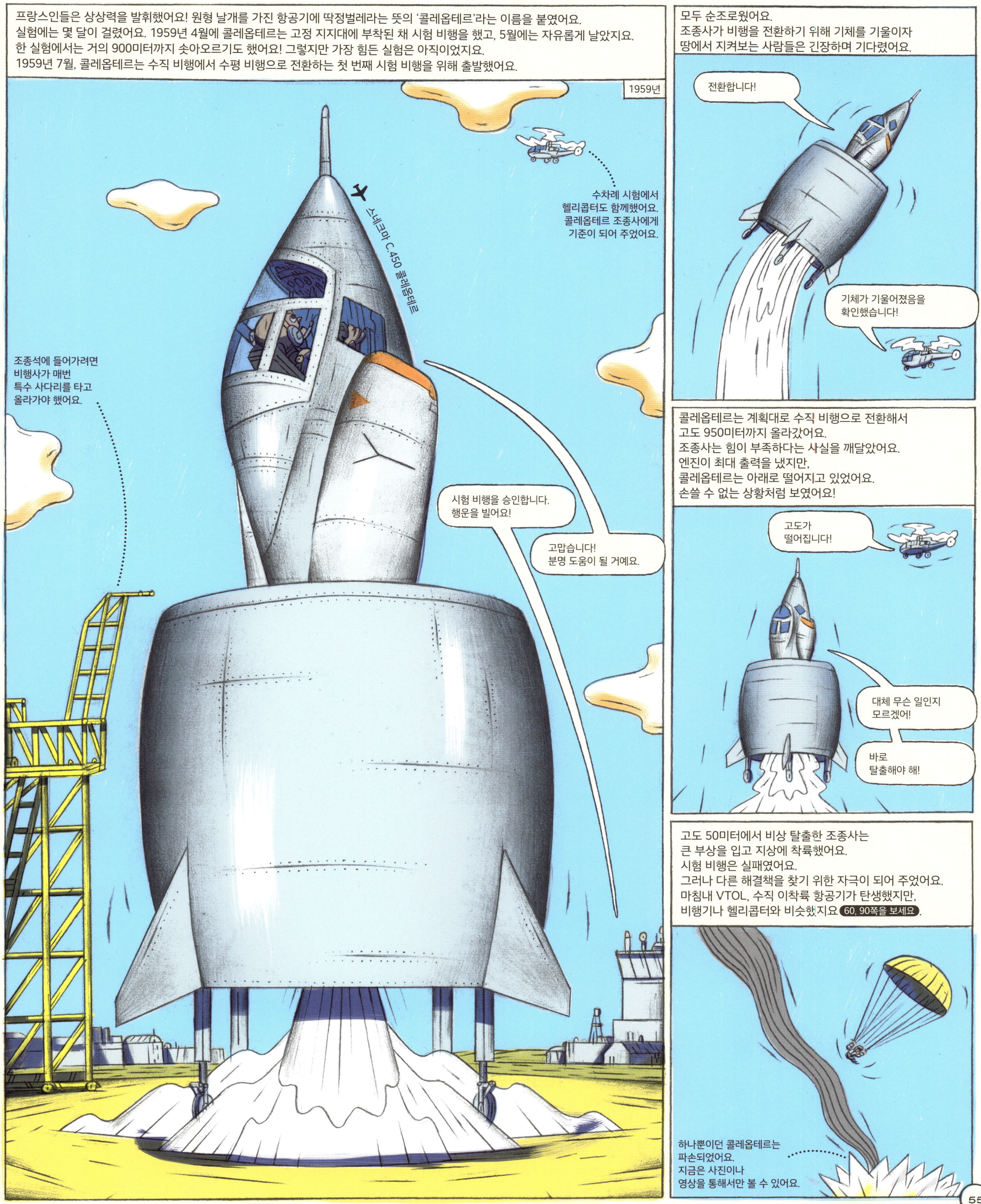

프랑스인들은 상상력을 발휘했어요! 원형 날개를 가진 항공기에 딱정벌레라는 뜻의 '콜레옵테르'라는 이름을 붙였어요.
실험에는 몇 달이 걸렸어요. 1959년 4월에 콜레옵테르는 고정 지지대에 부착된 채 시험 비행을 했고, 5월에는 자유롭게 날았지요. 한 실험에서는 거의 900미터까지 솟아오르기도 했어요! 그렇지만 가장 힘든 실험은 아직이었지요.
1959년 7월, 콜레옵테르는 수직 비행에서 수평 비행으로 전환하는 첫 번째 시험 비행을 위해 출발했어요.

1959년

스네크마 C.450 콜레옵테르

조종석에 들어가려면 비행사가 매번 특수 사다리를 타고 올라가야 했어요.

시험 비행을 승인합니다. 행운을 빌어요!

고맙습니다! 분명 도움이 될 거예요.

모두 순조로웠어요.
조종사가 비행을 전환하기 위해 기체를 기울이자 땅에서 지켜보는 사람들은 긴장하며 기다렸어요.

전환합니다!

수차례 시험에서 헬리콥터도 함께했어요. 콜레옵테르 조종사에게 기준이 되어 주었어요.

기체가 기울어졌음을 확인했습니다.

콜레옵테르는 계획대로 수직 비행으로 전환해서 고도 950미터까지 올라갔어요.
조종사는 힘이 부족하다는 사실을 깨달았어요.
엔진이 최대 출력을 냈지만, 콜레옵테르는 아래로 떨어지고 있었어요. 손쓸 수 없는 상황처럼 보였어요!

고도가 떨어집니다!

대체 무슨 일인지 모르겠어!

바로 탈출해야 해!

고도 50미터에서 비상 탈출한 조종사는 큰 부상을 입고 지상에 착륙했어요.
시험 비행은 실패였어요.
그러나 다른 해결책을 찾기 위한 자극이 되어 주었어요. 마침내 VTOL, 수직 이착륙 항공기가 탄생했지만, 비행기나 헬리콥터와 비슷했지요 `60, 90쪽을 보세요`.

하나뿐이던 콜레옵테르는 파손되었어요.
지금은 사진이나 영상을 통해서만 볼 수 있어요.

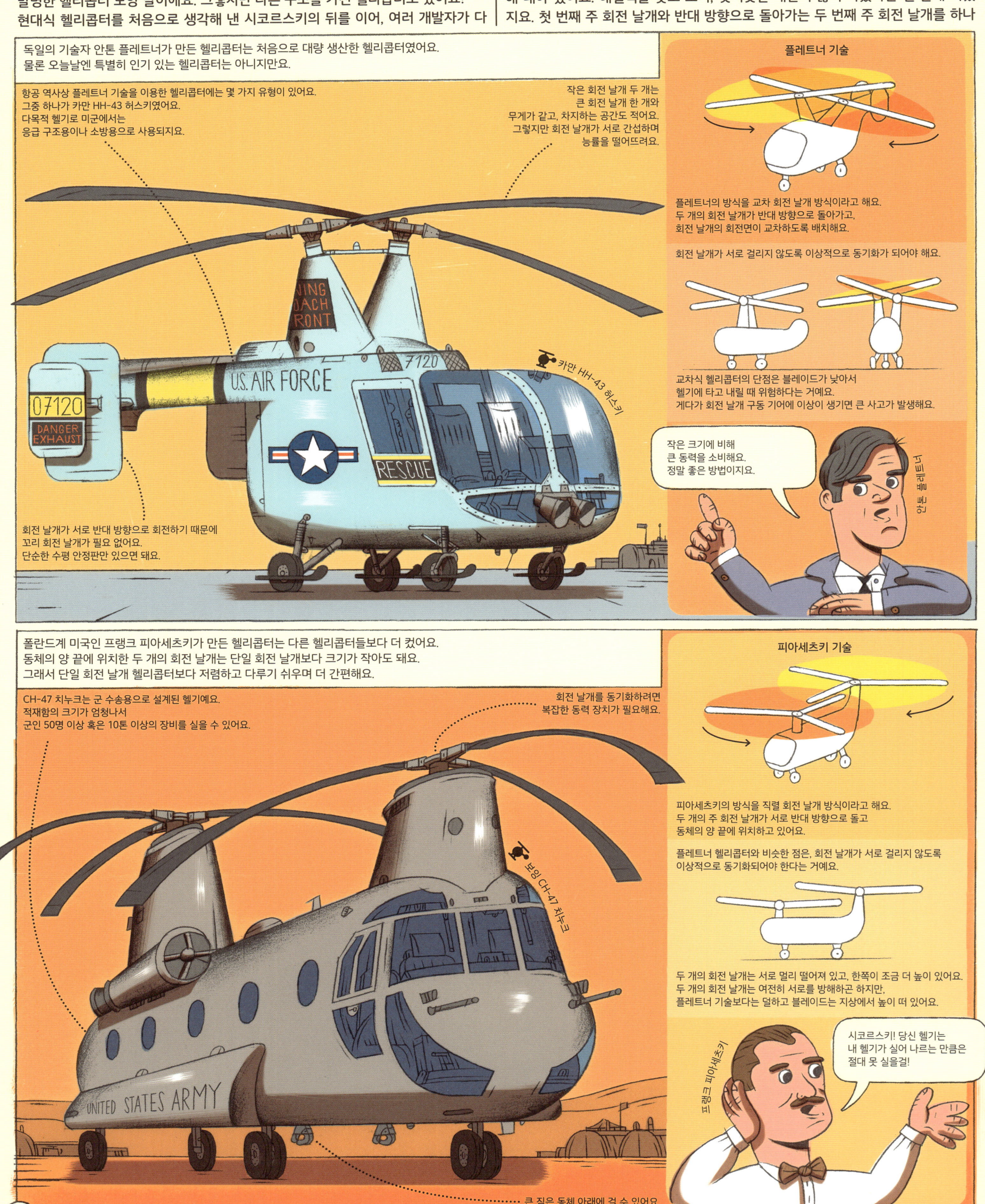

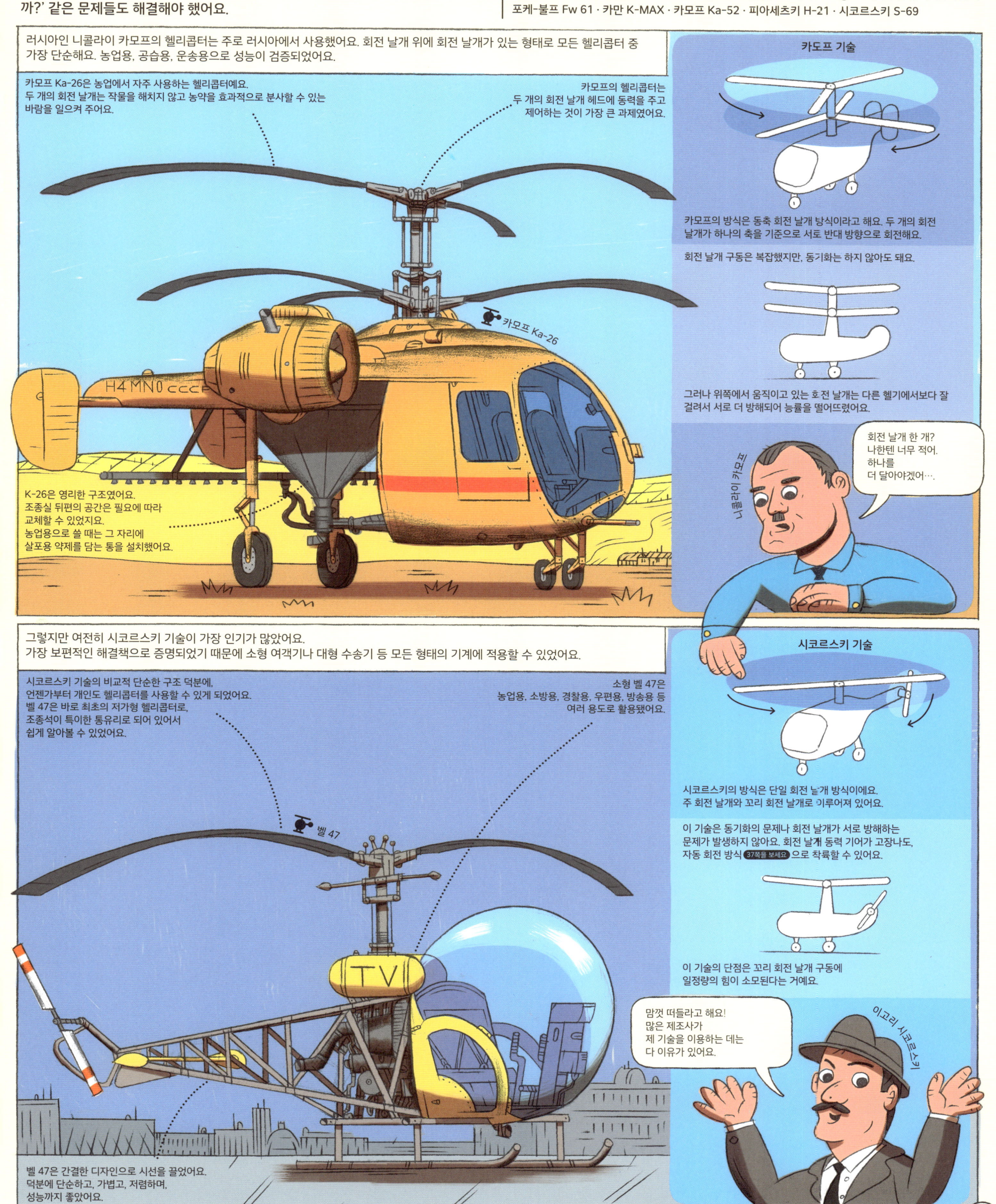

따라잡을 수 없는 정찰기 — 록히드 SR-71 블랙버드와 여압복

20세기 후반에는 당대의 강대국인 미국과 소련, 그리고 동맹국 사이에 적대감과 경쟁이 팽배했어요. 이 시기를 '냉전 시대'라고 부르는 이유는 공개적인 갈등은 보이지 않았지만, 각 나라가 다양한 방식으로 우위에 서려고 했기 때문이에요. 각 나라는 상대국이 숨기고 있는 것을 알아내기 위해 비밀 임무를 수행하는 스파이를 정기적으로 보냈어요. 비밀 임무에는 비행기가 아주 유용하게 활용되었어요.

처음에 비행기는 레이더 탐지(88쪽을 보세요)와 격추를 피하려고 매우 높은 고도에서 날았어요. 그러나 높게만 나는 건 비효율적이라는 것이 밝혀지면서, 미국인들은 높이 날 뿐만 아니라 빠르게 날아야 한다고 말했지요. 이제껏 그 어떤 제트기도 날지

여압복을 입기 위해선 꼭 다른 사람의 도움이 필요했어요. 그리고 옷은 맞춤 제작이었기 때문에 체중에 신경 써야 했지요. 체중을 조절하지 못하면 맞지 않을 수도 있었거든요!

피부에 좋은 면 속옷 위에 여압복을 입었어요.

옷을 다 입으려면 10분이 넘게 걸렸어요.

흠, 잘 안 들어가네요….

요즘 살이 조금 쪄서….

헬멧 쓰면 아무 데도 못 긁으니, 얼른 긁으세요!

그런데 왜 여압복일까요?
블랙버드가 비행하는 높은 곳은 공기의 압력이 낮아서 산소량이 적어요. 견고한 여압복은 조종사에게 적당한 압력을 공급해 주고, 산소를 전달해 주었으며, 기내 가스 누출 사고로부터 조종사를 보호해 주었어요. 게다가 비행 중에 매우 뜨거워지는 블랙버드 안에서 열을 식혀주는 효과도 있었어요. 그 외에 몇 가지 일상적인 편리함도 있었지요.

조종사는 헬멧에 있는 특수 구멍을 통해 좋아하는 음료를 마시거나 튜브로 음식을 짜서 먹을 수 있었어요. 모든 식사는 바닐라 디저트로 마무리했어요.

여압복은 여러 겹으로 이루어져 있었어요. 겉은 잘 타지 않고, 잘 닳지 않는 천으로 씌워져 있었어요.

비행복은 여압복, 헬멧, 장갑이 한 세트였어요. 모든 부분은 밀폐 접합 부품으로 연결되어 있었어요.

비행을 기다리면서 여행 가방에 장착된 냉각 장치를 이용했어요. 조종석에 앉으면, 좌석에 있는 냉각 장치에 연결했어요.

옷의 겉면에는 다양한 필수품을 붙일 수 있는 접착 테이프가 많았어요.

물건 넣는 자리가 부족할 걸 대비해 널찍한 주머니도 있었어요.

화장실은 어떻게 이용할까요? 특수 스펀지가 있었기 때문에 여압복을 벗거나 풀 필요는 없었어요.

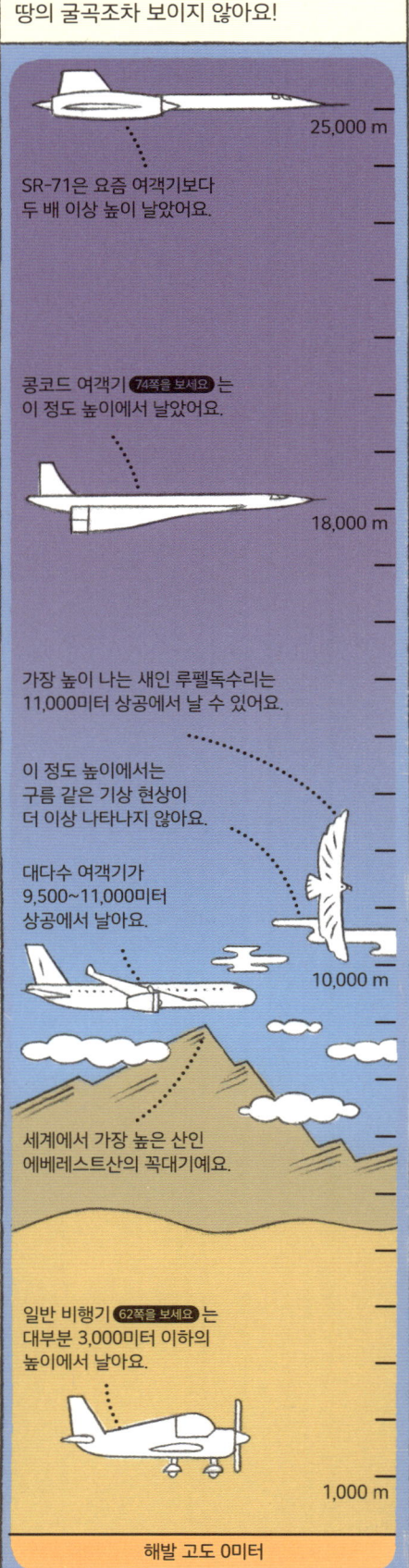

SR-71은 얼마나 높이 날았을까요?
보통은 고도 25킬로미터 이상이었어요. 그런 높이에서는 땅의 굴곡조차 보이지 않아요!

25,000 m — SR-71은 요즘 여객기보다 두 배 이상 높이 날았어요.

18,000 m — 콩코드 여객기(74쪽을 보세요)는 이 정도 높이에서 날았어요.

가장 높이 나는 새인 루펠독수리는 11,000미터 상공에서 날 수 있어요.

이 정도 높이에서는 구름 같은 기상 현상이 더 이상 나타나지 않아요.

대다수 여객기가 9,500~11,000미터 상공에서 날아요.

10,000 m

세계에서 가장 높은 산인 에베레스트산의 꼭대기예요.

일반 비행기(62쪽을 보세요)는 대부분 3,000미터 이하의 높이에서 날아요.

1,000 m

해발 고도 0미터

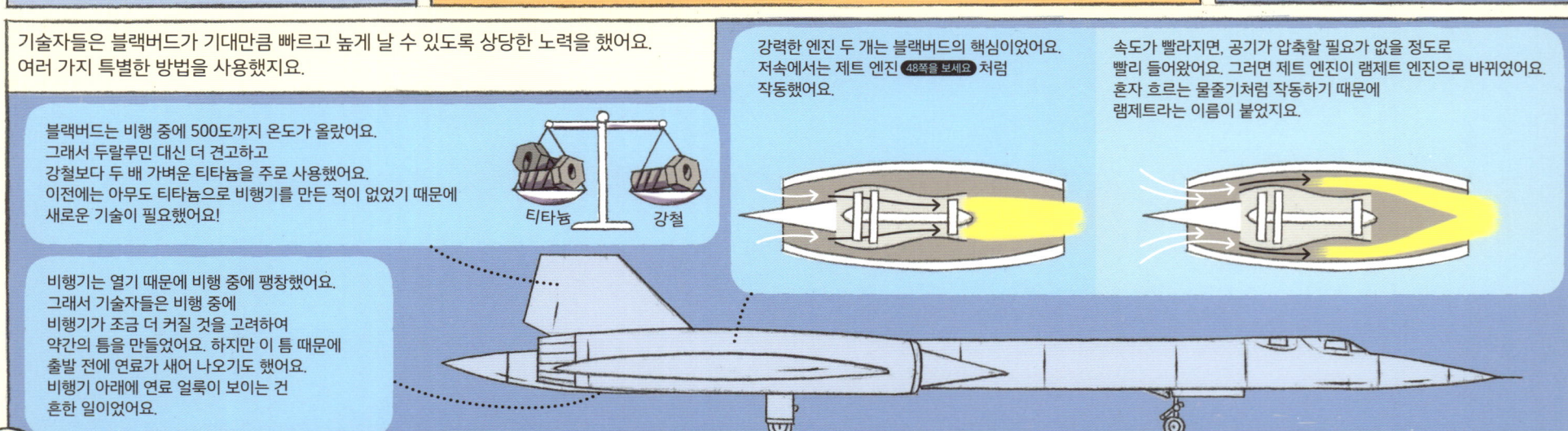

기술자들은 블랙버드가 기대만큼 빠르고 높이 날 수 있도록 상당한 노력을 했어요. 여러 가지 특별한 방법을 사용했지요.

블랙버드는 비행 중에 500도까지 온도가 올랐어요. 그래서 두랄루민 대신 더 견고하고 강철보다 두 배 가벼운 티타늄을 주로 사용했어요. 이전에는 아무도 티타늄으로 비행기를 만든 적이 없었기 때문에 새로운 기술이 필요했어요!

티타늄 강철

비행기는 열기 때문에 비행 중에 팽창했어요. 그래서 기술자들은 비행 중에 비행기가 조금 커질 것을 고려하여 약간의 틈을 만들었어요. 하지만 이 틈 때문에 출발 전에 연료가 새어 나오기도 했어요. 비행기 아래에 연료 얼룩이 보이는 건 흔한 일이었어요.

강력한 엔진 두 개는 블랙버드의 핵심이었어요. 저속에서는 제트 엔진(48쪽을 보세요)처럼 작동했어요.

속도가 빨라지면, 공기가 압축할 필요가 없을 정도로 빨리 들어왔어요. 그러면 제트 엔진이 램제트 엔진으로 바뀌었어요. 혼자 흐르는 물줄기처럼 작동하기 때문에 램제트라는 이름이 붙었지요.

못한 속도로 말이에요!
모든 제트기를 능가할 거라고 관심을 받았던 정찰기 록히드 SR-71은 기체의 색 때문에 검은 새, 즉 블랙버드라고 불렸어요. 블랙버드를 만드는 것 못지않게, 블랙버드 조종사가 입을 옷을 만드는 것도 쉽지 않았어요. 아주 높이 날고, 음속보다 더 빨리 날기 위해서는 수십 년 전 조종사들 34쪽을 보세요 보다 더 많은 것이 필요했어요.

특수 여압복이 필수였지요. 여압복은 항공기가 빠른 속도로 이동할 때 사람의 몸이 받는 충격을 줄이기 위해, 비행복 내부에 일정한 공기압을 넣어 주는 옷이에요. 비록 블랙버드 자체는 이제 사용되지 않지만, 여전히 조종사들은 여압복을 입고 있어요. 우주에서도 사용되고 있고요! ➡ 다른 흥미로운 정찰기: 록히드 U-2 · MiG-25 · 노스 아메리칸 X-15

정찰기라는 임무에 걸맞게 블랙버드에는 다양한 정찰 장비와 레이더, 특수 카메라가 장착되어 있었어요.

장비 일부는 비행기 앞쪽에 있었고, 임무에 따라 장비를 교체했어요.

오늘의 임무는 뭐야?
오늘은 사진을 찍어야 해!

SR-71이 적군에게 발각되면, 적군은 침입자인 SR-71을 쫓기 위해 전투기를 보냈어요.

이런, 녀석들이 따라붙었어.

하지만 블랙버드의 조종사들은 대처 방법이 있었어요. 엔진 출력을 최대로 높여서….

멀리 달아나는 것이었지요. 다른 항공기나 대공 미사일도 블랙버드를 따라올 수 없었어요. SR-71은 속도 자체가 강력한 무기였기 때문에 무장할 필요가 없었어요. 무려 시속 3,500킬로미터로, 음속 52쪽을 보세요 보다 세 배나 빠른 속도를 자랑했어요. 블랙버드는 자신을 쫓는 귀찮은 녀석들을 떨쳐 낸 후 다시 임무를 수행하러 갔어요.

1966년

강력한 엔진 덕분에 블랙버드는 더 빨리 날 수 있었어요! 그렇지만 속도가 빨라지면 기체가 더 뜨거워졌기 때문에 위험할 수도 있었어요.

↳ 록히드 SR-71 블랙버드

비행기의 대부분을 연료 탱크가 차지했어요. 엔진이 연료를 너무 많이 소모하여, 블랙버드가 임무를 한 번 수행하는 동안에도 여러 번 연료를 보급해야 했어요.

블랙버드는 2인승이었고, 정찰 기사가 조종석 바로 뒤에 앉아 있었어요.

이제 됐어. 따라붙는 녀석들을 따돌렸어.

특수 정찰 카메라로 굉장히 질이 좋은 사진을 얻을 수 있었어요. 고도 25킬로미터에서 말이지요.

사진에는 건물, 운송 수단, 사람도 보였어요.

이 과정에 단점이 없는 건 아니었어요. 블랙버드는 세상에 디지털카메라가 없을 때 날아다녔거든요.

공중에서 찍은 사진은 필름에 기록되었어요.

사진에 찍힌 걸 확인하기 위해서는 비행기가 지상에 내려와야만 했어요. 필름은 인화 과정을 거쳐야만 했고요. 모든 작업은 시간이 많이 걸렸어요.

얼마 지나지 않아 저렴하고 작은 위성이나 무인기 100쪽을 보세요 가 블랙버드와 동일한 역할을 수행했어요. 점차 블랙버드를 필요로 하는 곳이 줄었어요. 결국 블랙버드는 1990년대까지 사용되다가 사라졌어요.

블랙버드는 서른 대 이상 생산되었어요. 지금은 미국 곳곳의 항공 박물관에서 그중 여러 대를 볼 수 있어요.

수직 이착륙 항공기 호커 시들리 해리어와 항공 모함

아이디어를 구현하는 것은 생각보다 어려운 경우가 많아요. 수직 이착륙 항공기를 개발하던 기술자들은 이 점을 잘 알고 있었어요. 실험용 비행기를 만들던 미국과 프랑스 기술자들도 이 일이 얼마나 복잡한지 알고 있었고요. 54쪽을 보세요. 그렇지만 포기하지 않았어요.

왜 포기하지 않고 20세기에 그렇게 많은 힘과 자금을 들였을까요? 제2차 세계 대전이 끝난 후 사람들은 수직 이착륙을 할 수 있다면, 다른 무력 충돌이 발생했을 때 매우 유용할 거라고 생각했어요. 무력 충돌 시 활주로가 딸린 공항을 파괴할까 봐 두려웠던 거예요.

틸트 로터 항공기가 수직 비행에서 수평 비행으로, 다시 수평 비행에서 수직 비행으로 전환하는 방법에 대한 아이디어는 많았어요. 그러나 아이디어를 바탕으로 실제 실험을 해 보니, 영 기대에 못 미쳤지요.

일부 엔진은 수직 비행에, 일부 엔진은 수평 비행에 사용할 수 있도록 엔진을 여러 개 설치하는 방법을 제안했어요. 그러나 추가 엔진은 쓸데없이 무게만 늘렸어요.

비행기를 회전시키지 않고 엔진만 돌아가게 하는 방법도 생각해 보았지만, 이 방법 또한 여러 가지 문제가 발생했어요.

해결책은 비행기 중간쯤에 있다는 것이 밝혀졌어요! 1950년대 말부터 영국인들은 특수 엔진으로 작동하는 비행기 개발에 들어갔어요. 아주 훌륭한 아이디어였지요.

영국의 수직 이륙 항공기에는 제트 엔진이 하나 있었어요. 이 엔진은 추력을 발생시켜서 항공기 옆면에 있는 네 개의 노즐로 힘을 전달했어요.

이 노즐은 특수한 모양이었어요. 회전할 수 있어서, 추력을 아래나 위로 향하게 할 수 있었어요.

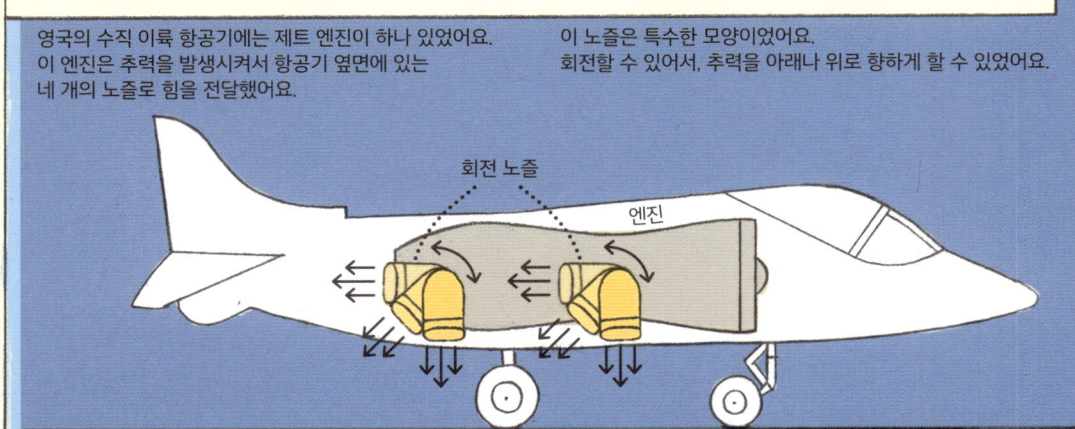

회전 노즐 / 엔진

해리어 기종 중 하나는 항공 모함 갑판에서 이륙할 수 있는 해군용 비행기예요. 항공 모함은 군용 비행기의 기지로 사용되는 해군 모함이에요. 갑판이 큰 활주로라서 수상 비행장과 비슷해요. 하지만 활주로가 아주 큰 건 아니라서, 항공 모함에서는 수직 이착륙 기능이 매우 유용했어요.

항공기를 공중에 수직으로 띄우기 위해서는 아주 많은 에너지가 필요하기 때문에 기체가 최대한 가벼워야 해요. 그래서 해리어의 많은 부분이 가벼운 탄소 섬유로 만들어졌어요.

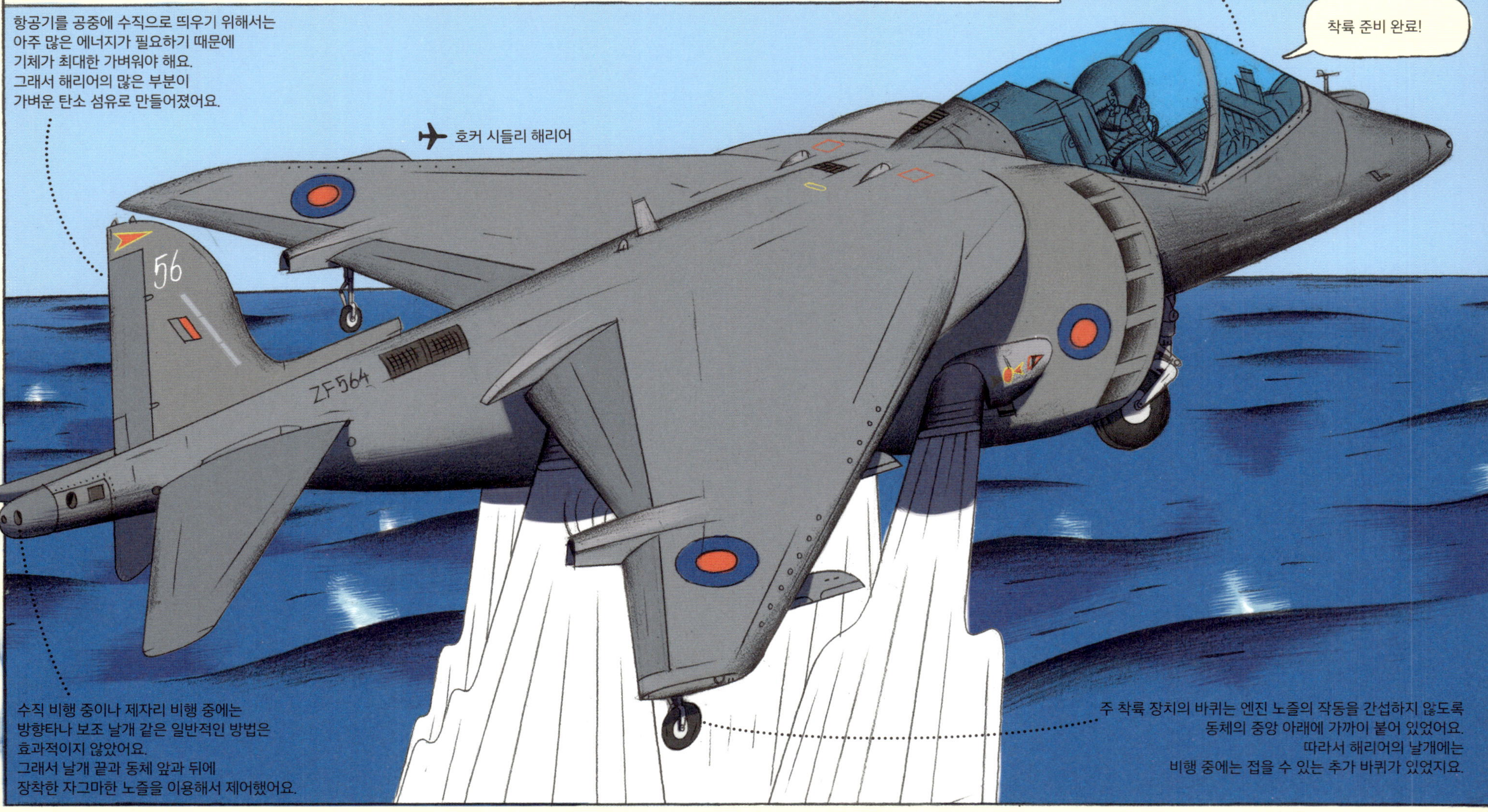

조종석에 물방울 모양 덮개가 있었어요. 덕분에 주변이 잘 보이고 특히 수직 이착륙을 할 때 큰 도움이 됐어요.

착륙 준비 완료!

호커 시들리 해리어

수직 비행 중이나 제자리 비행 중에는 방향타나 보조 날개 같은 일반적인 방법은 효과적이지 않았어요. 그래서 날개 끝과 동체 앞과 뒤에 장착한 자그마한 노즐을 이용해서 제어했어요.

주 착륙 장치의 바퀴는 엔진 노즐의 작동을 간섭하지 않도록 동체의 중앙 아래에 가까이 붙어 있었어요. 따라서 해리어의 날개에는 비행 중에는 접을 수 있는 추가 바퀴가 있었지요.

항공 모함에서 일하는 건 쉽지 않아요. 미국 해군에서는 일을 좀 더 쉽게 하려고 승무원들이 각종 임무에 따라 팀을 나누어 일해요. 게다가 각자 다른 색상의 옷을 입고 일해요. 그래서 누가 무슨 일을 하는지 금방 알아볼 수 있어요!

착륙하면 어디에 둘까요?

평소처럼 가득 넣을까요?

노란색 옷을 입은 사람들은 이착륙을 포함하여, 갑판 위에서 항공기의 움직임을 담당해요. 조종사와 소통하기 위해 특별한 몸짓 언어를 사용해요.

가장 많은 인원을 차지하는 파란색 팀은 갑판 위에서 항공기를 조작하는데, 특수 트랙터로 항공기를 끌어서 위치를 이동시키는 일 등을 해요.

보라색 옷을 입은 사람들은 항공기에 연료를 보급하고 연료 보충 등을 담당해요.

공항을 파괴하면 아무리 빠르고 현대적인 비행기일지라도 소용이 없어질 테니까요. 하지만 활주로에서 가속하지 않고, 장소의 제약 없이 이륙할 수 있는 비행기를 만들어 낸다면 이야기가 달라지지요. 그런 비행기라면 나라 간 우위를 점할 수 있어서, 여러 나라에서 동시에 틸트 로터 항공기를 개발했어요. 틸트 로터 항공기는 헬리콥터처럼 이륙해서 비행기처럼 날아가는 항공기예요.

1950년대와 1960년대에 수직 이착륙 항공기 수십 종류가 설계되었어요. 그렇지만 틸트 로터 항공기는 제작되지 못했어요. 비행기와 헬리콥터의 기능을 합친 항공기 90쪽을 보세요 의 개발은 여전히 기술자들의 과제로 남아 있어요. ➡ 다른 수직 이착륙 항공기: 도르니에 Do 31 · EWR VJ 101 · 야코블레프 yak-38 · 록히드 마틴 F-35B · VFW VAK 191B

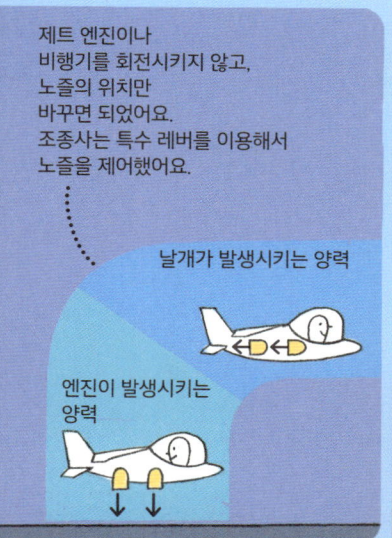

작고 가벼운 경비행기 일반 항공과 세스나 172

하늘에서 가장 자주 보이는 비행기는 무엇일까요? 참고로 여객기는 아니에요! 그리고 항공기의 유형이 아니라 수행하는 비행의 유형 중 가장 많이 볼 수 있는 것을 떠올려 봐요. 정답은 바로 '일반 항공'이에요. 일반 항공이란, 군용기와 상업용 정기 여객기를 제외한 모든 비행을 통틀어 부르는 말이에요.

자가용, 레저용, 조종사의 능력 개발을 위한 훈련용 비행 등이 포함돼요. 그러니까 우리가 가장 자주 보는 항공기는 일반 항공에 속하는 것이지요. 일반 항공은 군용기와 여객기를 제외한 모든 비행을 이야기하는 것이지만, 특히 작고 가벼운 비행기인 경비행기와 가장 관련이 많아요.

훈련생들은 조종사들이 사용하는 특수 항공 언어를 알아야 해요. 하늘에서 문제없이 소통하기 위해서는 특수 항공 언어가 필수예요. 특수 항공 언어의 일부인 음성 문자는 비행에 방해 요소가 생겼을 때 실수를 방지하기 위해 무선 통신에서 사용돼요.

음성 문자는 알파벳 문자 하나에 특정 단어를 부여해요.

하늘에 떠 있는 모든 항공기는 등록 번호나 특수 기호가 표시되어 있어서, 음성 문자는 항공기 식별에도 사용돼요.

항공기의 등록 기호예요.

현대 항공기 조종실에는 대부분 비행계기가 있어요. 구식 훈련용 항공기 조종실과 비교하면 38쪽을 보세요 거의 모든 게 바뀐 것처럼 보일 거예요. 하지만 기기만 최신 기기로 바뀌었을 뿐 비행계기의 역할은 예전과 같아요.

속도계
1

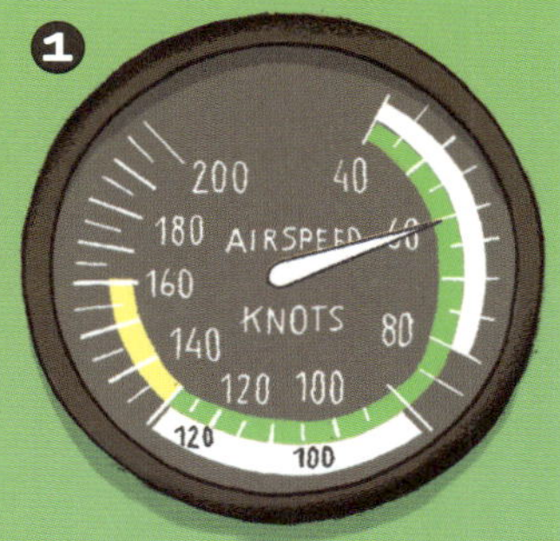

요즘은 항공기의 속도 단위로 '노트'를 사용하는 경우가 많아요. 1노트는 한 시간에 1해리, 즉 1,852미터를 달리는 속도예요. 100노트는 시속 185.2킬로미터가 되지요.

인공 수평의
2

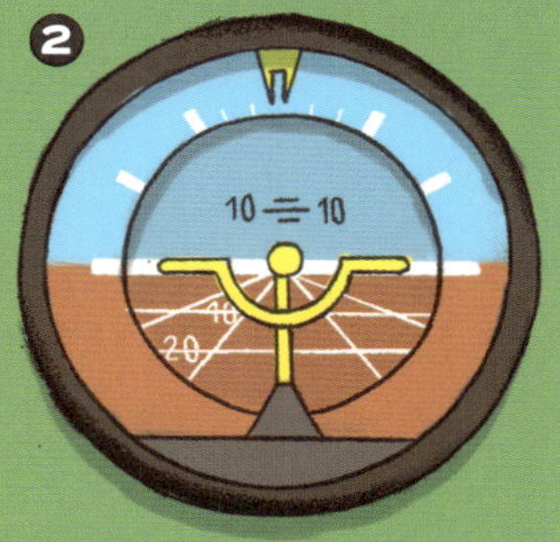

최신 기기에서는 항공기를 상징하는 문자가 없어지고, 하늘과 땅의 경계를 색으로 표시해요.

고도계
3

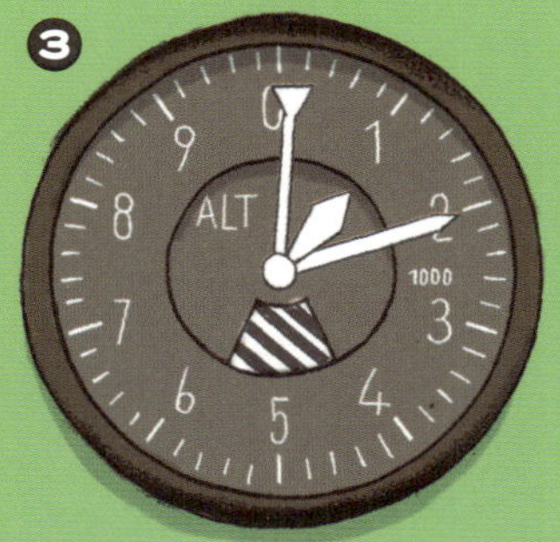

고도는 피트로 표시해요. 1피트는 0.3미터이고, 1천 피트는 300미터예요. 작은 바늘이 천 단위, 큰 바늘이 백 단위, 삼각형이 만 단위 피트를 나타내요.

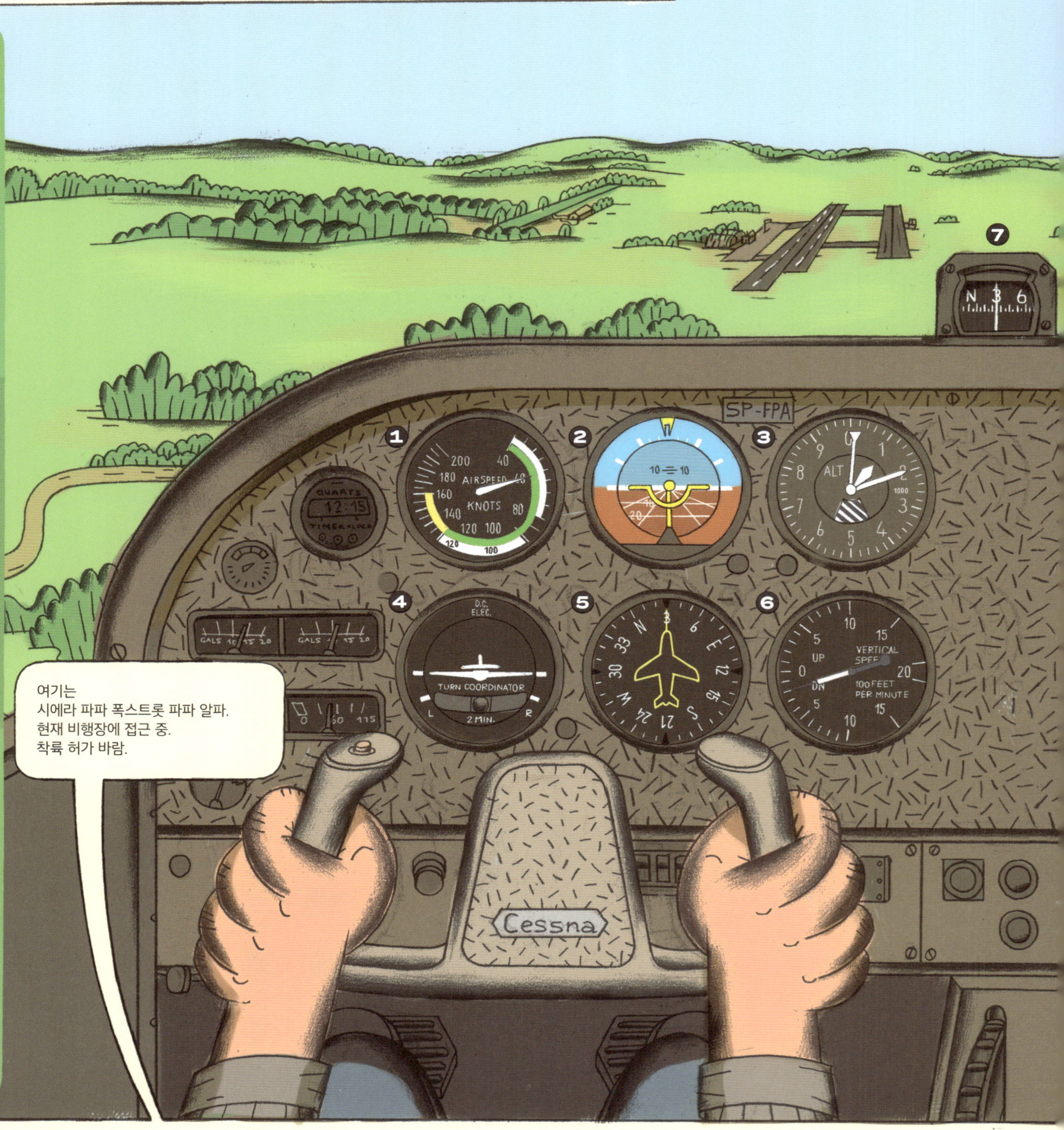

여기는 시에라 파파 폭스트롯 파파 알파. 현재 비행장에 접근 중. 착륙 허가 바람.

경비행기는 훈련이나 비상업적으로 비행에 활용되는 간단한 단발 엔진 비행기예요. 그중 하나가 세스나 172예요. 세스나 172는 항공 역사상 전 세계에서 가장 많이 생산된 항공기예요. 조금씩 개선해 나가면서 지금도 생산하고 있지요. 주로 훈련용으로 많이 활용해요. 사실 세스나 172는 속도가 아주 빠르거나 성능이 아주 뛰어난 항공기는 아니에요. 하지만 학습용으로는 딱 맞아서, 조종사 훈련생들이 이 항공기로 처음 하늘을 만나곤 해요. 물론 세상에서 가장 인기 많은 항공기인 세스나 172에 앉기 위해서는, 지상에서 철저한 훈련을 받아야 하지요. ➜ 인기 있는 일반 항공기: 비치크래프트 보난자 · 비치크래프트 머스킷티어 · 세스나 152 · 시러스 SR20 · 다이아몬드 DA40 · 그루먼 AA-5 · 무니 M20 · 파이퍼 체로키 · 파이퍼 J-3 컵 · 파이퍼 PA-28 · 소카타 랠리 · 테크남 P2006T

현대 항공기의 가장 중요한 요소를 경비행기에서 찾아볼까요? 이 요소들은 대부분의 비행기에 다 있어요.

현대 항공기의 날개에는 대부분 플랩이나 슬롯 같은
움직이는 부품이 있어요.
이 부품들을 '고양력 장치'라고 해요.
고양력 장치는 항공기가 이착륙할 때 양력을 높여 주어요.

선회 지시계

선회 경사계의 새로운 버전이에요.
선회 지시계는 비상 상황에서
어느 정도까지는 인공 수평의 대신 사용할 수 있어서
조종사가 방향 감각을 유지할 수 있도록
도와주어요.

회전 나침반 / 자기 나침반

두 장치는 서로 보완하며
비행기가 날아가는 방향을 보여 주어요.

승강계

항공기의 수직 속도는
보통 분당 수백 피트 단위로 표시해 주어요.

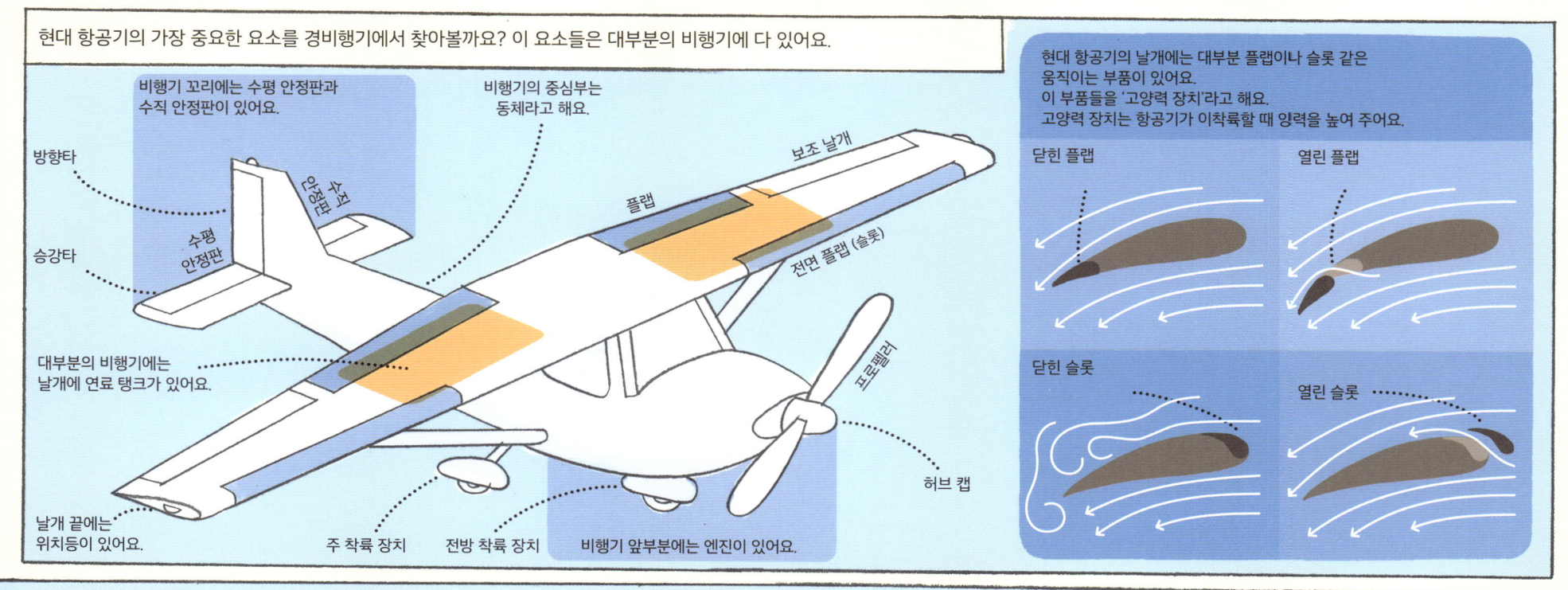

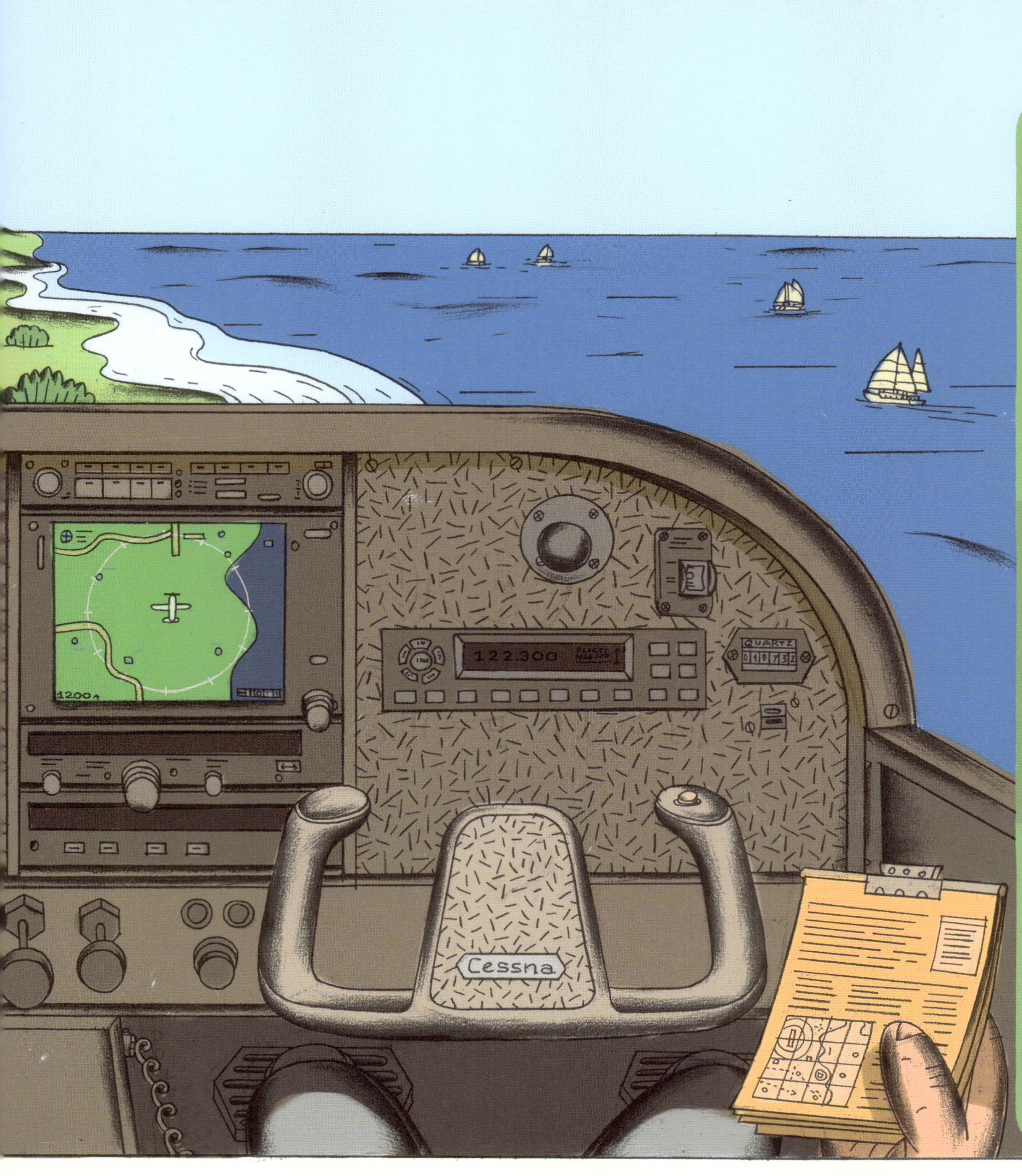

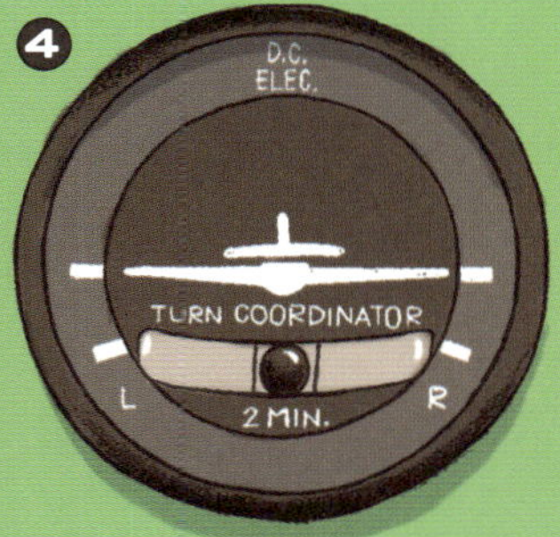

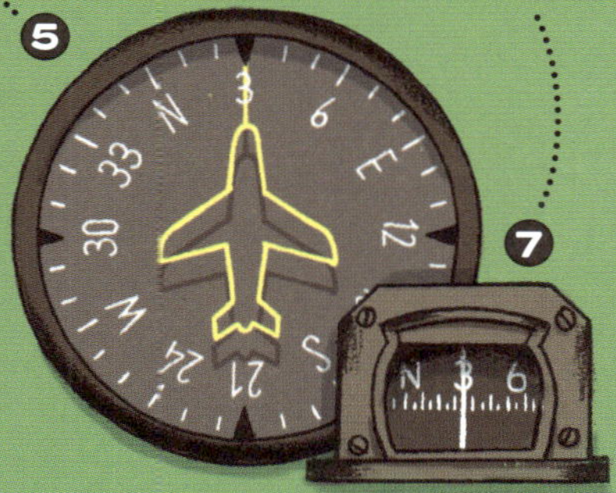

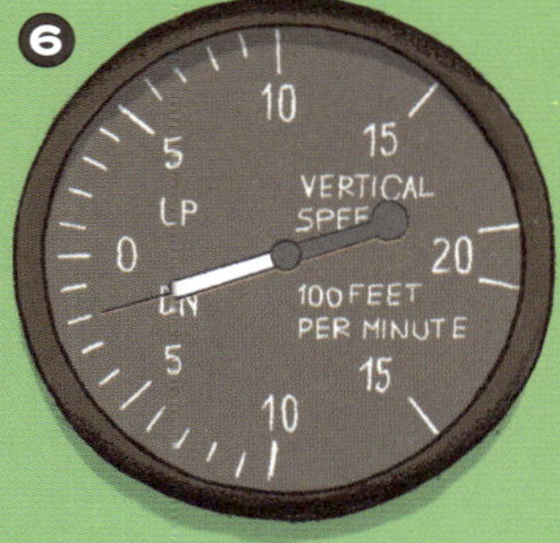

자체 제작 항공기 — 직접 조립하는 비행기

"비행기는 매우 비싸요!" 여러 항공기 설계자가 했던 말이에요. 설계자들은 비행이 소수의 선택받은 사람들을 위한 것이 아니라 많은 사람이 즐길 수 있는 일종의 스포츠가 되기를 바랐어요. 그래서 전문가들이 개발한 부품 키트를 이용하여 누구나 비행기를 조립할 수 있게 하는 아이디어가 탄생했지요.

바로 자체 제작 항공기예요. 키트 비행기라고도 해요. 자체 제작 항공기는 완성된 비행기보다 훨씬 저렴했어요. 다른 장점도 있었어요. 아주 작은 나사 하나가 어떻게 쓰이는지 등 비행기 조립 과정을 모두 알 수 있었어요. 비행기를 완성하면 그 만족감은 이루 말할 수 없게 컸지요. 살면서 직접 조립한 비행기를 조종하는 것과 비교할 수

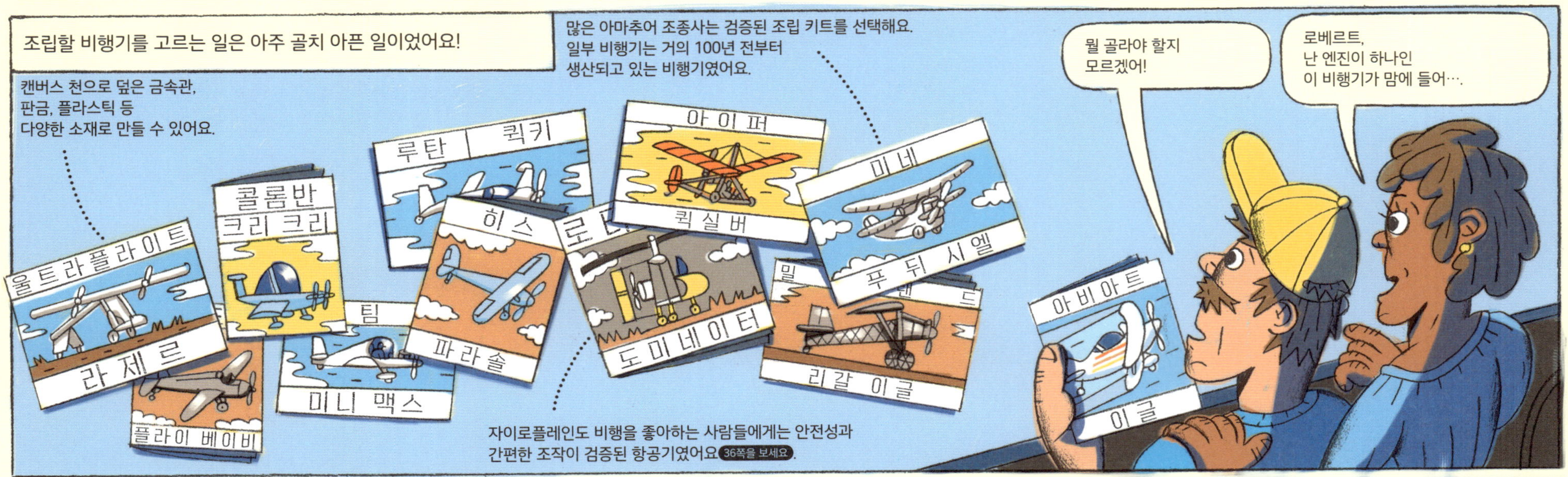

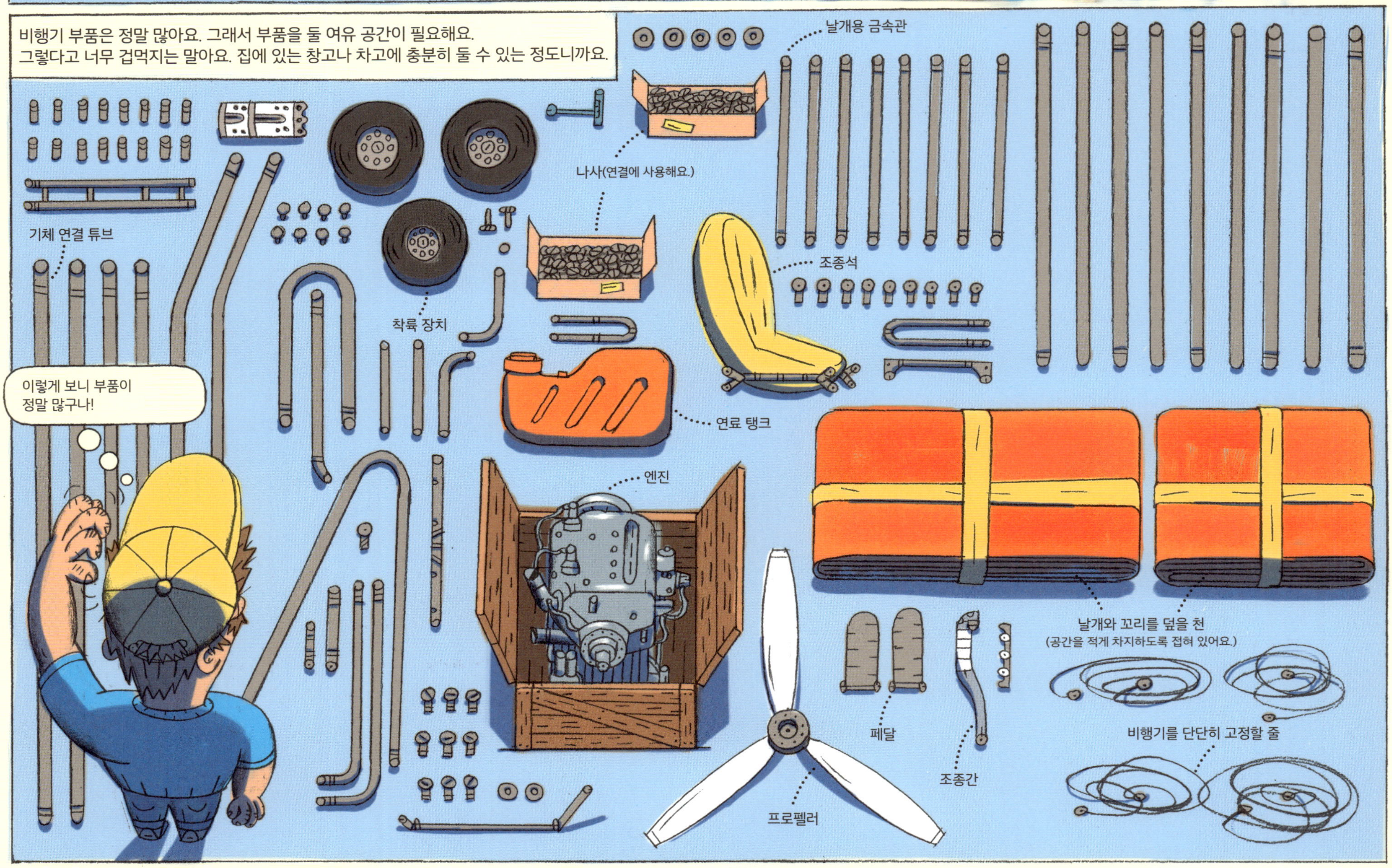

조립할 비행기를 고르는 일은 아주 골치 아픈 일이었어요!

캔버스 천으로 덮은 금속관, 판금, 플라스틱 등 다양한 소재로 만들 수 있어요.

많은 아마추어 조종사는 검증된 조립 키트를 선택해요. 일부 비행기는 거의 100년 전부터 생산되고 있는 비행기였어요.

뭘 골라야 할지 모르겠어!

로베르트, 난 엔진이 하나인 이 비행기가 맘에 들어….

자이로플레인도 비행을 좋아하는 사람들에게는 안전성과 간편한 조작이 검증된 항공기였어요. 36쪽을 보세요.

비행기 부품은 정말 많아요. 그래서 부품을 둘 여유 공간이 필요해요. 그렇다고 너무 겁먹지는 말아요. 집에 있는 창고나 차고에 충분히 둘 수 있는 정도니까요.

- 날개용 금속관
- 나사(연결에 사용해요.)
- 기체 연결 튜브
- 조종석
- 착륙 장치
- 연료 탱크
- 엔진
- 날개와 꼬리를 덮을 천 (공간을 적게 차지하도록 접혀 있어요.)
- 페달
- 비행기를 단단히 고정할 줄
- 조종간
- 프로펠러

이렇게 보니 부품이 정말 많구나!

걱정하지 말아요. 설명서에 단계별로 제작 방법이 적혀 있어요.

날개 뼈대부터 조립을 시작해야겠어. 생각보다 간단해 보이네.

제작에는 시간이 얼마나 걸릴까요? 비행기에 따라 달라요. 어떤 건 몇 주, 어떤 건 몇 년이 걸리기도 해요!

한 달이 지나고

일주일씩 지날 때마다 모양이 나오는군….

조립 난이도가 감이 안 온다면, 블록 조립보다 조금 더 어려운 정도라고 생각하면 좋아요!

세 달이 지났을 때

얘들아, 이리 와서 보렴!

뜨거운 공기로 뜨는 열기구 — 현대식 열기구

일부 항공기 유형은 옛날 판화에서나 볼 수 있어요! 뜨거운 공기를 풍선에 채워 하늘을 나는 열기구도 마찬가지였어요. 사람들의 기억에서 잊힌 지 오래였지요. 몽골피에 형제가 열기구 비행에 성공한 후에 잠시 대중화되기도 (16쪽을 보세요) 했지만, 인기는 금세 식었어요.

군대에서는 뜨거운 공기 대신 가스를 채운 열기구만 사용했고요. 그러다 동력 기관이 달린 항공기가 나타나자, 열기구는 아예 역사 속으로 사라졌어요. 최초의 열기구 비행 이후 150년이 지난 1960년대 초가 되어서야 변화가 일어났어요! 항공에 열정적인 사람들은 초음속 비행에 매료되었고, 오래전 아이디어에 관심이 있는 사람은

공기를 데워서 떠오르는 요즘 열기구는 몽골피에 형제가 살던 시대와 똑같은 방식으로 비행해요. 그러나 여러 면에서 개선되면서 열기구 비행이 훨씬 쉬워졌어요.

예전보다 개선되었어도, 열기구가 바람의 영향을 받는 건 변치 않는 사실이에요. 다행히 바람은 높이에 따라 다양한 방향으로 불어요. 조종사는 이를 이용하여 비행 높이와 이동 방향을 조절해요. 버너와 밸브를 활용해 조종하지요.

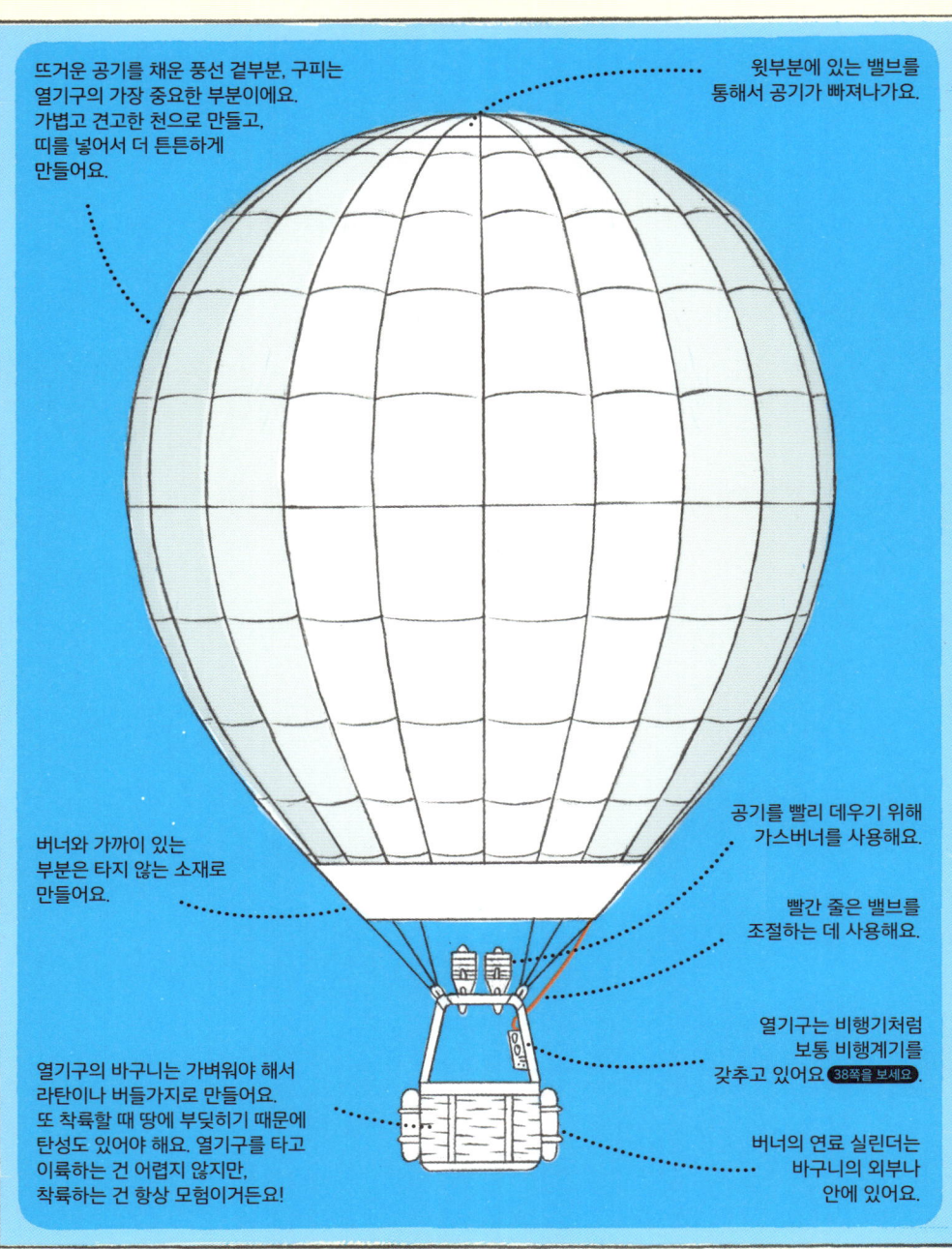
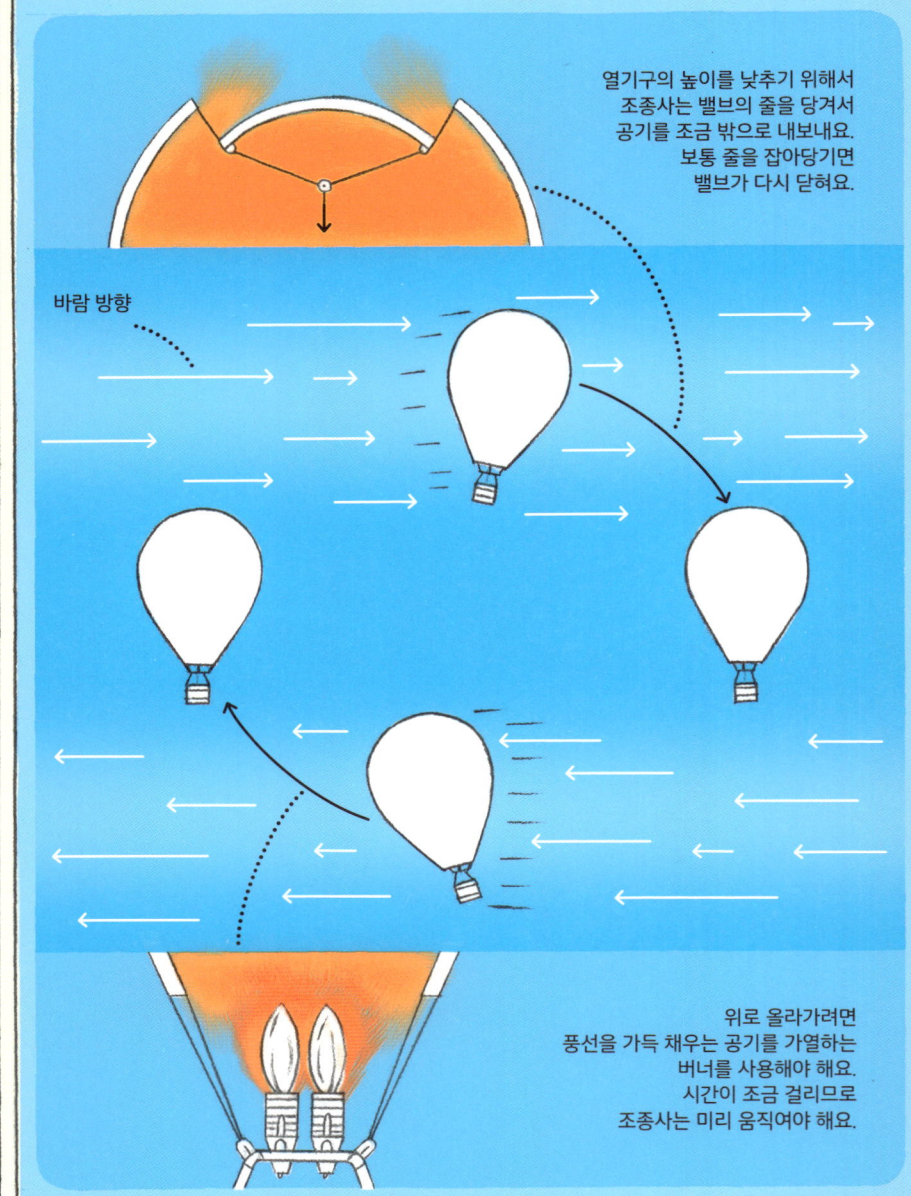

열기구는 바람의 영향을 많이 받기 때문에, 비행을 앞둔 조종사는 일기 예보를 확실하게 확인해야 해요. 보통 날씨가 시원해지고 공기가 잔잔해지는 일출 후나 일몰 전에 열기구를 띄워요. 기류와 열 상승 기류 (78쪽을 보세요) 가 필요한 글라이더와는 아주 달라요!

부드러운 활공 비행 — 행글라이더와 낙하산, 패러글라이더

항공기의 날개는 정말 다양해요. 길고, 짧고, 넓고, 단순하고, 비스듬하지요. 크기와 형태가 다를 뿐만 아니라 소재도 다 달라요. 나무나 금속, 플라스틱으로도 만들고 연(18쪽을 보세요)이나 오토 릴리엔탈의 글라이더(22쪽을 보세요)처럼 천으로도 만들어요. 그런데 날개가 단단하지 않아도 날 수 있을까요?

부드러운 날개에 대한 아이디어는 1900년대 중반에 처음 나왔어요. 그 당시 사람들은 날개가 작동하는 원리를 잘 알고 있어서 다양한 유형의 항공기를 만들고 있었어요. 그중에는 새로운 날개를 만들기 위해 고민하던 사람들도 있었어요. 덕분에 흥미로운 아이디어가 많이 나왔지요!

프랭크와 거트루드는 미국에 사는 기술자 부부예요. 두 사람은 비행기구의 날개를 접어서 포장하는 방법에 대해 생각했어요. 쉽게 옮길 수 있다면 훨씬 편리할 테니까요. 이처럼 부드러운 날개에 대한 아이디어는 일상생활에서 더 편리한 방법을 찾는 과정에서 나왔어요.

프랭크와 거트루드는 뼈대 없이, 천으로만 만든 연으로 실험하기 시작했어요. — 1948년

그런데 대체 어떻게 꿰맨 거야?

어떻게 만들었는지 집에 가서 자세히 알려 줄게.

부드러운 날개는 여러 가지 방법으로 다양하게 적용할 수 있는 훌륭한 아이디어였어요. 심지어 우주에서 돌아온 캡슐이 지구에 착륙할 때도 부드러운 날개를 사용했지요.

오늘날 볼 수 있는 행글라이더의 삼각형 모양은 부드러운 날개에 금속 뼈대를 더해 완성되었어요. — 1964년

제미니 캡슐 TTV-1

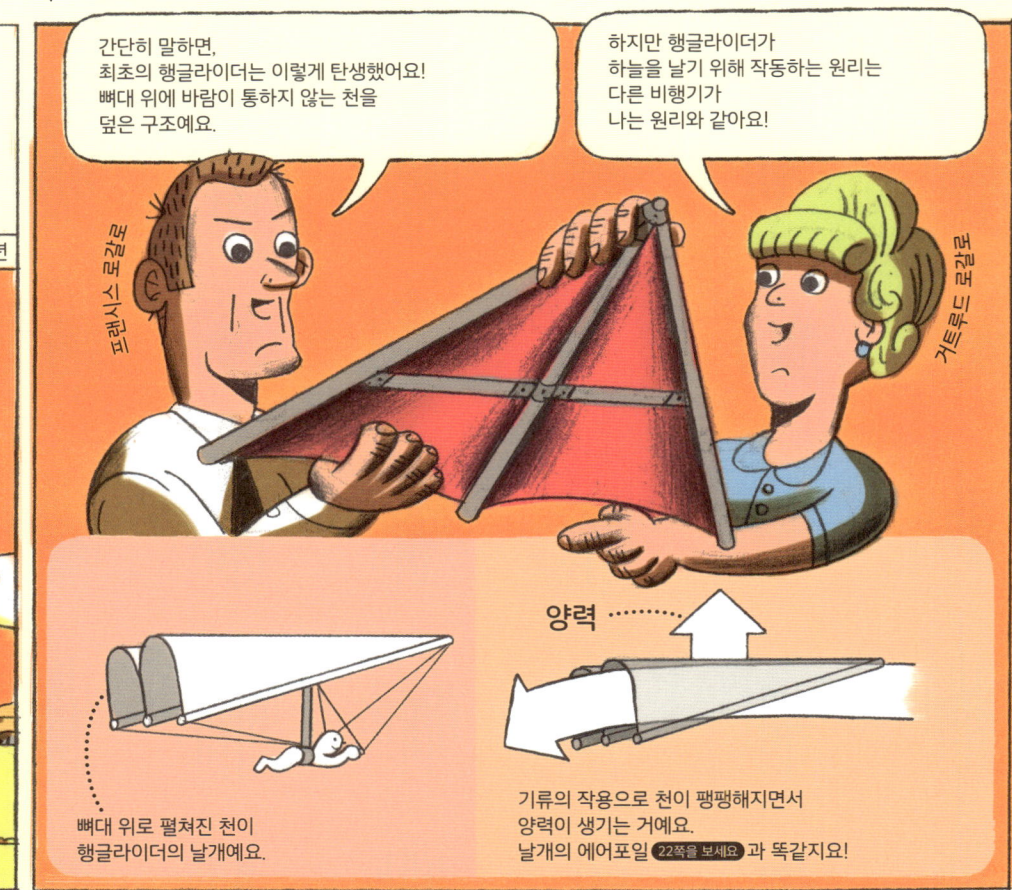

간단히 말하면, 최초의 행글라이더는 이렇게 탄생했어요! 뼈대 위에 바람이 통하지 않는 천을 덮은 구조예요.

하지만 행글라이더가 하늘을 날기 위해 작동하는 원리는 다른 비행기가 나는 원리와 같아요!

프랜시스 로갈로 / 거트루드 로갈로

양력

뼈대 위로 펼쳐진 천이 행글라이더의 날개예요.

기류의 작용으로 천이 팽팽해지면서 양력이 생기는 거예요. 날개의 에어포일(22쪽을 보세요)과 똑같지요!

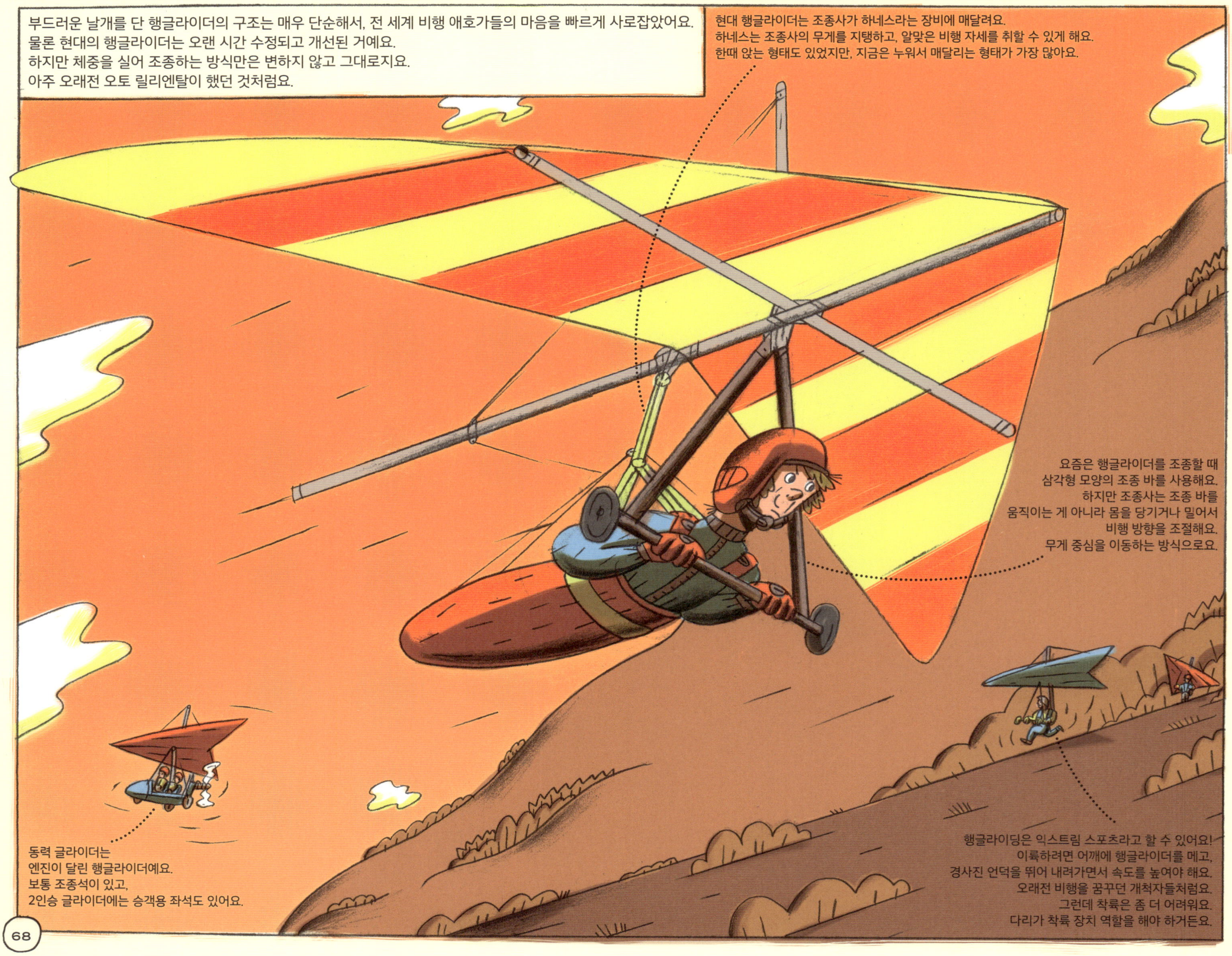

부드러운 날개를 단 행글라이더의 구조는 매우 단순해서, 전 세계 비행 애호가들의 마음을 빠르게 사로잡았어요. 물론 현대의 행글라이더는 오랜 시간 수정되고 개선된 거예요. 하지만 체중을 실어 조종하는 방식만은 변하지 않고 그대로지요. 아주 오래전 오토 릴리엔탈이 했던 것처럼요.

현대 행글라이더는 조종사가 하네스라는 장비에 매달려요. 하네스는 조종사의 무게를 지탱하고, 알맞은 비행 자세를 취할 수 있게 해요. 한때 앉는 형태도 있었지만, 지금은 누워서 매달리는 형태가 가장 많아요.

요즘은 행글라이더를 조종할 때 삼각형 모양의 조종 바를 사용해요. 하지만 조종사는 조종 바를 움직이는 게 아니라 몸을 당기거나 밀어서 비행 방향을 조절해요. 무게 중심을 이동하는 방식으로요.

동력 글라이더는 엔진이 달린 행글라이더예요. 보통 조종석이 있고, 2인승 글라이더에는 승객용 좌석도 있어요.

행글라이딩은 익스트림 스포츠라고 할 수 있어요! 이륙하려면 어깨에 행글라이더를 메고, 경사진 언덕을 뛰어 내려가면서 속도를 높여야 해요. 오래전 비행을 꿈꾸던 개척자들처럼요. 그런데 착륙은 좀 어려워요. 다리가 착륙 장치 역할을 해야 하거든요.

우리가 잘 알고 있는 두 가지 유형의 비행기구도 이 시기에 만들어졌어요. 바로 행글라이더와 낙하산이에요. 두 비행기구를 언뜻 보면 서로 비슷한 점이 없어 보여요. 하지만 알고 보면 두 기구의 공통점은 정말 많아요. 행글라이더와 낙하산은 만들어진 이후에 오랜 세월 동안 조금씩 개선되면서 여러 가지 형태의 비행기구가 탄생하도록 돕는 역할을 했어요.

패러글라이더, 낙하산, 행글라이더는 우리가 아는 다양한 비행기구와 대가족인 셈이지요. 사용이 간편하고, 가격이 저렴하고, 운반이 편리한 덕분에 스포츠 경기를 하거나 레저용으로 비행을 즐기고 싶은 사람들에게 큰 인기를 얻었어요. ➡ 부드러운 날개를 가진 다른 비행기구: 캐스케이드 카스퍼윙 I-80 · 라무에트 아틀라스 · 얀 라베자리의 행글라이더 · MMIST CQ-10 스노구스 · NASA 파레세프 · 라이언 XV-8

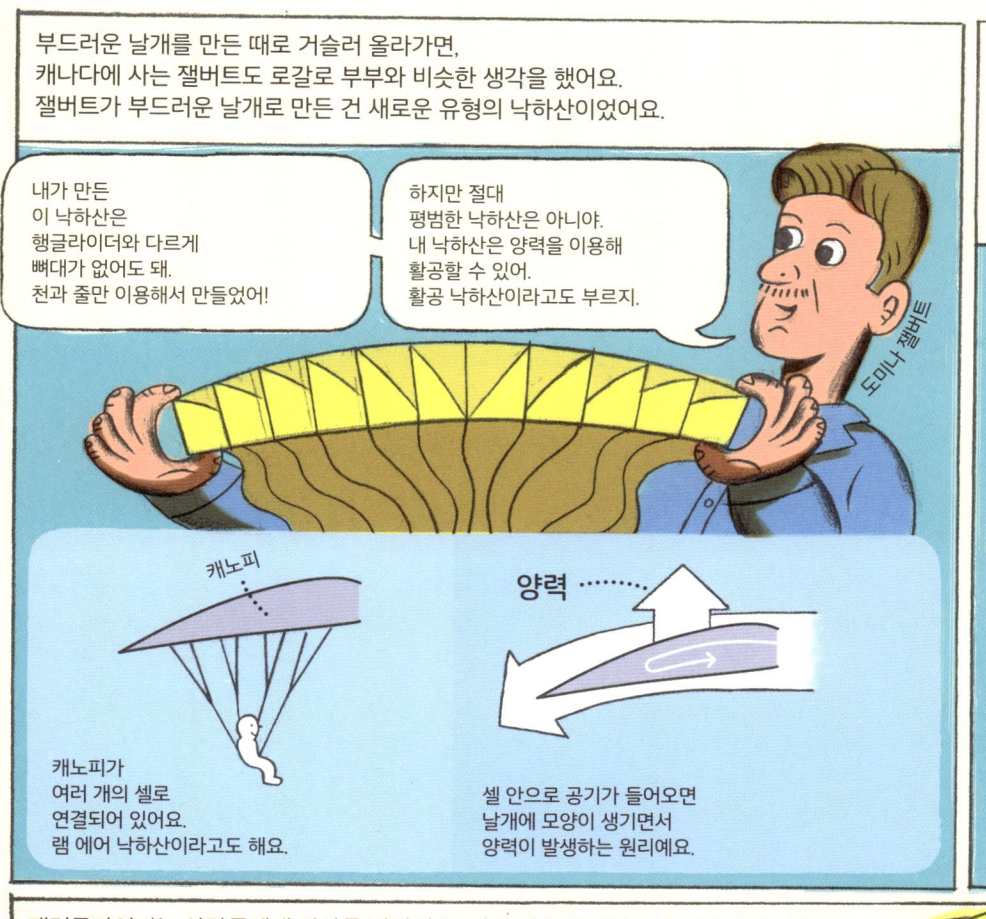

패러글라이더는 사람들에게 찬사를 받았어요. 매해 계속 발전하면서 굉장한 인기를 얻게 되었지요. 패러글라이더는 배낭에 담아서 케이블카를 타고 높은 곳으로 가져갈 수 있는 유일한 비행기구이기도 해요! 게다가 가격도 터무니없이 높지 않아요. 기능이 좋은 산악자전거보다 조금 더 비싼 정도예요.

패러글라이더는 보통 산에서 타요. 맨 처음 비행을 꿈꾸던 사람들처럼 말이지요. 평평한 지역에서는 견인 장치 79쪽을 보세요 를 이용해요. 지금은 엔진이 달린 패러글라이더도 있는데, 동력 패러글라이더라고 해요.

오늘날의 패러글라이더는 조종하기 어렵지 않아요. 공중에 오래 머무를 수 있지요. 기류를 이용한 78쪽을 보세요 글라이더와 비슷해요.

낙하산이나 패러글라이더는 날개 뒤쪽부터 핸들까지 연결된 줄로 조종하며 하늘을 날아요. 조종사는 줄을 당겨서 날개 모양을 둥글게 바꾸고 비행 방향을 조정해요.

부드럽고 가벼운 날개도 단점이 있어요. 비행하다가 실수하거나 어쩌다 강한 돌풍을 만나면 곧바로 맥없이 떨어질 수 있거든요. 다행히 그런 상황에는 비상 낙하산이 있어요.

초대형 제트 여객기 보잉 747 점보제트

세상이 점점 작아지는 걸까? 여객 항공에 엄청난 변화가 일어난 1950년대와 1960년대에 비행기를 타고 여행한 사람들은 분명 그렇게 느꼈을 거예요. 프로펠러 비행기보다 훨씬 더 빠른 제트기가 등장하면서 여행하기 위해 하늘 위에서 보내는 시간은 그 어느 때보다도 짧아졌어요. 시간이 흐를수록 사람들은 더 자주, 더 멀리 여행했어요. 하늘은 점점 비좁아졌지요! 항공사들은 당시의 소형 여객기가 만족스럽지 않았어요. 많은 사람을 태우고 싶었으니까요. 그러려면 더 큰 비행기가 필요했어요. 그래서 미국의 개발자들은 커다란 비행기를 만들었어요! 정말 하늘에 뜰 수 있을지 사람들이 궁금해할 정도로 엄청나게 큰 비행기였지요.

점보제트기는 동체의 폭이 넓은 최초의 여객기였어요. 폭이 6미터가 넘었어요. 주 객실에는 승객 좌석을 열 개나 나란히 놓을 수 있었어요.

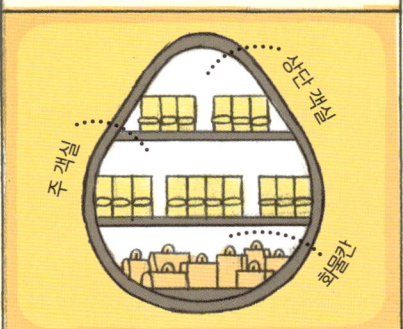

보잉 747과 다른 제트 여객기들은 프로펠러 비행기보다 훨씬 더 높이 날았어요. 구름과 난기류보다 더 높이 떠오르기 때문에 승객들은 더 편안하게 여행을 즐길 수 있었지요.

프로펠러 비행기와 비교하면 제트 여객기는 빠를 뿐만 아니라 훨씬 조용하기도 했어요.

드르렁….

여객기를 이용하는 승객이 점점 늘어나면서 항공권의 가격이 내려갔어요. 덕분에 비행기 여행이 좀 더 쉬워졌지요. 하지만 빠른 속도로 편안하게 여행하려면 여전히 많은 돈을 내야 했어요. 한참 후에야 점보제트기의 경쟁 상대가 등장했는데, 바로 콩코드 74쪽을 보세요 였어요. 하지만 런던-뉴욕 노선에서 점보제트기를 타면 콩코드보다 시간은 더 걸려도 비용은 더 저렴했어요. 그래서 많은 승객들이 시간이 오래 걸리더라도 비용이 더 저렴한 비행기를 타는 걸 좋아했지요.

보잉 747은 구조에 따라 태울 수 있는 승객 수가 달라요. 최초의 여객기는 350명 이상을 태울 수 있었지만, 현대 점보제트기는 승객이 400명보다 많아도 문제없어요. 심지어 600명이 넘어도 가능해요!

제트 여객기는 터보팬 엔진 네 개를 장착했어요. 터보팬 엔진은 제트 엔진과 비슷하지만, 제트 엔진보다 연료를 덜 소비해요. 요즘은 모든 대형 여객기가 터보팬 엔진 98쪽을 보세요 을 사용해요.

→ 보잉 747 점보제트

하늘에 날아다니는 비행기가 점점 늘어났기 때문에, 사고가 날 위험도 커졌어요. 조종사들은 비행기가 안전하게 운항할 수 있게 지상에서 도와줄 사람이 필요했어요. 1960년대 초부터 유럽과 미국에서는 국제 항공관제 센터가 운영되기 시작했어요.

관제 센터는 효율적인 관제를 위해서 하늘을 여러 구역으로 나누었어요. 우리 눈에 보이지는 않아요! 항공관제 팀은 각 구역을 주의 깊게 살펴요.

관제사는 조종사가 목적지까지 무사히 도착하도록 도와줘요. 하늘에서 일어나는 모든 움직임을 관리해요. 공항에서는 충돌 없이 매끄럽게 운항할 수 있게 통제하지요.

747, 이륙을 허가한다.

747, 순항 고도로 상승하라.

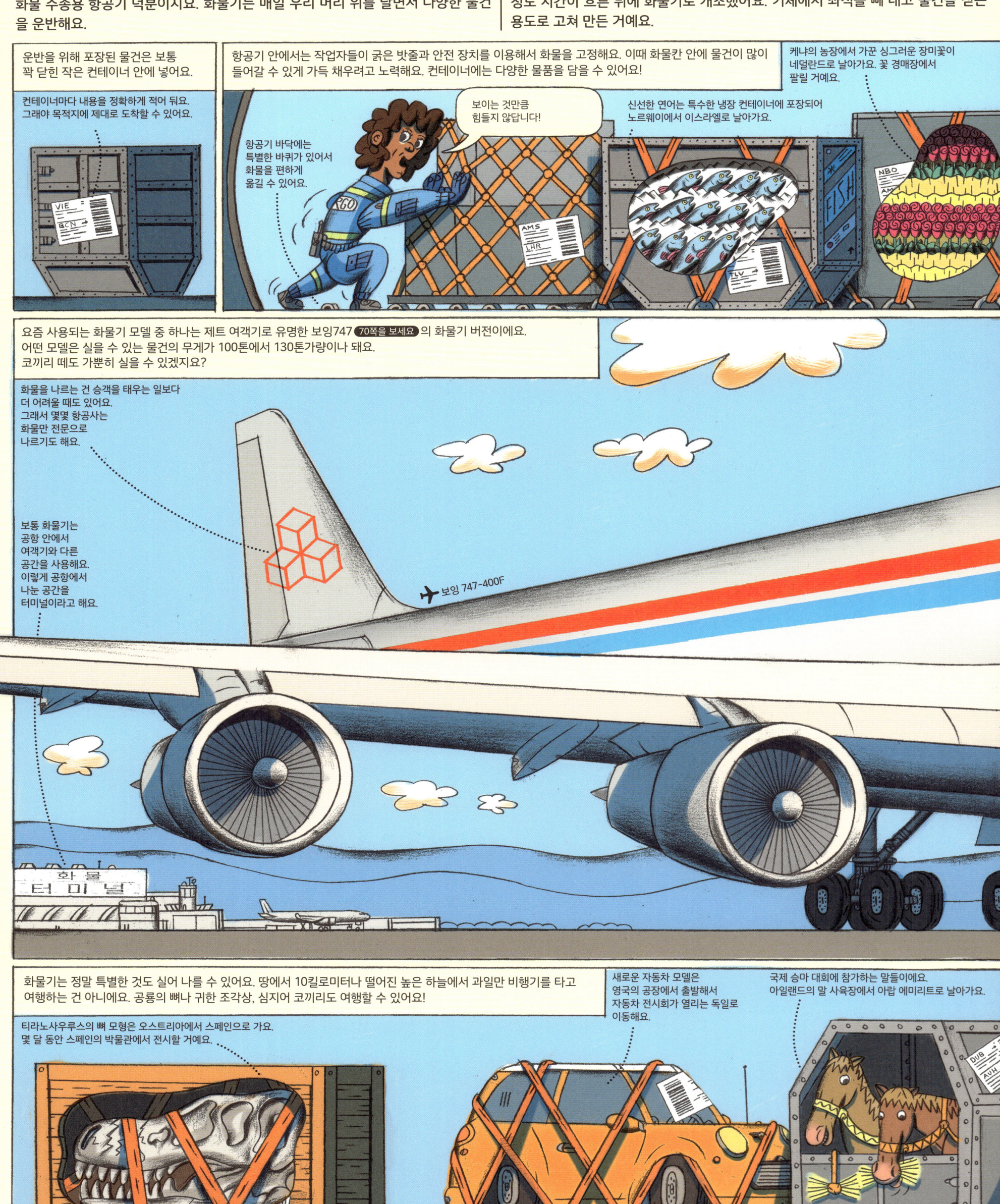

화물용 항공기로 무엇을 가장 많이 나를까요? 보통은 여러 가지 이유로 몇 주 동안 바다로 운반할 수 없는 물건을 운반해요. 예를 들면, 잘 상하는 과일을 보내거나 급하게 필요한 약을 다른 대륙에 보내야 할 때 말이에요. 또 예술 작품이나 보석처럼 값비싼 물건도 화물기로 날라요. 항공 운송이 값이 비싼 물품을 잘 관리하는 데 알맞거든요.

하늘을 나는 화물차에는 거의 모든 물건을 실을 수 있어요. 만약 여러분이 온라인으로 아주 먼 나라에서 무언가를 주문했는데 며칠 뒤에 물건을 받았다면, 그건 항공기로 운반한다고 생각해도 돼요. 한겨울에 찾아보기 어려운 재료로 요리할 수 있는 것도 항공기 덕분이에요. ➡ 다른 흥미로운 화물기: 안토노프 An-124 · 안토노프 An-225 · 에어버스 벨루가 · 보잉 드림리프터

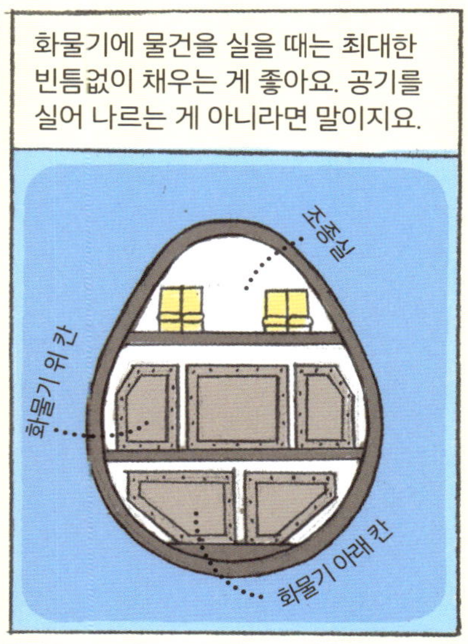

금방 상하기 쉬운 용과와 망고, 바나나는 베트남에서 중국으로 가요.

작업자들은 실은 물건들이 비행하는 동안 움직이지 않게 잘 고정해요.

급하게 필요한 약과 백신을 이탈리아에서 브라질로 보내요.

모두 실었다고 보고할게!

이제 마지막 상자예요. 더 이상 못 넣어요!

화물기에 물건을 실을 때는 최대한 빈틈없이 채우는 게 좋아요. 공기를 실어 나르는 게 아니라면 말이지요.

조종실
화물기 위 칸
화물기 아래 칸

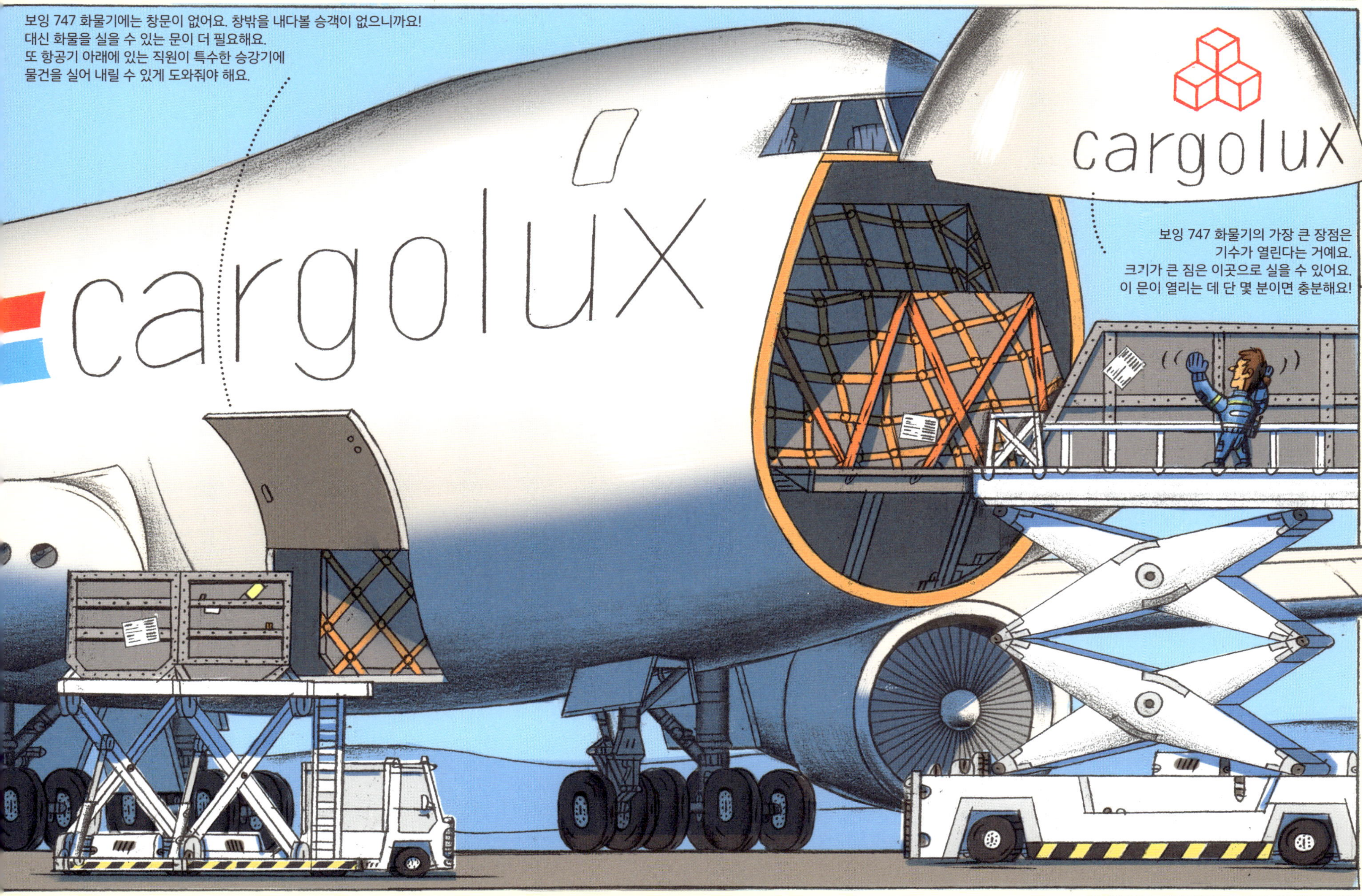

보잉 747 화물기에는 창문이 없어요. 창밖을 내다볼 승객이 없으니까요! 대신 화물을 실을 수 있는 문이 더 필요해요. 또 항공기 아래에 있는 직원이 특수한 승강기에 물건을 실어 내릴 수 있게 도와줘야 해요.

cargolux

보잉 747 화물기의 가장 큰 장점은 기수가 열린다는 거예요. 크기가 큰 짐은 이곳으로 실을 수 있어요. 이 문이 열리는 데 단 몇 분이면 충분해요!

코끼리들은 남아프리카공화국에서 앙골라로 간 다음, 국립 공원에서 살게 될 거예요.

흙을 구워서 만든 병사 모형은 정말 유명해요. 중국에서 미국으로 날아가요. 여러 박물관에서 전시될 거예요.

잘 알려진 화가 피에트 몬드리안의 작품들도 전시회를 위해 너덜란드에서 오스트리아로 날아가요.

초음속 여객기 콩코드

항공의 새로운 시대가 열렸어요. 마침내 음속의 장벽을 넘은 거예요. 초음속은 소리보다 빠른 속도로 물체가 움직이는 걸 말해요. 초음속 비행은 더 이상 로켓 엔진을 사용하지 않고 제트 엔진을 사용할 정도로 발전했어요. 곧 있으면 지금까지는 상상하지 못한 속도로 전 세계를 여행하게 될 것 같았어요. 1960년대 초반이 되면서 사람들이 초음속 비행에 관심을 가지게 된 건 자연스러운 일이었지요. 여러 나라에서 초음속 여객기를 만들기 시작했어요. 초음속 여객기는 영어로 'Supersonic transport'인데, 이걸 줄여서 'SST'라고도 불렀어요. 하지만 제대로 작동하는 초음속 여객기 한 대를 만들기 위해서는 두 나라가 힘을 합쳐야 했어요.

기술자들은 그동안 다른 여객기에서 겪어 보지 못한 문제들을 마주했어요. 문제를 해결할 새로운 대처 방안이 필요했어요. 그래서 콩코드에는 독특한 해결 방식을 적용했어요.

날개 모양이 가장 큰 문제였어요. 날개는 항공기가 이륙할 때 적당한 양력을 만들면서, 빠른 속도로 날 때는 공기 저항을 최소로 해야 했어요.

그리스 문자 델타(Δ)의 모양을 본뜬 삼각형 날개가 해결책이었어요. 날개 이름도 델타였지요.

콩코드는 기수가 움직이는 걸로도 유명해요. 이륙하고 착륙하거나 공항에 멈춰 있을 때는 조종사의 시야를 확보하기 위해서 기수가 아래로 내려가요. 이륙하고 나면 기수를 다시 올려서 콩코드의 유선형 모양을 유지하지요.

항공기 꼬리 쪽에는 작은 착륙 장치가 달려 있어요. 이륙하거나 착륙할 때 각도가 커서 활주로에 부딪힐 위험이 있거든요.

이륙할 때, 주 착륙 장치에 있는 브레이크에 열이 나서 특수한 팬으로 열을 식혀야 했어요.

비행 속도가 시속 2,000킬로미터를 넘으면 항공기는 주변 공기와 마찰하는데, 이때 기체가 매우 뜨거워지고 늘어나요. 콩코드는 비행하면서 20센티미터 이상 길어졌어요! 다행히 승객들이 앉는 객실 아래에 바퀴가 달려 있어서 기체가 늘어나도 문제가 없었어요.

항공권을 살 수 있었던 조종사나 승객들은 초음속 여객기를 정말 좋아했어요. 하지만 인기는 오래가지 못했어요. 탑승하고 나면 곧바로 관심이 식었지요. 초음속 여객기가 내는 소음은 무척 견디기 힘들었어요. 사람들이 살고 있는 지역 위에서 소닉 붐 52쪽을 보세요 이 생기지 않게, 콩코드는 바다 위에서만 초음속으로 비행했어요. 게다가 좌석 비용도 너무 비쌌어요. 사람들은 대부분 비행기를 더 오래 타더라도 비용이 저렴한 비행기를 원했어요. 콩코드는 2003년을 끝으로 비행을 마쳤어요.

정치인, 사업가, 영화배우나 가수처럼 유명한 사람들은 콩코드를 타고 여행했어요. 객실 안에서는 현재 비행 속도를 볼 수 있었어요. 일반 여객기의 평균 비행 속도보다 약 두 배 정도 더 빨랐어요.

저는 사업가예요. 뉴욕에서 중요한 회의를 해야 하는데, 이제 하루 만에 다녀올 수 있어요!

피에르 - 콩코드 승객

강력한 엔진이 내는 소음은 이륙할 때 가장 컸어요.

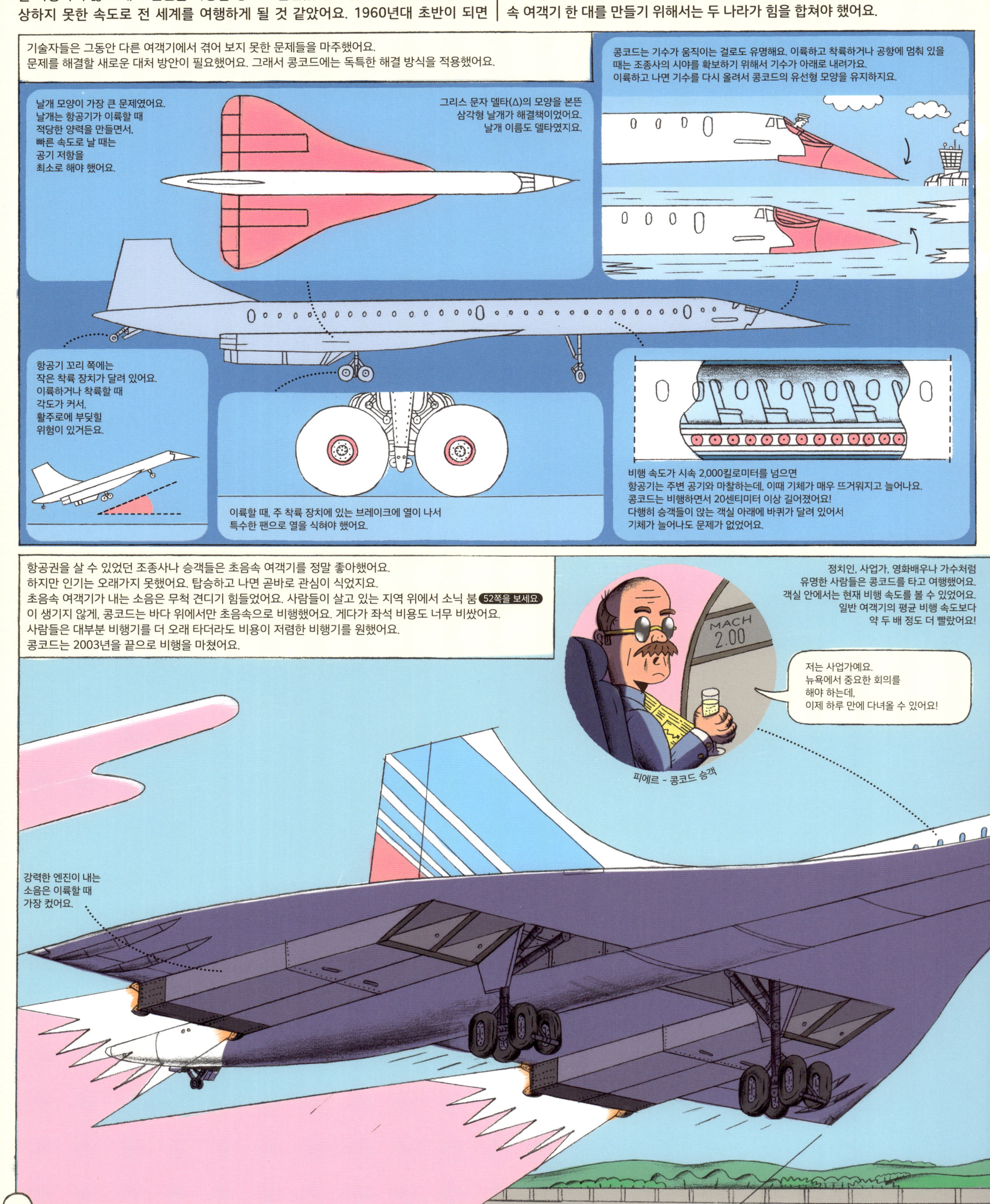

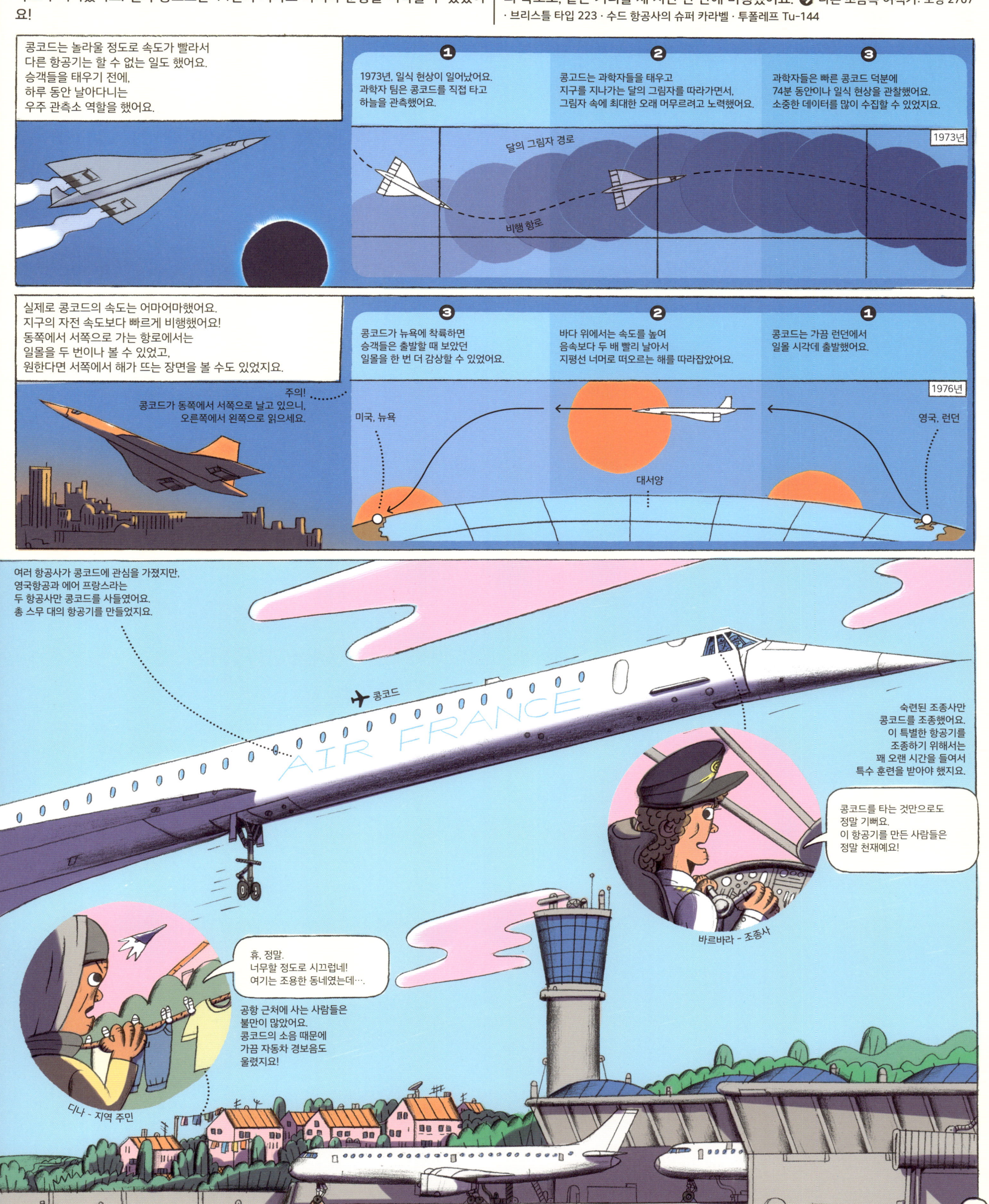

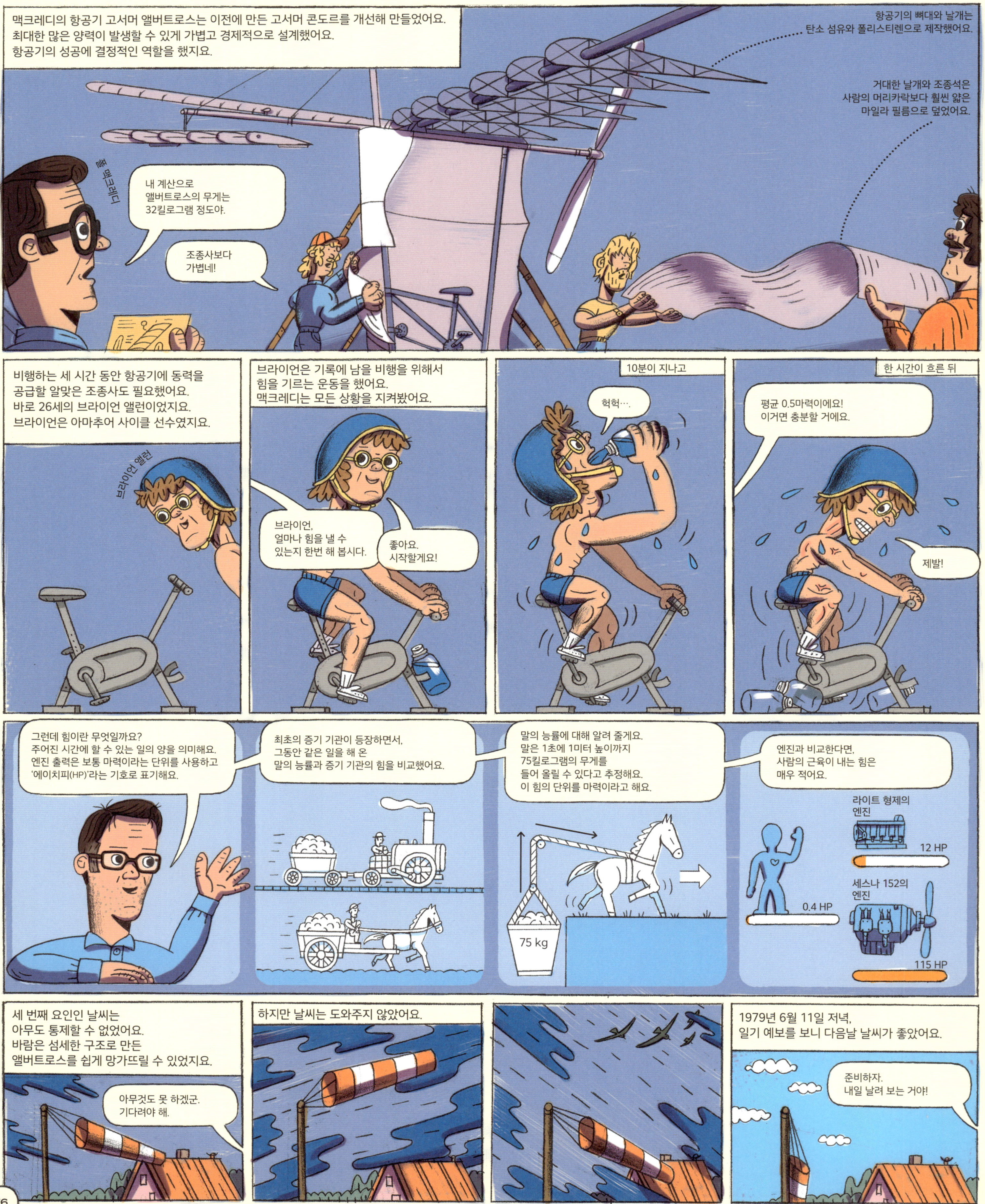

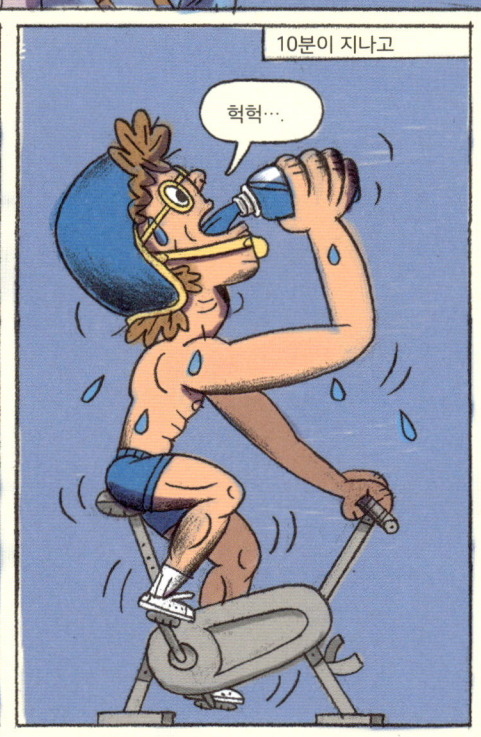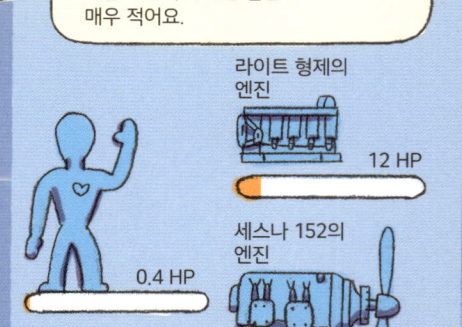

사람들이 도전하는 건 실용적인 항공기가 아니라, 사람의 근육이 가진 힘만을 이용해 움직이는 인간 동력 항공기였어요. 인간 동력 항공기는 계속 발전했어요. 그렇게 만들게 된 항공기 중에서 지금도 볼 수 있는 건 고정 날개와 프로펠러가 달린 오르니톱터 14쪽을 보세요 와 최근에 나온 회전익 항공기예요.

인간 동력 항공기는 미국의 기술자 폴 맥크레디의 팀이 활동하던 1970년대에 가장 빠르게 발전했어요. 맥크레디는 이미 기구를 다루고 만드는 일에 익숙했고, 해를 거듭하면서 점점 더 큰 목표를 품게 되었어요. 1970년대 말에는 인간 동력 항공기를 타고 영국 해협을 건너겠다는 아주 대담한 목표를 세웠지요. ➡ 다른 인간 동력 항공기: 에어로벨로 아틀라스 · 고서머 콘도르 · HMPAC 퍼핀 · HPA 투칸 · MIT 다이달로스 · 섬팩 · UTIAS 스노버드

1979년 6월 12일

해가 떠오르던 시각, 브라이언을 태운 앨버트로스는 프랑스까지 날아가기 위해 영국의 한 절벽에서 출발했어요. 프랑스에 도착하려면 36킬로미터를 가야 했어요. 브라이언은 바다 위를 날며 시속 16킬로미터에서 29킬로미터로 속도를 올렸어요. 브라이언은 기분이 좋았어요. 날씨도 좋았지요.

브라이언은 뒤로 날았을까요? 그렇지 않아요! 앨버트로스는 플라이어 1호와 루탄 보이저 24, 82쪽을 보세요 처럼 뒤가 아니라 앞에 카나드가 달렸어요. 카나드는 프랑스어로 '오리'를 뜻하는데, 보통 항공기 앞부분에 붙는 작은 보조 날개를 말해요. 이 날개 덕분에 양력이 작용해요.

앨버트로스의 길이는 10미터예요. 날개를 펼치면 30미터에 달했어요. 보조 날개의 역할을 하는 꼬리 날개가 앞에 달려 있어요. 일반적인 형태는 아니에요.

구조 팀이 브라이언을 뒤따랐어요. 무슨 일이 생기면 항공기와 조종사를 견인하려고 준비했지요.

브라이언. 어때요, 괜찮아요?

괜찮아요. 근데 벌써 마실 물이 떨어졌어요!

조종사가 다리를 움직여 페달을 밟으면 거대한 프로펠러가 회전하는 복잡한 기어 방식이에요.

절반쯤 갔을 때였어요. 브라이언은 반대 방향에서 불어오는 바람을 만났어요. 점점 낮게 날았고, 거의 물 위에 바짝 붙을 정도였어요.

남은 힘을 짜내서 페달을 밟았어요. 결국 포기하기로 하고 항공기를 견인할 수 있게 좀 더 위로 날았어요.

그때, 항공기가 높이 날수록 바람이 약해지는 걸 알아차렸어요. 그러자 힘이 솟아났어요.

두 시간 49분 동안 비행한 끝에 마침내 프랑스에 착륙했어요! 그동안 영국 해협을 건넌 사람은 많았어요. 하지만 오직 자신의 힘으로 건넌 사람은 브라이언이 최초였지요.

하늘의 파도를 타는 글라이더 ✈ 엔진 없이 비행하기

모든 건 글라이더에서 시작되었어요! 새로운 이름으로 등장한 글라이더는 공기보다 무겁고, 안정적으로 비행할 수 있는 최초의 항공기였어요. 조지 케일리 20쪽을 보세요 와 오토 릴리엔탈 22쪽을 보세요 이 하늘을 날기 위해 도전했던 이야기를 기억하고 있나요? 바로 글라이더로 비행을 시도했지요.

시간이 지나고 엔진을 장착한 비행기가 등장하자, 글라이더는 잠시 잊히기도 했어요. 하지만 금세 다시 돌아왔지요. 글라이더는 수년이 흐르면서 매우 달라졌어요. 현재의 글라이딩은 19세기 말의 글라이딩과는 전혀 달라요. 이제 조종사들은 공중에서 오랜 시간 머무를 수 있고, 수백수천 킬로미터나 날 수 있게 되었지요.

글라이딩은 세계 대전 사이에 독일에서 번성했어요. 이때부터 엔진을 장착하지 않고 장시간 동안 비행하기 시작했어요. 대기 중에서 공기가 위로 올라가는 상승 기류 현상을 활용한 덕분이었지요.

장시간 비행이 가능한 최초의 글라이더는 나무로 만든 단순한 기구가 많았어요.

글라이더의 조종사는 보통 특수 글라이딩 센터에서 훈련했어요. 글라이딩 센터는 보통 비행에 유리한 기류를 가장 쉽게 이용할 수 있는 산에 있었어요.

글라이더를 많이 만들면서 갈수록 구조가 다양해졌어요. 날개도 여러 가지 유형으로 시험했어요. 갈매기처럼 구부러지는 날개를 가진 항공기도 잘 나는 걸 확인했지요.

1930년대

글라이딩은 아주 인기 있는 스포츠가 되었고, 조종사들은 다양한 대회에서 서로 겨루기 시작했어요.

1960년대에는 글라이더를 제작할 때 나무 대신 유리 섬유를 사용했어요. 글라이더는 점점 얇아지고, 날개는 점점 좁고 길어졌어요. 덕분에 높은 고도에서도 오래 비행할 수 있었어요.

1960년대

1920년대

조종사가 지상에서 높은 곳에 올라가면, 가장 중요한 임무는 상승 기류를 찾는 일이에요. 상승 기류는 여러 가지 방법으로 생겨나요. 적당한 지식만 있으면 상승 기류를 찾을 수 있어요. 중요한 건 구름, 바람, 다른 글라이더와 새들의 행동을 관찰하는 능력이에요!

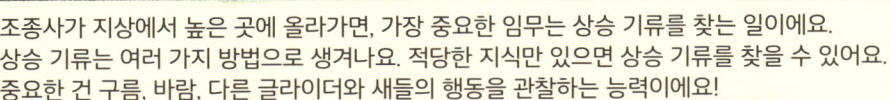

구름의 유형 중 적운은 수직으로 발달한 구름이에요. 적운이 보인다면, 열 상승 기류의 징후일 수 있어요. 지구상에서 어떤 지역은 다른 지역에 비해 빨리 뜨거워져요. 공기 중에 열을 방출하고, 그 열은 위로 올라가요. (뜨거운 공기를 채운 열기구가 하늘을 나는 방법과 같아요. 16쪽을 보세요) 공기가 냉각되면 구름이 되지요.

산의 경사면에서도 상승 기류를 기대할 수 있어요. 수평으로 부는 바람이 언덕에 부딪히면 바람은 방향을 약간 바꾸어 경사면을 따라 위로 올라가요. 그러면 조종사는 경사면을 따라 날면서 고도를 높일 수 있어요.

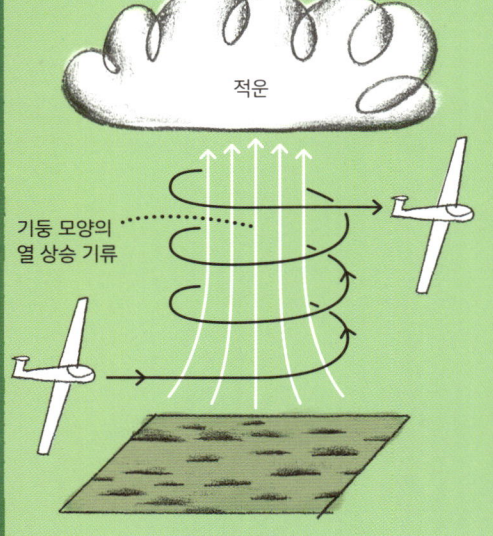

열 상승 기류를 이용한 비행을 열 비행 또는 열 상승 기류 비행이라고 해요.

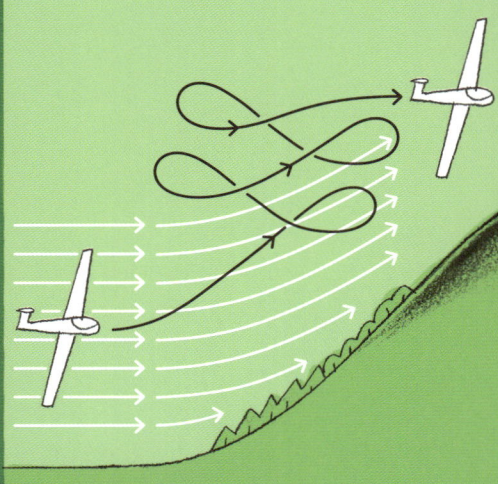

상승 기류를 이용하여 경사면 위를 나는 비행을 사면 비행이라고 해요.

높은 산에서 강한 바람이 불면, 조종사는 반가워 해요! 파도 현상을 이용해서 날 준비를 시작해요. 언덕 반대편에서 구름 덩어리가 파도처럼 물결 치면, 파도의 꼭대기에 특이한 렌즈구름이 생겨나요. 렌즈구름은 적운형 구름 중 하나로, 높은 고도에서 생겨요. 조종사는 파도 앞부분을 타고 위로 올라가서 다음 파도를 타고 점프할 수 있어요.

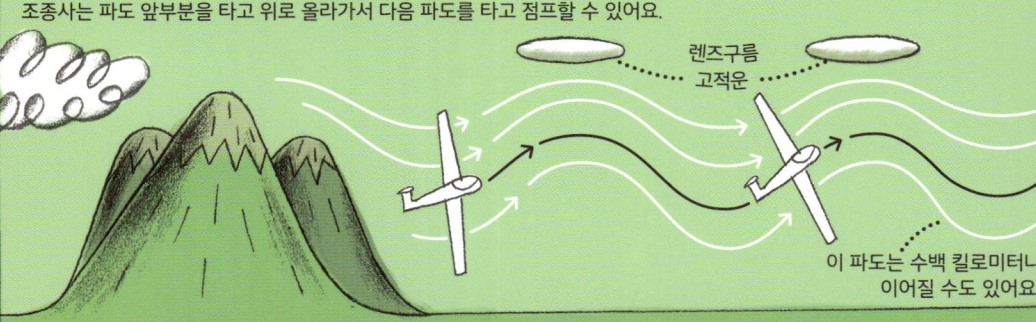

파도 같은 구름을 이용한 비행을 웨이브 비행이라고 해요.

항공기에 엔진이 없는데 어떻게 날 수 있을까요? 날씨와 온도의 변화 덕분이지요! 글라이더는 날기 위해 공기의 흐름을 이용하는데, 특히 수평보다는 수직의 흐름이 중요해요. 연료도 필요 없고 조용한 데다 옛날부터 새들이 활공해 온 방식과 비슷하다는 점에서 글라이더 비행에는 많은 낭만이 담겨 있어요.
심지어 정교하게 만든 현대 글라이더라고 해도, 여전히 기상 조건이나 조종사의 기술에 따라 달라지는 단순한 비행기구에 가깝지요. 그래서 조종사가 되려는 많은 항공 훈련생이 엔진이 달린 비행기를 타고 날기 전에 글라이더를 타고 하늘을 나는 모험을 시작해요. 수십 년 전의 조지 케일리와 오토 릴리엔탈처럼 말이지요. ➡ 여러 시대의 흥미로운 글라이더: 안토노프 A-40T · 베인스 배트 · 메서슈미트 Me 321 기간트 · 슬링스비 그래스호퍼

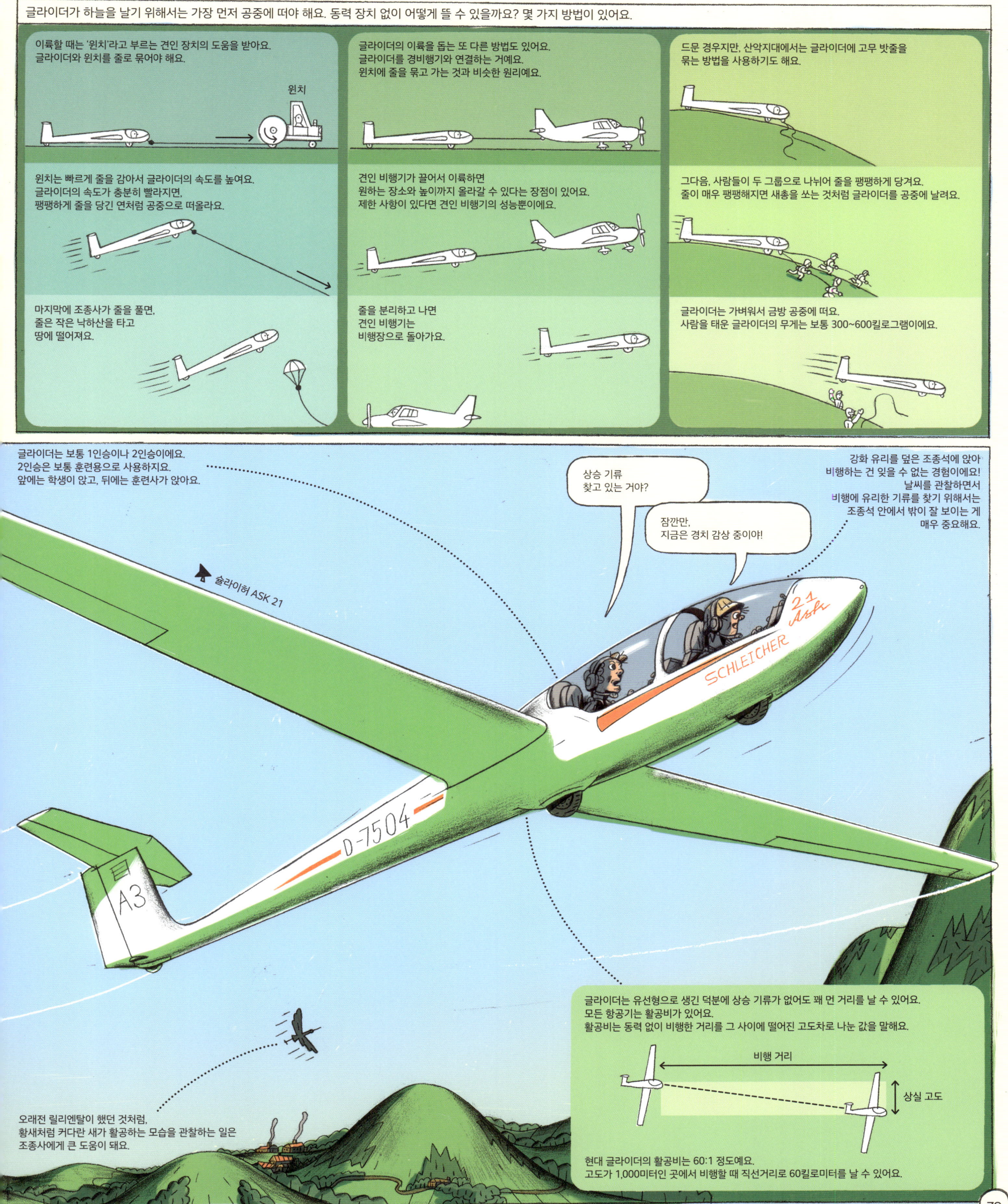

현대의 전투기 MIG-29와 군용 훈련기

오늘날의 전투기는 제1차 세계 대전이나 제2차 세계 대전 중에 사용한 전투기와 완전히 달라요. 28, 48쪽을 보세요. 현대 전투기는 가장 우수한 기술자들이 설계해 최신 소재로 만들었어요. 전자 장치로 가득 채워져 있는 데다가 아주 강력한 제트 엔진을 장착해서 거뜬하게 음속을 넘을 수 있지요.

첨단 공기 역학을 적용한 덕분에, 전투기는 아주 놀라운 기동을 수행해요. 전투기가 점점 발전하면서 공중전의 방식이 달라졌어요. 하지만 100년 전과 마찬가지로 여전히 전투기를 설계할 때 가장 중요한 건 바로 기동성이에요. 현대 전투기 중에서도 어떤 전투기는 특별히 기동성을 높여서 만들었어요. 비행 방향을 빠르게 조정할 수 있

전투기 MiG-29는 공기 역학 구조로 설계되었고 두 개의 강력한 제트 엔진을 장착한 덕분에 기동성이 좋아요. 다양한 비행 동작을 정밀하게 수행할 수 있어요.

특히 엔진 흡입구와 접이식 날개는 최대한 기동성을 높이는 방식으로 섬세하게 설계되었어요.

전투기 MiG-29가 화려한 묘기를 보여 주면 그 엄청난 성능에 감탄해요.

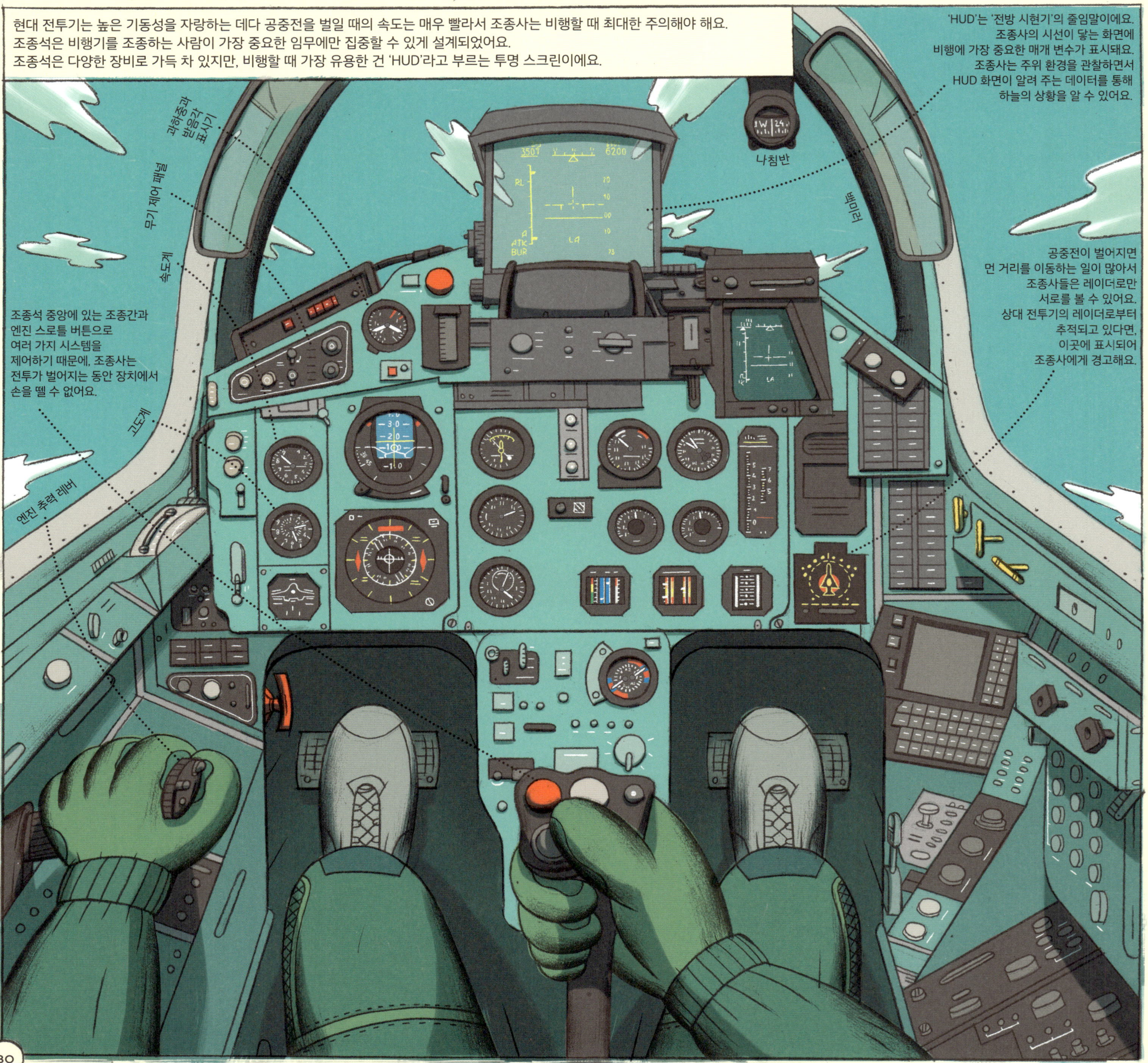

현대 전투기는 높은 기동성을 자랑하는 데다 공중전을 벌일 때의 속도는 매우 빨라서 조종사는 비행할 때 최대한 주의해야 해요. 조종석은 비행기를 조종하는 사람이 가장 중요한 임무에만 집중할 수 있게 설계되었어요. 조종석은 다양한 장비로 가득 차 있지만, 비행할 때 가장 유용한 건 'HUD'라고 부르는 투명 스크린이에요.

'HUD'는 '전방 시현기'의 줄임말이에요. 조종사의 시선이 닿는 화면에 비행에 가장 중요한 매개 변수가 표시돼요. 조종사는 주위 환경을 관찰하면서 HUD 화면이 알려 주는 데이터를 통해 하늘의 상황을 알 수 있어요.

공중전이 벌어지면 먼 거리를 이동하는 일이 많아서 조종사들은 레이더로만 서로를 볼 수 있어요. 상대 전투기의 레이더로부터 추적되고 있다면, 이곳에 표시되어 조종사에게 경고해요.

조종석 중앙에 있는 조종간과 엔진 스로틀 버튼으로 여러 가지 시스템을 제어하기 때문에, 조종사는 전투가 벌어지는 동안 장치에서 손을 뗄 수 없어요.

게 만든 것이지요.
기동성을 높여 만든 전투기 중에서 가장 성공적으로 설계된 전투기는 러시아산 MiG-29예요. 1983년 실제 전쟁 상황에 투입되었어요. 하지만 전투기의 성능이 향상되는 데 반드시 좋은 점만 있는 건 아니에요. 전투기의 기동성이 높아서 더 빠르게 비행할수록 전투기를 조종하는 조종사는 점점 더 힘들어져요.

이러한 이유로 전투기를 설계할 때 조종사를 보호하기 위한 특별한 장치가 필요하다는 걸 알게 되었지요. 인간의 몸이 전투기처럼 극단적으로 빠른 속도를 견디는 건 물론, 비행에 딱 알맞게 만들어진 건 아니니까요. 당연한 거예요. 하지만 이런 문제를 대처할 방법도 찾아냈어요! ➡ 흥미로운 현대의 전투기: 보잉 F-15 이글 · 다수 라팔 · 유로파이터 타이푼 · 록히드 F-16 파이팅 팰컨 · 사브 JAS 39 그리펜

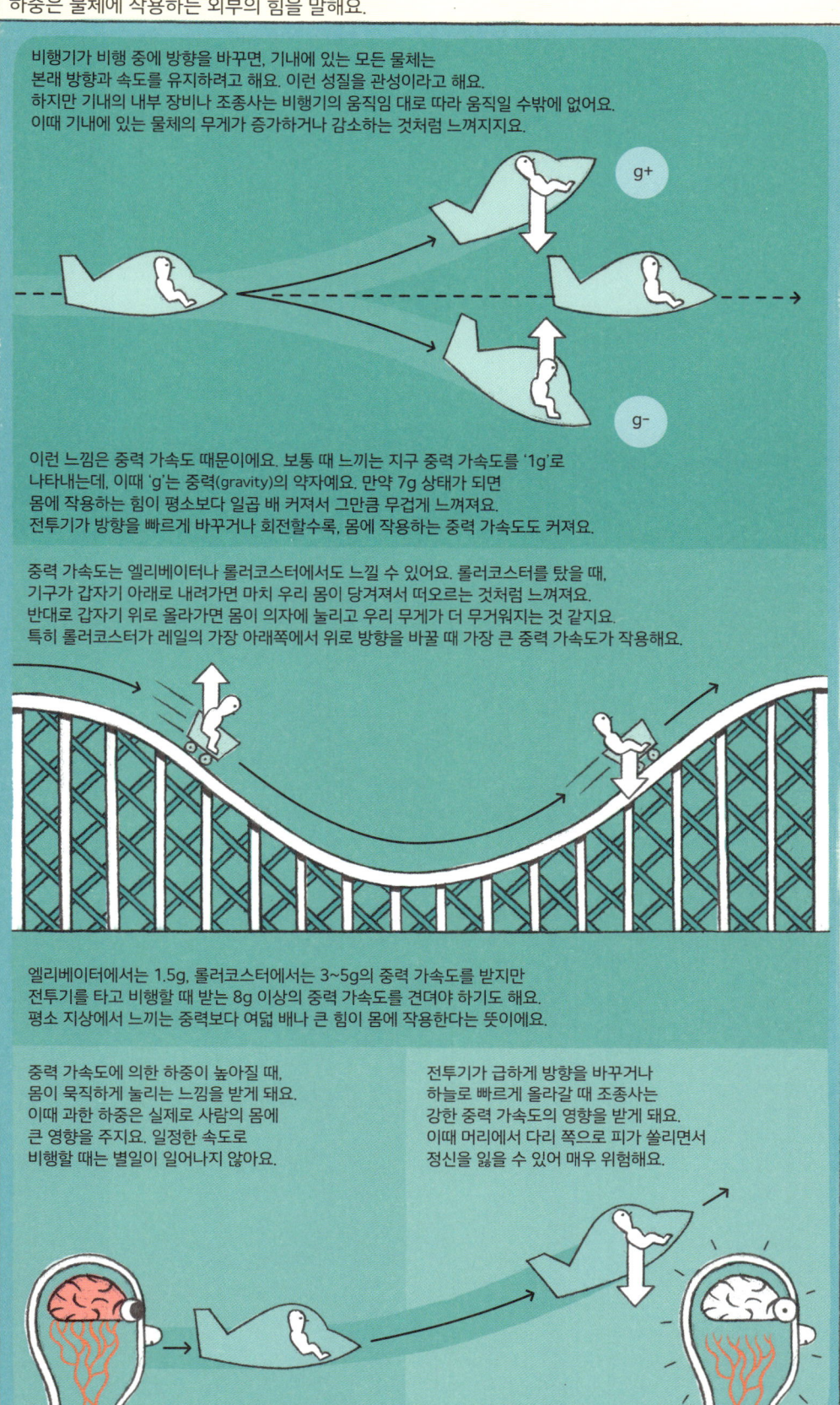

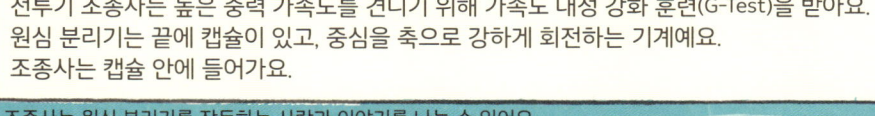

항공기는 어떻게 발명할까? 루탄 보이저

보잉, 드하빌랜드, 메서슈미트, 도르니에, 그루먼, 투폴레프, 호커… 항공기 이름에 있는 이 단어는 무엇을 의미할까요? 답은 간단해요. 바로 항공기를 생산하는 제조 회사 이름이에요. 항공기의 이름은 개발자나 기술자로 일했던 제조 회사의 설립자 이름을 가져와 짓는 경우가 많아요.

이 사람들이 없었다면 항공의 발전을 상상하기 어렵겠지요. 이들이 만든 항공기 제조 회사는 우리가 하늘을 바라보며 감탄하는 수많은 종류의 항공기를 생산했어요. 설계자는 보통 헬리콥터나 제트 여객기 등 한 유형의 항공기만 전문적으로 개발하는 경우가 많아요. 다양한 구조의 항공기를 다루는 사람은 많지 않아요.

버트 루탄을 괴짜라고 생각한 사람도 있었고, 그를 천재라고 생각한 사람도 있었어요. 사람들이 어떻게 생각하든지, 독특한 개발자였던 버트 루탄은 수년 동안 마흔 대 이상의 항공기를 발명했고 여러 개의 상을 받았어요.

> 마음대로 생각하세요! 신경 쓰지 않고 제가 해야 할 일을 할 뿐이에요.

루탄은 대형기와 소형기, 여객기, 수송기, 로켓 등 모든 종류의 항공기를 설계했어요. 루탄은 실제로 검증만 되면, 그 어떤 대담한 방식도 두려워하지 않았기 때문에 그의 작품은 과감하고 특이한 경우가 많았어요.

> 맞아요, 사실이에요! 내가 발명하지 않은 게 뭐였더라…

1980년대에 아직 이루지 못한 일이 무엇이 있을지 생각했어요. 그건 연료를 보충하지 않거나 착륙하지 않고 전 세계를 비행하는 일이었지요. 항공기가 그런 기능을 수행하려면 두 가지 중요한 조건을 충족해야 했어요.

첫 번째, 항공기가 가벼워야 했어요. 항공기의 무게가 가벼우면 연료를 적게 소비하기 때문에 항속 거리가 더 길다는 것을 의미하지요.

대신, 항공기가 가벼워지면 내구성을 바라는 건 어려운 일이에요. 항공기는 매우 섬세해서 쉽게 파손될 수 있거든요.

항공기를 운행할 때 날씨가 좋지 않은 곳을 피해 항로를 정해야 하고, 비행 기록을 경신하는 건 어려웠어요.

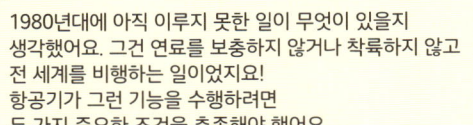

가벼운 무게 **+**

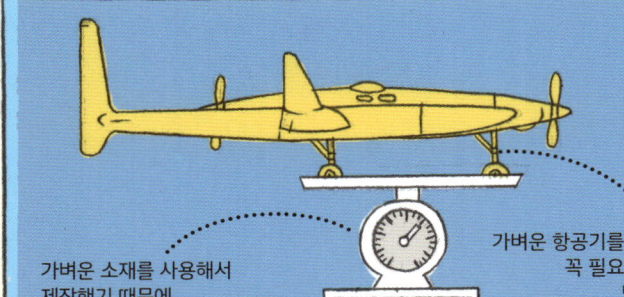

가벼운 소재를 사용해서 제작했기 때문에 비어 있는 항공기의 무게는 1톤 남짓이었어요.

1020,6 kg

가벼운 항공기를 만들기 위해서는 꼭 필요하지 않은 것들은 모두 빼야 했어요. 심지어 착륙 장치도 크랭크를 이용해 숨겼지요.

내구성 **−**

길고 폭이 좁은 날개는 탄성이 있어서 손으로 쉽게 접고 펼 수 있었어요! 강한 바람이 불면 부러질 수도 있었어요.

예상 비행 항로 / 실제 비행 항로

보이저라는 이름의 항공기는 정말 특이했지만, 자신의 임무만큼은 훌륭하게 수행했어요. 1986년 말에 루탄 보이저는 지구를 한 바퀴 돌았어요. 비행하는 데 9일이 걸렸어요. 4만 2천 킬로미터가 넘는 거리를 평균 시속 187킬로미터의 속도로 비행했어요.

보이저의 구조는 카나드 76쪽을 보세요 가 달린 형태였어요. 이 형태에서는 꼬리 날개가 뒤쪽이 아니라 앞쪽에 있어요.

보이저 항공기는 오래 비행해야 했기 때문에 사실상 공중 급유기나 다름없었어요. 날개와 기체에 연료 탱크가 있었어요. 연료는 비어 있는 항공기의 무게보다 세 배나 무거웠어요.

루탄 보이저

1986년

Voyager
N269VA

추진식 프로펠러와 견인식 프로펠러는 개별 엔진에 의해 작동했어요. 비행기에 연료가 가득해서 가장 무겁게 이륙할 때만 엔진 두 대를 사용했어요. 비행할 때는 엔진을 한 대씩만 가동했어요.

기꺼이 실험하고 새로운 개발 방향을 설정하는 설계자는 드문 편이에요. 만약 새롭게 시도하는 설계자들이 없었다면 항공 산업은 분명 지금처럼 다채롭지 않았을 거예요. 미국의 버트 루탄도 그들 중 한 명이에요. 특이한 항공기를 만든 사람으로 유명하지요. 하지만 루탄도 새로운 작업을 준비하면서 자신의 아이디어에 대해 어마어마한 지식과 믿음을 가져야 했어요. 겸손도 필요했지요.

단순한 행글라이더 개발자도, 매우 복잡한 전투기 개발자도 모두 이것만큼은 동의할 거예요. 세상에 완벽한 비행기는 없고 비행기를 만드는 건 타협의 예술이라는 것을 말이지요. ➔ 흥미로운 개발자: 올레크 안토노프 · 클라이드 세스나 · 글렌 커티스 · 하인리히 포케 · 알렉산드르 야코블레프 · 제임스 맥도넬 · 미하우 밀 · 존 노스럽 · 예지 루들리츠키 · 타데우시 소우티크

그런데 루탄은 어떻게 처음 비행기를 만들 생각을 했을까요? 이걸 말하려면, 항공기의 임무에 대한 이야기부터 시작해야 해요.

항공기가 수행해야 할 임무를 그림으로 알려 줄게요.

임무는 항공기의 가장 중요한 특징을 정해요. 고도와 순항 속도는 얼마여야 할까요? 기동성과 적재량 중에 더 중요한 건 무엇일까요? 항공기는 언제 운항을 시작할까요?

순항 속도 250 KM/H
상승 · 하강 · 접근
이륙 · 착륙
항속 거리
1500 KM

하지만 항공기를 제작하는 일은 어느 정도 타협이 필요한 예술이에요. 매개 변수 하나를 바꾸려면 다른 매개 변수도 바꿔야 해요.

긴 항속 거리 · 큰 적재량 · 가벼운 기체
높은 기동성 · 안정성
낮은 가격 · 짧은 이륙 시간 · 빠른 속도

항공기는 모든 면에서 성능이 우수할 수는 없어요. 무언가를 하나 얻으려면 다른 무언가를 포기해야 하지요. 제가 만든 항공기 중에서 한 가지 예시를 보여 줄게요!

두 번째로 중요한 매개 변수는 낮은 공기 저항이었어요. 공기 저항이 적을수록 항공기는 같은 양의 연료로 더 멀리 날 수 있었지요.

하지만 항공기의 여러 부분에서 공기 저항이 발생하기 때문에 저항을 줄이는 건 생각보다 쉽지 않았어요.

그래서 항공기에 탑승하는 두 조종사의 편안한 자세를 포기해야 했어요. 조종실이 차지하는 공간을 더 작게 만들었지요.

그 결과, 그동안 볼 수 없었던 새로운 항공기가 탄생했어요! 아래에 있는 도면을 볼까요.

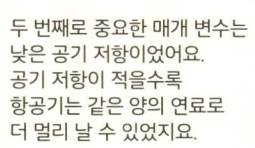

낮은 공기 저항 + 조종사의 편안한 자세 −

공기 저항이 낮다는 건 구조물의 활공비가 (79쪽을 보세요) 높다는 걸 말해요. 항공기의 튀어나온 부분에서 저항이 발생하는데, 항공기 표면을 매끄럽게 해 저항을 줄일 수 있어요.

조종사들은 최대한 공간을 활용했어요. 조종사 한 명이 조종간을 잡고 있으면, 다른 조종사는 누워서 쉴 수 있었지요.

유리의 면적도 최소한으로 제한해서 조종사들은 작은 유리창과 기체 상단으로 볼록 나온 유리 돔으로 만족해야 했어요.

날개를 펼친 길이는 34미터, 폭은 약 1미터였어요. 성능이 좋은 글라이더 날개의 비율과 유사해요. 덕분에 비교적 공기 저항이 낮아도 꼭 필요한 양력만 발생시킬 수 있었어요.

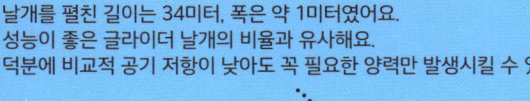

개발자들은 주로 간단한 스케치를 그리는 것부터 시작해요. 루탄은 보이저 항공기를 떠올린 첫 번째 아이디어를 냅킨에 그렸다고 해요!

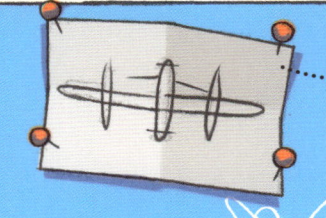

보이저는 정말 훌륭한 비행기였어! 이보다 더 멋진 비행기도 당연히 만들 수 있어요.

하지만 이제 다음 개발자들이 만들 차례예요!

항공기에는 조종사 두 명이 탑승했어요. 지나 예거와 딕 루탄이지요. 딕은 버트 루탄과 형제였어요.

조종사를 위한 지상 훈련 — 모의 비행 장치와 에어버스 A320

미래에 조종사가 될 사람들은 하늘에서 벌어질지도 모르는 상황에 어떻게 대비해야 할까요? 조종사들은 지상에서 다양한 방법을 시도하며 준비했어요. 아주 간단한 지상 훈련도 실제 비행에 큰 도움이 된다는 걸 금세 알게 되었거든요. 시도하다 보니, 마치 공중에서 비행하는 것처럼 느껴지는 훈련도 있었어요.

그렇게 첫 번째 모의 비행 장치가 탄생하게 되었지요. 처음에는 당시의 항공기처럼 나무로 만들어졌어요. 심지어 드럼통처럼 생긴 용기를 반으로 잘라 만든 것도 있었어요! 그래도 훈련하지 않는 것보다는 훨씬 나았지요. 그로부터 수십 년이 지나면서 모의 비행 장치는 항공의 역사와 함께 발전했어요.

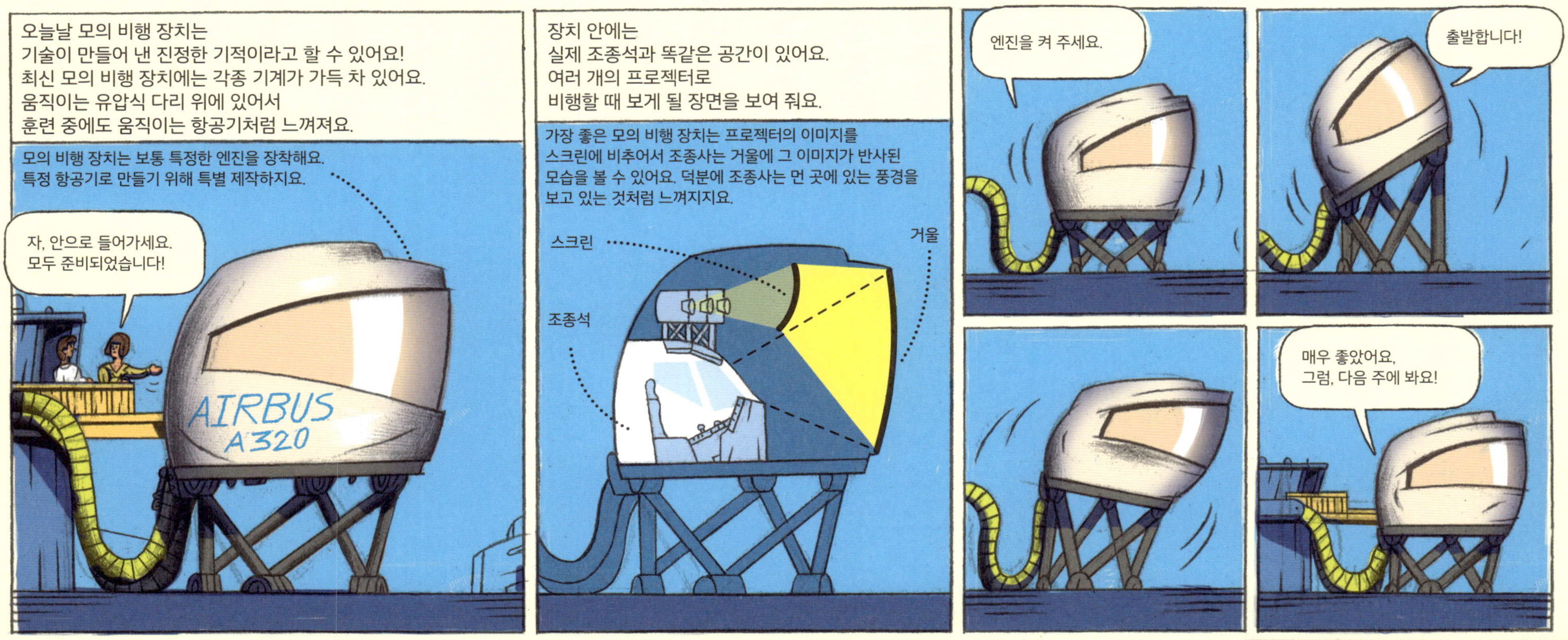

오늘날 모의 비행 장치는 기술이 만들어 낸 진정한 기적이라고 할 수 있어요! 최신 모의 비행 장치에는 각종 기계가 가득 차 있어요. 움직이는 유압식 다리 위에 있어서 훈련 중에도 움직이는 항공기처럼 느껴져요.

모의 비행 장치는 보통 특정한 엔진을 장착해요. 특정 항공기로 만들기 위해 특별 제작하지요.

자, 안으로 들어가세요. 모두 준비되었습니다!

장치 안에는 실제 조종석과 똑같은 공간이 있어요. 여러 개의 프로젝터로 비행할 때 보게 될 장면을 보여 줘요.

가장 좋은 모의 비행 장치는 프로젝터의 이미지를 스크린에 비추어서 조종사는 거울에 그 이미지가 반사된 모습을 볼 수 있어요. 덕분에 조종사는 먼 곳에 있는 풍경을 보고 있는 것처럼 느껴지지요.

스크린 / 조종석 / 거울

엔진을 켜 주세요.

출발합니다!

매우 좋았어요. 그럼, 다음 주에 봐요!

만약 모의 비행 장치에서 훈련하지 않았다면, 실제 비행에서 계기판을 처음 본 조종사는 꽤 어지러웠을 거예요! 하지만 복잡해 보이는 계기판도 나름의 규칙이 있어요. 버튼과 스크린, 스위치는 기능에 따라 그룹별로 배열되어 있어요. 게다가 조종실에는 두 명의 조종사, 기장과 부기장이 앉기 때문에 계기판도 두 개예요. 기장은 기내의 최고 책임자이고, 부기장은 기장을 돕는 조종사예요. 두 조종사의 직급은 달라도 앞에 둔 계기판이나 표시기는 거의 비슷해요.

특수한 항공 프로그램이 설치된 태블릿으로 해당 비행에 관한 여러 정보를 확인하는 경우가 많아요.

현대의 항공기는 유리 조종석을 사용하는 경우가 늘고 있어요. 전통적인 비행계기는 38쪽을 보세요 필요한 모든 정보를 표시하는 스크린으로 대체되고 있어요.

전자 시스템이 고장 날 경우를 대비해, 기계식 버튼과 표시기가 있는 기존 장치도 비상용으로 갖추고 있어요.

조종사 바로 옆에 있는 큰 레버는 엔진 추력 레버예요. 해당 기계에 있는 엔진의 개수만큼 레버가 있어요.

계기판 위의 중앙 패널은 자동 조종 장치인 오토파일럿을 제어하는 데 사용해요. 설정한 속도와 고도, 항로를 알려 줘요.

조종사의 다리 쪽에는 레이더와 응답기 88쪽을 보세요 를 제어하는 패널이 있어요.

에어버스 A320

기장

비행 소감이 어때요?

지금은 비행기를 조종할 수 있는 면허를 따고 싶은 사람이라면 모의 비행 훈련을 필수로 거쳐야 해요. 훈련을 거치면 소형 비행기나 대형 여객기를 모두 조종할 수 있는 자격이 생겨요. 현대식 모의 비행 장치는 전용 홀에 보관해야 할 정도로 크기가 매우 커요. 장치 안에는 곧 조종사가 될 사람들의 신체 감각을 속이기 위해 온갖 방법으로 노력하는 전자 기기로 가득 채워져 있지요.

스피커에서는 엔진 소리가 들리고, 화면에는 상공에서 보이는 도시와 숲, 강, 바다의 모습이 나타나요. 실제로 비행하는 항공기처럼 기울어져서 균형 감각도 속일 수 있는 모의 비행 장치도 있어요. 조종사가 실제 조종석에 앉았을 때 당황하지 않을 수 있게 필요한 모든 것이 갖춰져 있어요. ▶ 흥미롭고 역사적인 모의 비행 장치: 링크 트레이너 · 러글스 오리엔테이터 · 토노 앙투아네트

하늘을 나는 공포 안전한 비행기 여행

아주 먼 곳으로 여행을 떠날 때 비행기는 가장 안전한 교통수단 가운데 하나예요. 좌석 구성부터 항공 교통관제까지 모든 요소를 전문가가 담당해요. 비행기 제조 업체와 항공사는 승객의 신뢰를 매우 중요하게 생각해요. 비행기가 사람들을 태워 나르려면 항공 기관이 제시하는 자세한 규칙을 따라야 해요.

비행기는 시스템 작동을 점검하는 다양한 테스트를 거쳐요. 하지만 테스트만 하는 건 아니에요! 실제로 비행기가 운항을 시작하면, 자격을 갖춘 정비사들이 정기적으로 점검하고 고장이 나기 전에 미리 부품을 교체해요. 숙련된 조종사는 조종석에 앉아 62, 84쪽을 보세요 자동 조종 장치의 도움을 받아요.

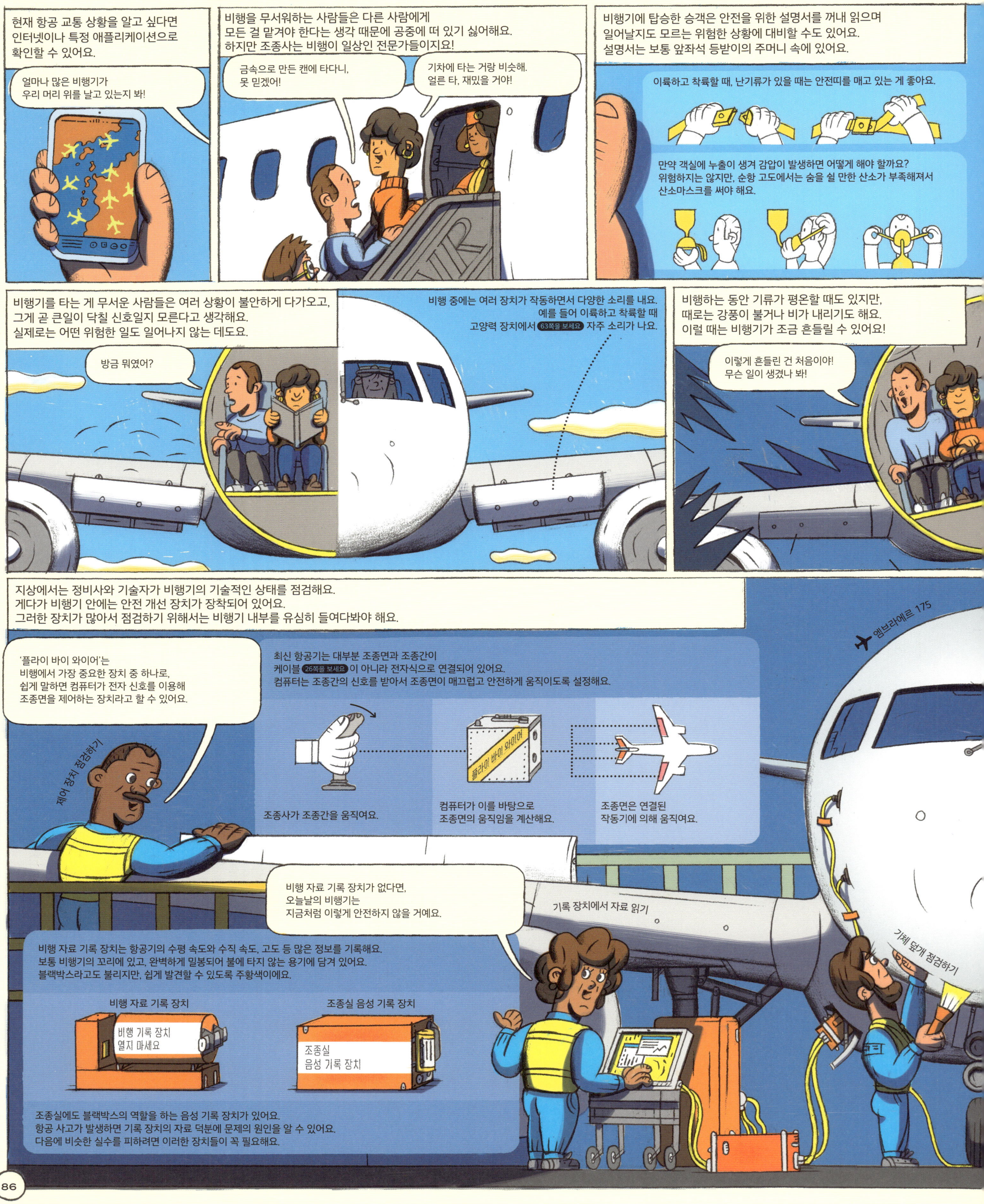

현재 항공 교통 상황을 알고 싶다면 인터넷이나 특정 애플리케이션으로 확인할 수 있어요.

얼마나 많은 비행기가 우리 머리 위를 날고 있는지 봐!

비행을 무서워하는 사람들은 다른 사람에게 모든 걸 맡겨야 한다는 생각 때문에 공중에 떠 있기 싫어해요. 하지만 조종사는 비행이 일상인 전문가들이지요!

금속으로 만든 캔에 타다니, 못 믿겠어!

기차에 타는 거랑 비슷해. 얼른 타, 재밌을 거야!

비행기에 탑승한 승객은 안전을 위한 설명서를 꺼내 읽으며 일어날지도 모르는 위험한 상황에 대비할 수도 있어요. 설명서는 보통 앞좌석 등받이의 주머니 속에 있어요.

이륙하고 착륙할 때, 난기류가 있을 때는 안전띠를 매고 있는 게 좋아요.

만약 객실에 누출이 생겨 감압이 발생하면 어떻게 해야 할까요? 위험하지는 않지만, 순항 고도에서는 숨을 쉴 만한 산소가 부족해져서 산소마스크를 써야 해요.

비행기를 타는 게 무서운 사람들은 여러 상황이 불안하게 다가오고, 그게 곧 큰일이 닥칠 신호일지 모른다고 생각해요. 실제로는 어떤 위험한 일도 일어나지 않는 데도요.

방금 뭐였어?

비행 중에는 여러 장치가 작동하면서 다양한 소리를 내요. 예를 들어 이륙하고 착륙할 때 고양력 장치에서 63쪽을 보세요 자주 소리가 나요.

비행하는 동안 기류가 평온할 때도 있지만, 때로는 강풍이 불거나 비가 내리기도 해요. 이럴 때는 비행기가 조금 흔들릴 수 있어요!

이렇게 흔들린 건 처음이야! 무슨 일이 생겼나 봐!

지상에서는 정비사와 기술자가 비행기의 기술적인 상태를 점검해요. 게다가 비행기 안에는 안전 개선 장치가 장착되어 있어요. 그러한 장치가 많아서 점검하기 위해서는 비행기 내부를 유심히 들여다봐야 해요.

'플라이 바이 와이어'는 비행에서 가장 중요한 장치 중 하나로, 쉽게 말하면 컴퓨터가 전자 신호를 이용해 조종면을 제어하는 장치라고 할 수 있어요.

엠브라에르 175

최신 항공기는 대부분 조종면과 조종간이 케이블 26쪽을 보세요 이 아니라 전자식으로 연결되어 있어요. 컴퓨터는 조종간의 신호를 받아서 조종면이 매끄럽고 안전하게 움직이도록 설정해요.

조종사가 조종간을 움직여요.

컴퓨터가 이를 바탕으로 조종면의 움직임을 계산해요.

조종면은 연결된 작동기에 의해 움직여요.

제어 장치 점검하기

비행 자료 기록 장치가 없다면, 오늘날의 비행기는 지금처럼 이렇게 안전하지 않을 거예요.

기록 장치에서 자료 읽기

기체 덮개 점검하기

비행 자료 기록 장치는 항공기의 수평 속도와 수직 속도, 고도 등 많은 정보를 기록해요. 보통 비행기의 꼬리에 있고, 완벽하게 밀봉되어 불에 타지 않는 용기에 담겨 있어요. 블랙박스라고도 불리지만, 쉽게 발견할 수 있도록 주황색이에요.

비행 자료 기록 장치

비행 기록 장치 열지 마세요

조종실 음성 기록 장치

조종실 음성 기록 장치

조종실에도 블랙박스의 역할을 하는 음성 기록 장치가 있어요. 항공 사고가 발생하면 기록 장치의 자료 덕분에 문제의 원인을 알 수 있어요. 다음에 비슷한 실수를 피하려면 이러한 장치들이 꼭 필요해요.

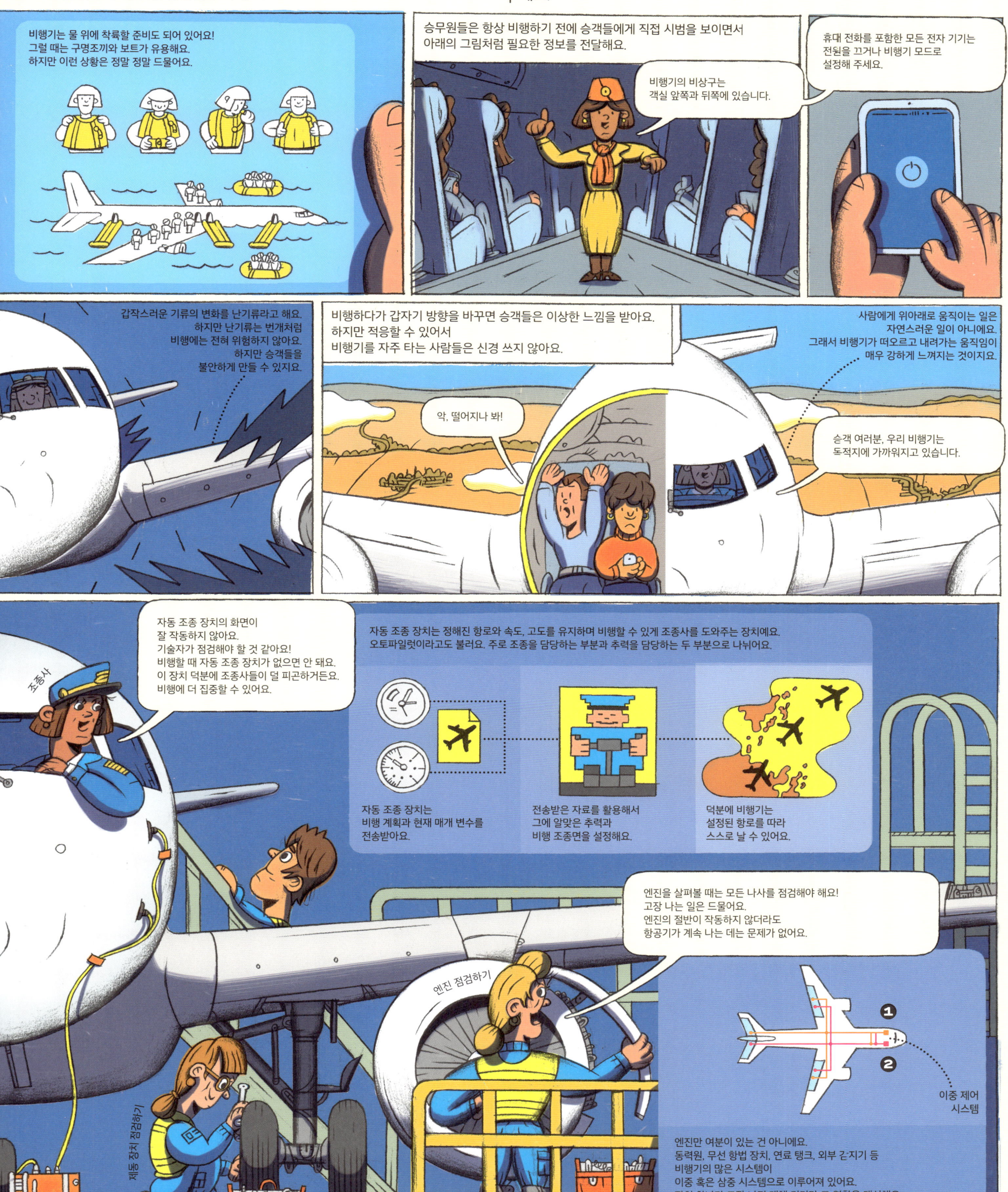

눈에 보이지 않는 항공기
노스럽 그루먼 B-2 스피릿과 스텔스 기술

누구에게도 보이지 않는 투명 항공기도 있을까요? 거의 성공한 항공기는 있어요! 사실 눈에 안 보이는 건 아니지만 특수 장치인 레이더에 감지되지 않아요. 이제 현대 항공에서 레이더가 없는 비행을 상상하기는 어려워요. 레이더가 있어서 조종사는 하늘에 다른 항공기가 있는지 알 수 있어요.

항공 교통관제사는 비행을 통제할 수 있고요. 레이더는 제2차 세계 대전 직전에 발명됐어요. 처음에는 적의 항공기를 탐지하는 데 사용했어요. 하늘에 점점 많은 항공기가 다니기 시작하면서, 안전성을 높이기 위해 민간 항공기에도 레이더가 보급되었지요.

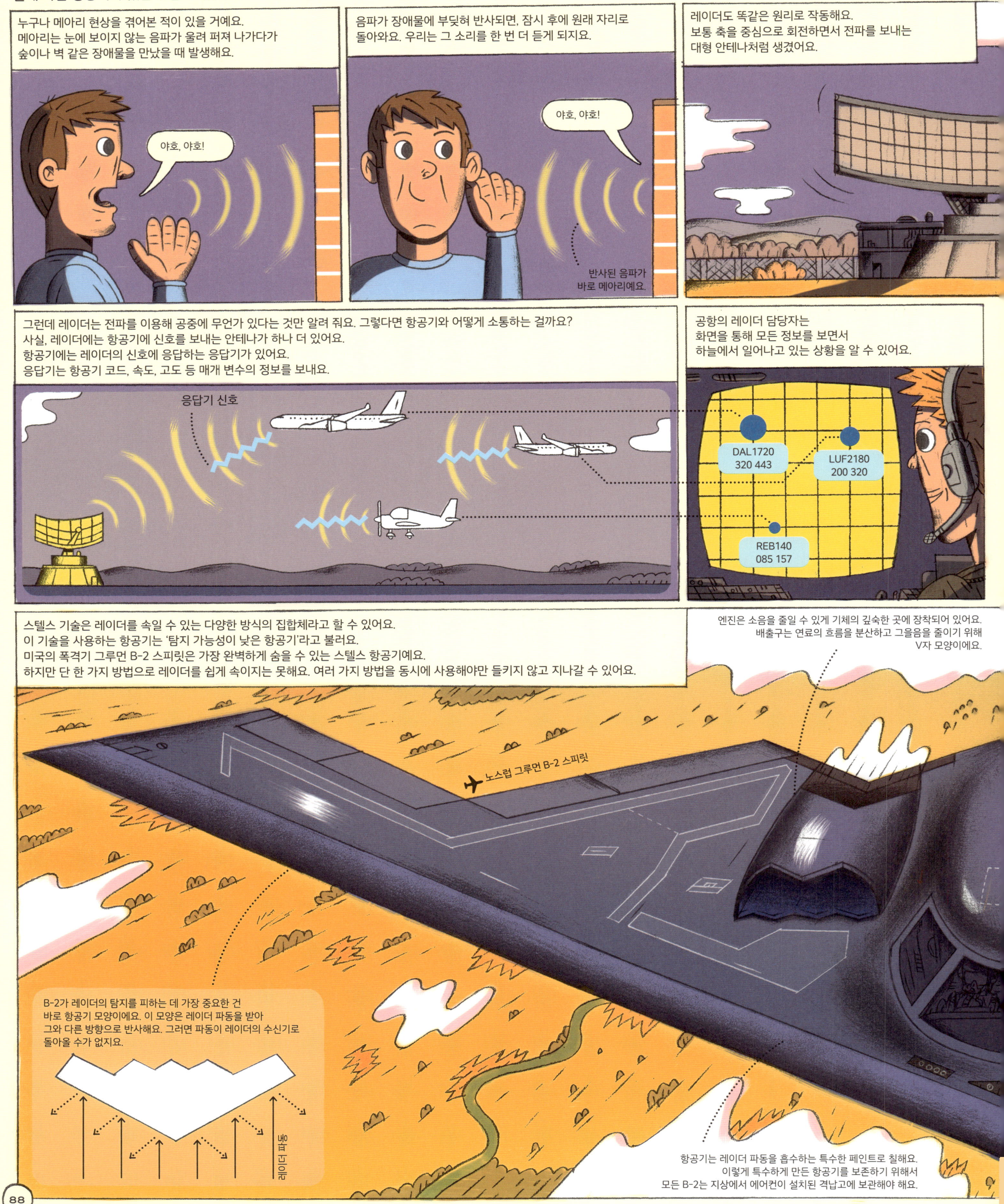

누구나 메아리 현상을 겪어본 적이 있을 거예요. 메아리는 눈에 보이지 않는 음파가 울려 퍼져 나가다가 숲이나 벽 같은 장애물을 만났을 때 발생해요.

음파가 장애물에 부딪혀 반사되면, 잠시 후에 원래 자리로 돌아와요. 우리는 그 소리를 한 번 더 듣게 되지요.

레이더도 똑같은 원리로 작동해요. 보통 축을 중심으로 회전하면서 전파를 보내는 대형 안테나처럼 생겼어요.

그런데 레이더는 전파를 이용해 공중에 무언가 있다는 것만 알려 줘요. 그렇다면 항공기와 어떻게 소통하는 걸까요? 사실, 레이더에는 항공기에 신호를 보내는 안테나가 하나 더 있어요. 항공기에는 레이더의 신호에 응답하는 응답기가 있어요. 응답기는 항공기 코드, 속도, 고도 등 매개 변수의 정보를 보내요.

공항의 레이더 담당자는 화면을 통해 모든 정보를 보면서 하늘에서 일어나고 있는 상황을 알 수 있어요.

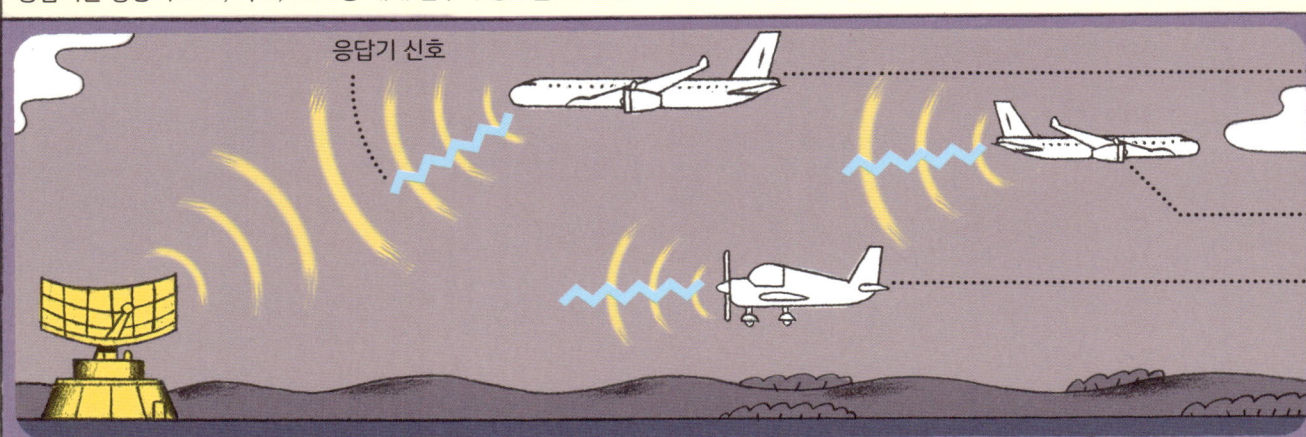

스텔스 기술은 레이더를 속일 수 있는 다양한 방식의 집합체라고 할 수 있어요. 이 기술을 사용하는 항공기는 '탐지 가능성이 낮은 항공기'라고 불러요. 미국의 폭격기 그루먼 B-2 스피릿은 가장 완벽하게 숨을 수 있는 스텔스 항공기예요. 하지만 단 한 가지 방법으로 레이더를 쉽게 속이지는 못해요. 여러 가지 방법을 동시에 사용해야만 들키지 않고 지나갈 수 있어요.

엔진은 소음을 줄일 수 있게 기체의 깊숙한 곳에 장착되어 있어요. 배출구는 연료의 흐름을 분산하고 그을음을 줄이기 위해 V자 모양이에요.

✈ 노스럽 그루먼 B-2 스피릿

B-2가 레이더의 탐지를 피하는 데 가장 중요한 건 바로 항공기 모양이에요. 이 모양은 레이더 파동을 받아 그와 다른 방향으로 반사해요. 그러면 파동이 레이더의 수신기로 돌아올 수가 없지요.

항공기는 레이더 파동을 흡수하는 특수한 페인트로 칠해요. 이렇게 특수하게 만든 항공기를 보존하기 위해서 모든 B-2는 지상에서 에어컨이 설치된 격납고에 보관해야 해요.

하지만 최초의 레이더가 등장하자 사람들은 레이더의 감지를 피해 비행하는 방법을 알아보기 시작했어요. 사람들이 시도한 방법은 간단했어요. 레이더에 걸리지 않으려고 매우 높이 날거나 반대로 매우 낮게 날았어요. 레이더에 걸렸을 때 적의 항공기나 미사일을 피하려고 훨씬 빨리 날았던 항공기도 있어요. 58쪽을 보세요.
시간이 흐르면서 상대 항공기의 바로 아래에서 날아도 레이더를 속이는 방법을 발명했어요. 이 기술을 '스텔스'라고 하고, 이 기술을 사용한 항공기를 스텔스 항공기라고 해요. 스텔스는 '은밀하게, 숨어서'라는 뜻이에요. 스텔스에 대해 알려면 먼저 레이더가 어떻게 작동하는지 알아보아야 해요. ➡ 다른 스텔스 항공기: 청두 J-20 · 록히드 F-117 나이트호크 · 록히드 마틴 F-22 랩터 · 록히드 마틴 F-35 라이트닝 II · 노스럽 그루먼 B-21 레이더 · 수호이 Su-57

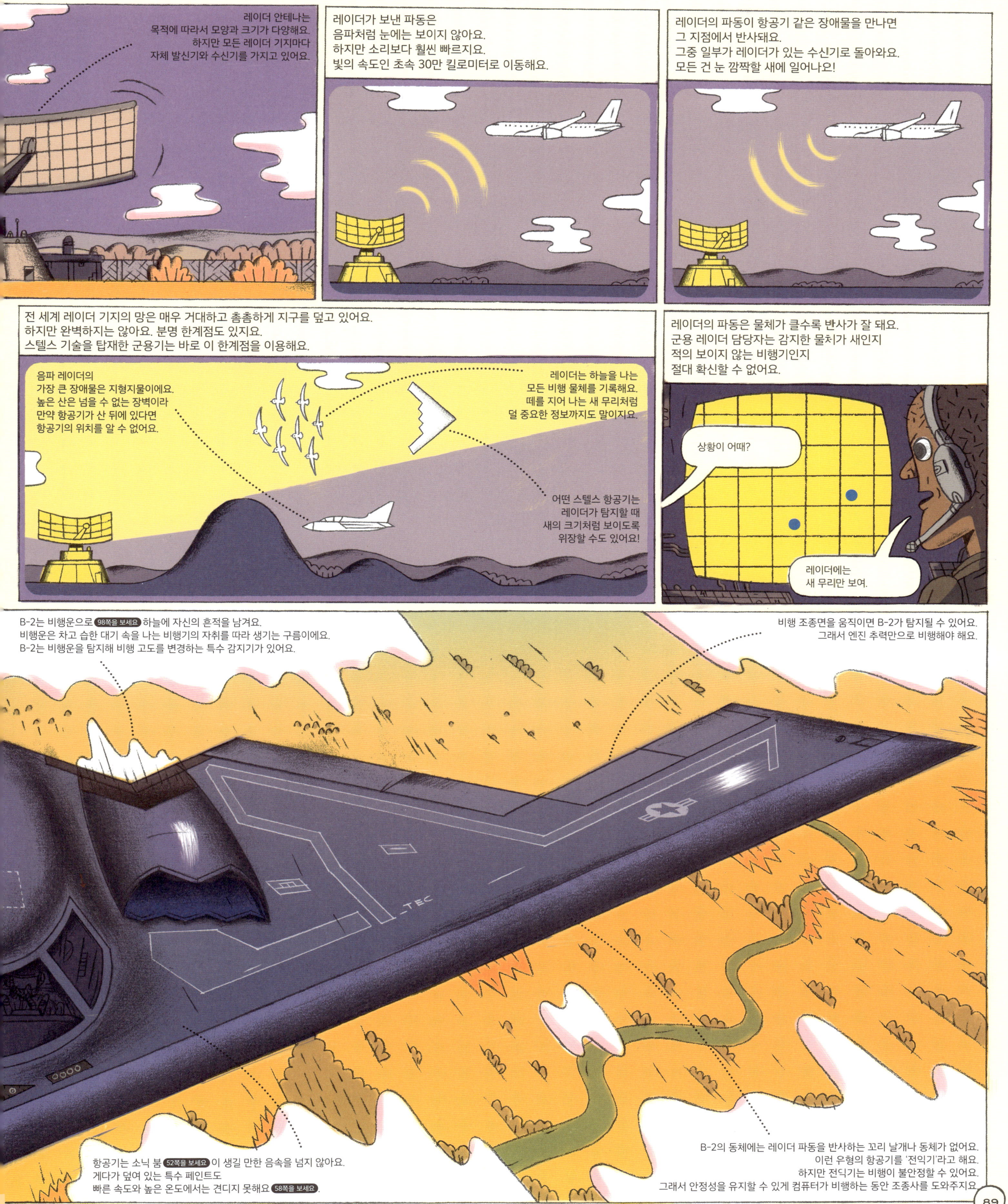

레이더 안테나는 목적에 따라서 모양과 크기가 다양해요. 하지만 모든 레이더 기지마다 자체 발신기와 수신기를 가지고 있어요.

레이더가 보낸 파동은 음파처럼 눈에는 보이지 않아요. 하지만 소리보다 훨씬 빠르요. 빛의 속도인 초속 30만 킬로미터로 이동해요.

레이더의 파동이 항공기 같은 장애물을 만나면 그 지점에서 반사돼요. 그중 일부가 레이더가 있는 수신기로 돌아와요. 모든 건 눈 깜짝할 새에 일어나요!

전 세계 레이더 기지의 망은 매우 거대하고 촘촘하게 지구를 덮고 있어요. 하지만 완벽하지는 않아요. 분명 한계점도 있지요. 스텔스 기술을 탑재한 군용기는 바로 이 한계점을 이용해요.

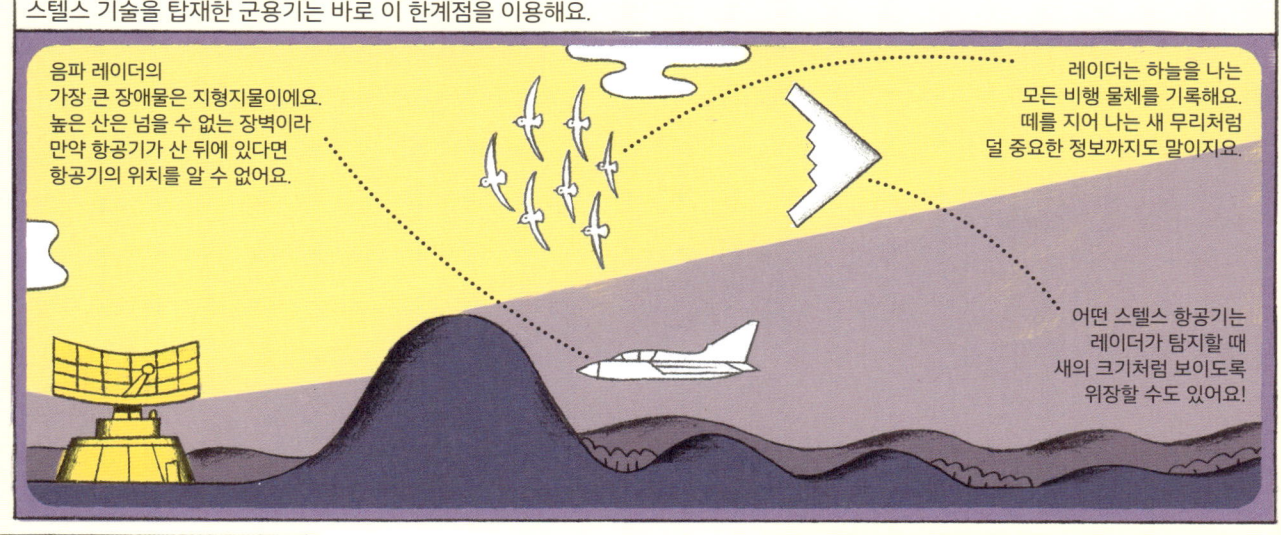

음파 레이더의 가장 큰 장애물은 지형지물이에요. 높은 산은 넘을 수 없는 장벽이라 만약 항공기가 산 뒤에 있다면 항공기의 위치를 알 수 없어요.

레이더는 하늘을 나는 모든 비행 물체를 기록해요. 떼를 지어 나는 새 무리처럼 덜 중요한 정보까지도 말이지요.

어떤 스텔스 항공기는 레이더가 탐지할 때 새의 크기처럼 보이도록 위장할 수도 있어요!

레이더의 파동은 물체가 클수록 반사가 잘 돼요. 군용 레이더 담당자는 감지한 물체가 새인지 적의 보이지 않는 비행기인지 절대 확신할 수 없어요.

상황이 어때?

레이더에는 새 무리만 보여.

B-2는 비행운으로 98쪽을 보세요 하늘에 자신의 흔적을 남겨요. 비행운은 차고 습한 대기 속을 나는 비행기의 자취를 따라 생기는 구름이에요. B-2는 비행운을 탐지해 비행 고도를 변경하는 특수 감지기가 있어요.

비행 조종면을 움직이면 B-2가 탐지될 수 있어요. 그래서 엔진 추력만으로 비행해야 해요.

항공기는 소닉 붐 52쪽을 보세요 이 생길 만한 음속을 넘지 않아요. 게다가 덮여 있는 특수 페인트도 빠른 속도와 높은 온도에서는 견디지 못해요. 58쪽을 보세요.

B-2의 동체에는 레이더 파동을 반사하는 꼬리 날개나 동체가 없어요. 이런 유형의 항공기를 '전익기'라고 해요. 하지만 전익기는 비행이 불안정할 수 있어요. 그래서 안정성을 유지할 수 있게 컴퓨터가 비행하는 동안 조종사를 도와주지요.

비행기일까, 헬리콥터일까? 벨 보잉 V-22 오스프리

가끔은 정말 신기한 비행기를 만날 수 있어요. 벨 보잉 V-22 오스프리를 보면 어떤 유형의 비행기인지 도통 알 수가 없어요. 오스프리는 비행기일까요, 헬리콥터일까요? 사실 오스프리는 두 항공기의 특성을 다 지니고 있어서 대답하기 어려워요. 오스프리처럼 수직 이륙이 가능한 항공기의 역사는 1950년대에 시작했어요.

사람들은 비행기처럼 빠르고 헬리콥터처럼 수직 이륙의 장점이 있는 항공기를 만들기 위해 끈질기게 시도했어요 54, 60쪽을 보세요. 마침내 1990년대 후반에 이르러 성공했어요. 오스프리는 빠른 속도와 정교한 기동이 가능한 유일한 항공기예요. 첫 비행을 시도하고 16년이 지나 현장에 투입되었으니, 개발하는 일이 얼마나 어려웠

V-22는 군용기로 만들어지긴 했지만, 민간 항공기로도 활용하고 있어요.
예를 들어 어느 지역에 식량이나 의약품을 전달해야 하는데 접근하기 어려운 곳이라면, V-22로 빠르고 정확하게 물품을 전달해요.
회전 날개를 구동하는 회전형 엔진 나셀의 성능이 탁월한 덕분이에요.

이제 다 됐어, 출발해도 돼!

회전 날개를 구동하는 엔진이 양쪽에 하나씩 있어요. 날개를 지나는 하나의 축으로 연결되어 있어서 만약 한쪽에서 결함이 발생해도 남은 엔진 한 대로도 양쪽 회전 날개를 다 돌릴 수 있어요.

오스프리를 만들 때 동체의 무게를 줄이는 게 중요했어요. 그래서 회전 날개를 포함한 여러 부분을 가벼운 복합 소재로 만들었어요. 덕분에 오스프리는 구조가 복잡하지만, 무려 9톤이나 되는 화물을 나를 수 있어요.

회전 날개가 수평으로 놓여 있으면, 오스프리는 다른 헬리콥터처럼 날개의 받음각을 바꿔서 46쪽을 보세요 제어해요.

엔진 가동! 이륙하자!

항공기가 알맞은 고도까지 상승하고 나면, 조종사들은 엔진 나셀의 위치를 조정해요. 이 독특한 시스템 때문에 많은 조종사가 처음에는 힘들어해요.

엔진 나셀은 조종간 옆에 있는 레버로 제어해요.

좋아, 나셀 위치 변경할게요.

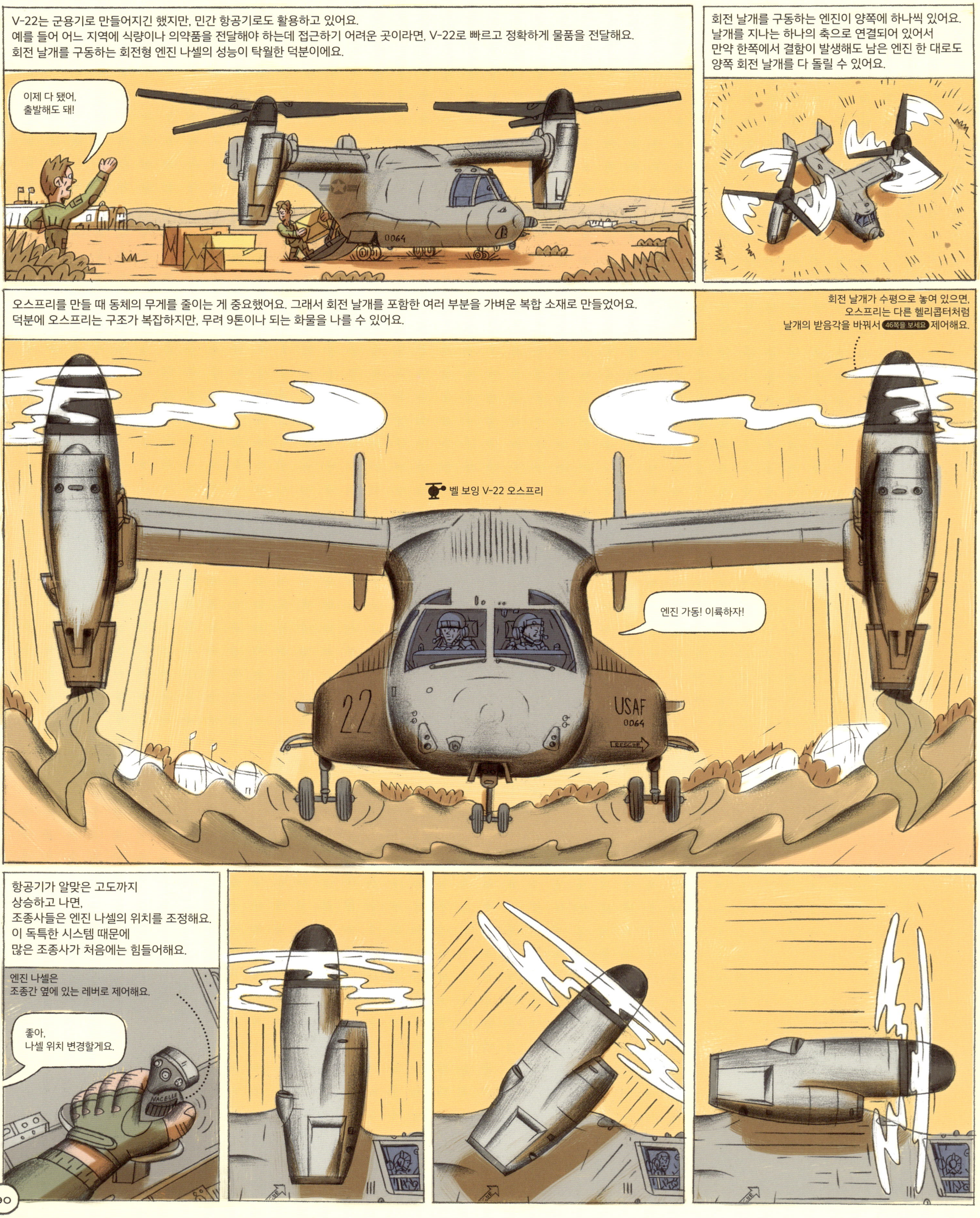

지 알 수 있지요. 오스프리의 복잡한 제어 시스템은 고장이 잘 나고 조작이 어려웠어요. 시험을 위해 만든 네 대의 시제기가 추락하기도 했어요. 군용기로 만들어진 V-22는 해병대에서 사용했어요. 그런 이유로, 수면 위를 맴돌며 날아다니는 새인 물수리를 뜻하는 오스프리라는 이름을 가지게 되었지요. 하지만 필요하다면 한순간에 모습을 바꿀 수 있어서 카멜레온으로 불러야 할지도 몰라요.

이와 같은 다목적 항공기는 그저 타협한 것일 뿐이라고 불평하는 사람들도 있어요. 여러 면에서 그럭저럭 좋은 점이 있지만, 특별히 뛰어난 건 없다고 말이지요. 어느 정도는 사실이에요. 하지만 오스프리가 다른 항공기는 할 수 없는 영역에서 실력을 발휘한다는 점은 인정해야 해요. → 유사한 항공기: 벨 V-280 · 벨 XV-3 · 페어리 로터다인 · 포케-아크겔리스 Fa 269 · 카모프 Ka-22

오스프리가 엔진 나셀의 위치, 즉 회전 날개의 방향을 바꾸는 시간은 단 12분이면 충분해요! 엔진 나셀은 항공기가 수직으로, 이륙해 수평으로 비행하는 동안 세 단계를 거쳐 바뀌어요. 그 과정에서 V-22의 모양은 헬리콥터에서 비행기로 바뀌는 거예요.

① 항공기가 이착륙할 때는 회전 날개가 수평 방향이에요. 회전 날개가 모든 양력을 생성하고, 항공기는 헬리콥터처럼 작동해요.

② 전환 단계에서는 회전 날개와 고정된 날개가 부분적으로 양력을 생성해요.

③ 수평 비행 중일 때는 고정된 날개가 양력을 생성하고 회전 날개는 추력을 생성해요. 그래서 오스프리는 가장 빠른 헬리콥터보다 훨씬 더 빠른 시속 500킬로미터로 날 수 있어요.

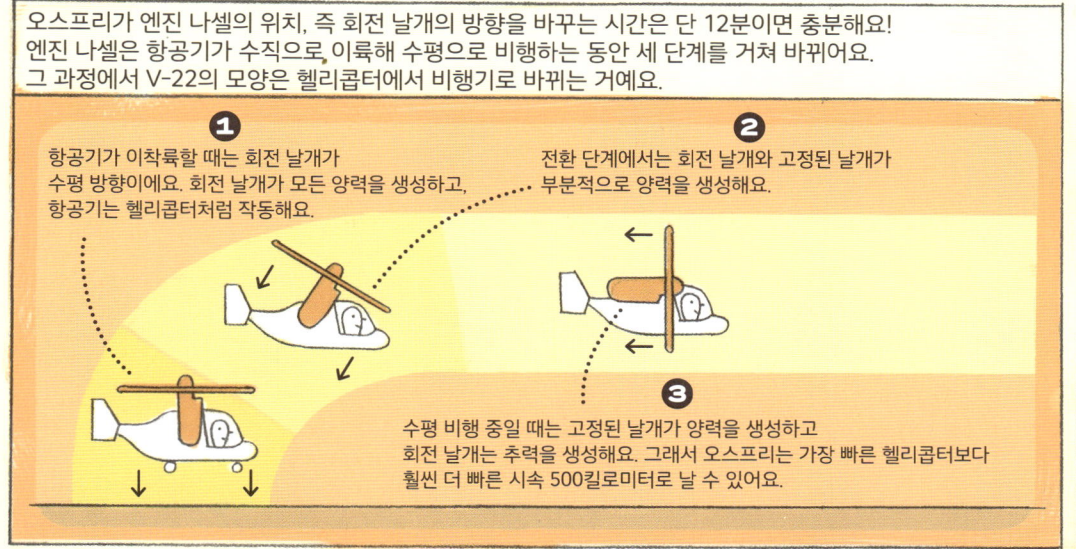

회전 날개의 방향이 수직일 때는 항공기가 빨리 날 뿐만 아니라 연료 소비도 덜해요. 게다가 착륙하지 않고도 연료를 공급받을 수 있어요. 이런 특성이 있어서 좋지 않은 환경에서도 오스프리는 다른 헬리콥터보다 뛰어난 성능을 발휘해요.

오스프리는 회전 날개가 아주 커서 비행기처럼 이착륙하기는 어려워요. 만일 비행기처럼 이착륙을 시도한다면 날개가 땅에 닿을 거예요. 그래서 비행하다가 목표 지점에 다다르면 다시 헬리콥터로 전환해요.

회전 날개가 수직 방향으로 구동하고 있을 때는 보통 비행 조종면으로 제어해요. 비행기처럼요. 26쪽을 보세요.

조심해. 곧 착륙할 거야. 헬리콥터로 바꿀 준비를 하자고.

벌써 도착해? 이렇게 빨리?

▸ 벨 보잉 V-22 오스프리

오스프리가 모래 지형에 착륙하면, 커다란 회전 날개 때문에 많은 양의 먼지가 날려요. 이런 환경에서 착륙하는 건 쉬운 일은 아니지요. 조종사도 마음을 단단히 먹어야 해요!

어떤 임무는 착륙이 필요하지 않아요. 군인들을 수송할 때는 제자리 비행을 하며 재빨리 밧줄을 내리면 되거든요.

군용 차량처럼 큰 화물을 실어 나를 때도 마찬가지예요.

실어 나를 짐은 항공기 아래에 있는 두 개의 고리에 매달아 고정해요.

가지각색 헬리콥터 — 최신 헬리콥터

최초의 실용적인 회전익 항공기를 만든 건 (46쪽을 보세요) 이미 수십 년 전에 이루어 낸 일이에요. 초기에 만든 모델과 비교하면 현대 헬리콥터는 아주 많이 달라졌어요. 전보다 훨씬 빠르고 조용하며 더 안정적이에요. 비행이 수월하도록 도와주는 최신 시스템을 장착하고 있어요.

현대 헬리콥터는 제자리 비행을 할 수 있고, 거의 모든 지형에서 수직 이착륙이 가능하다는 뛰어난 장점 덕분에 여러 상황에서 유용하게 활용하고 있어요. 군인을 수송하거나 화재를 진압할 때 사용하기도 하고, 구조대원이나 관광객을 태우는 데 사용하기도 해요. 또 범죄자를 추격하거나 공중에서 촬영해야 할 때 사용하기도 해요.

현대 헬리콥터는 강력하고 견고하며 속도가 빨라요. 특히 빠른 속도 덕분에 응급 시에 사람을 구하는 데 유용해요. 구조용으로 사용되는 헬리콥터 중에서는 유로콥터 EC-135가 가장 인기가 많아요. 조종사와 구조대원이 미리 탑승해서 대기하고 있다가 문제가 생기면 몇 분 안에 이륙해요!

유로콥터는 다른 현대 헬리콥터처럼 터보 엔진과 (95쪽을 보세요) 비슷한 원리로 작동하는 터보샤프트 엔진을 구동해요. 유로콥터의 큰 장점은 가벼운 무게예요. 엔진 무게가 로빈슨 R-22 헬리콥터보다 가벼우면서 출력은 네 배 이상 높아요.

EC-135의 기내는 넓어서 여덟 명까지 탈 수 있어요! 하지만 보통 구급용 헬리콥터에는 세 명만 탑승하고, 나머지 자리는 환자를 태우고 의료 장비를 싣는 데 사용해요.

이제 곧 도착합니다!

유로콥터 EC-135

덮개가 감싸고 있는 프로펠러 형태를 '페네스트론'이라고 해요. 일반적인 프로펠러보다 소음이 작고, 잘 손상되지 않아요. 땅에 있는 사람들에게도 더 안전해요.

1970년대 말에 제작되어 지금까지 사용하고 있는 헬리콥터 로빈슨 R-22처럼 매우 단순한 형태의 헬리콥터는 지금도 있어요. 비행 교육용으로 사용하는 경우가 많지만, 동물을 기르는 목초지에서 유용해서 들소를 기르는 사람들에게도 인기가 있어요.

특히 오스트레일리아의 축산업자가 즐겨 사용해요. 오스트레일리아의 드넓은 목초지에서는 헬리콥터가 훌륭한 수단이에요. 공중에서는 흩어져 있는 소 떼가 매우 잘 보여요.

오스트레일리아의 거친 환경에서는 단순한 구조와 내구성이 중요하기 때문에 R-22는 이곳에서 훌륭하게 임무를 수행해요. 깔끔한 구조로 만든 덕분에 가볍고 기동성이 정말 좋아요. 수리도 쉬워서 유지하는 비용이 덜 들어요.

오늘 몇 마리야?

2,000마리 정도 되려나…

로빈슨 헬리콥터는 높이 솟은 회전 날개를 보고 쉽게 알아볼 수 있어요. 이런 구조는 회전 날개가 꼬리 회전 날개와 멀리 떨어져 있어서 충돌할 위험이 적어요.

헬리콥터 소리로 동물에게 겁을 주면서, 동물들이 점점 큰 무리를 이루며 모여들게 해요.

이곳을 누비는 헬리콥터 조종사는 진정한 현대판 카우보이예요! 심지어 나무들 사이에서도 기동하는 데 전혀 문제가 없어요.

동물들의 수가 어마어마하게 많으면 헬리콥터가 여러 대 필요해요.

이제 마지막이야!

헬리콥터의 외관과 구조는 여러 가지 쓰임새만큼 다양해요. 전자 장비로 가득해서 크고 강력한 헬리콥터도 있고 구조가 단순해서 작고 가벼운 헬리콥터도 있어요. 헬리콥터에 달린 회전 날개의 구조도 다양해요. 그중에서는 시코르스키의 '단일 회전 날개 방식 46쪽을 보세요'이 가장 많아요. 하지만 헬리콥터만의 독특한 기능을 위해 큰 대가를 치러야 하기도 해요. 비행기보다 복잡하고, 연료가 많이 필요해서 제작하고 사용하는 비용이 많이 들어요. 조종 방법도 더 어려워서, 조종사가 훈련하는 데에도 더 많은 시간과 비용이 들어요. 그래도 헬리콥터만 할 수 있는 일이 있어요. 그래서 우리가 평소에 헬리콥터가 지나가는 걸 자주 보고, 소리를 들을 수 있는 거예요.

➜ 흥미로운 헬리콥터: 아구스타 웨스트랜드 AW119 코알라 · 벨 204/205 · 밀 Mi-2 · 밀 Mi-26 · PZL W-3 소콜 · 시코르스키 UH-60 블랙 호크 · 웨스트랜드 링스

R-22의 주 회전 날개는 날개가 두 개뿐이에요.
날개가 많은 헬리콥터보다
더 단순하고 저렴해요.

헬리콥터의 무게를 줄이기 위해 할 수 있는 건 다 했어요.
그래서 문이 없고 드나들 수 있는 구멍만 있는 모델도 있어요.
헬리콥터가 가동되면 시원한 바람이 부는 것도
무더운 오스트레일리아에서는 장점이었어요.
그런데 오스트레일리아에서는 왜 스키형 착륙 장치를 사용할까요?
바로 무게 때문이에요. 바퀴형 착륙 장치보다 훨씬 가볍거든요!

93

다목적 수송기 록히드 C-130 허큘리스

헤라클레스에 대한 신화를 알고 있나요? 그리스 신화에 나오는 영웅 헤라클레스는 상상을 초월하는 힘을 가지고 있다고 하지요. 그는 사람의 힘으로는 할 수 없는 열두 가지 과업을 수행해야 했어요. 헤라클레스가 맡은 임무는 매우 다양했지만, 그는 모든 임무를 완벽하게 해냈지요.

1950년대 중반, 미국에서는 무거운 짐을 거뜬히 나를 수 있는 군용 수송기를 제작했는데, 바로 이 수송기에 헤라클레스의 이름을 붙였어요. 그런데 당시에는 수송기에 붙인 별명이 딱 들어맞을 거라고 짐작하지 못했어요! 왜냐하면 록히드 C-130 허큘리스는 무거운 물품을 수송하는 것뿐만 아니라, 구조 작업을 하거나 화재를 진압

허큘리스의 가장 큰 장점은 엔진 출력이 강력해서 이륙하는 시간이 짧다는 거예요. 현대 제트기보다 더 짧은 시간 안에 공중에 뜰 수 있어요.

C-130은 대형 공항뿐만 아니라, 세계 곳곳의 비포장 활주로도 이용할 수 있어요.

허큘리스는 군용 수송기로 설계되었지만, 민간용이나 인도주의를 바탕으로 한 업무를 자주 수행해요. 예를 들면 생필품이 필요한 곳으로 물품을 실어 날라요. 이때 동체 뒤에 있는 적재용 경사대가 유용해요. 덕분에 물품을 빠르게 실을 수 있고, 받는 사람에게 신속하게 전달할 수 있어요.

어떤 짐은 비행하면서 떨어뜨릴 수도 있어요. 그때 적재용 경사대를 열면, 짐이 밀려 내려와 낙하산을 타고 떨어져요.

다른 업무도 할 뿐, C-130은 군용 수송기예요. 특별히 군대에서 필요한 것들을 구상하며 설계했지요. 개발자들은 무거운 오프로드 차량이 내부로 쉽게 들어갈 수 있도록 항공기의 형태와 크기를 조정했어요.

경사대는 날개와 꼬리의 아래쪽에 있어요. 또 착륙 장치가 매우 낮게 달려 있어서 화물칸에 짐을 싣기가 수월해요. 이런 식으로 허큘리스는 화물 20톤과 군용 차량 세 대, 또는 군인 90명을 나를 수 있어요!

할 때도 유용했거든요. 심지어 공중에서 연료를 보급하는 항공기인 공중 급유기 역할도 했지요. 한 가지 목적을 위해 만든 특수 항공기 (96쪽을 보세요)와는 완전히 달랐어요. 허큘리스의 구조는 비교적 단순하고 견고한 장점이 있어서 다양하게 활용할 수 있어요. 새로운 모델은 더 좋은 엔진과 조종석 장비를 갖추고 있지만, 개발한 이후 60년 동안 크게 달라진 건 없어요.

물론 모두가 허큘리스를 좋아하는 건 아니에요. 특별히 두드러지는 성능이 없고 외관이 아름답지 않다며 불평하는 사람들도 있어요. 하지만 허큘리스를 이용해 본 사람이라면 매우 유용한 항공기라는 걸 의심하지 않아요. 무엇보다 허큘리스가 할 수 있는 임무는 열두 가지보다 더 많아요. ➔ 다른 수송기: An-225 므리야·보잉 C-17 글로브마스터 III·이즈 카사 C-295·일류신 IL-76·가와사키 C-2·록히드 C-5 갤럭시

저속에서도 훌륭하게 작동하는 터보프롭 엔진이 있어서 성능을 발휘해요. 허큘리스에는 이런 엔진이 네 대나 있어요!

터보프롭 엔진의 설계는 터보제트 엔진 (48쪽을 보세요)이나 터보팬 엔진 (98쪽을 보세요)과 비슷하지만, 터보프롭 엔진은 프로펠러를 돌려서 추력을 생성해요.

1 터보제트 엔진과 유사하게 압축기를 통해 공기를 빨아들여요.

2 다른 부분은 비슷해요. 연소실에서 공기가 연료와 섞이고 혼합물이 연소되면서 고압가스가 생성돼요.

3 다른 엔진과 가장 큰 차이점은 배기가스가 터빈을 통해 흐를 때 생겨요. 터빈이 압축기를 구동하지만, 주로 기어 박스를 통해 프로펠러에 동력을 전달해요.

4 기어 박스를 통해 회전수가 감소하면서 프로펠러에 동력이 전달돼요.

허큘리스는 무거운 무게와 추위를 두려워하지 않아요. 남극 기지에 필요한 장비를 전달하고 승무원을 수송하는데, 기온이 영하 50도 이하인 남극에서도 끄떡없어요. 추운 지방에서는 일반적인 바퀴형 착륙 장치 대신 눈과 얼음 위에서 이륙할 수 있는 스키형 착륙 장치가 장착되어 있어요.

남극에 있는 몇몇 허큘리스는 혹독한 상황에서 이륙 시간을 단축할 때를 대비해 로켓 엔진도 장착하고 있어요. 아주 잠깐 작동해도 허큘리스는 눈 깜짝할 사이에 공중에 떠오를 수 있어요!

로켓 엔진을 이용한 이륙 활주 거리 | 표준 이륙 활주 거리

✈ 록히드 LC-130H-3

허큘리스는 바닷물도 겁내지 않아요! 미국에서는 해군에서 연안 해역을 돌보고, 순찰 비행을 하며 질서를 유지하는 데 허큘리스를 사용해요. 하지만 허큘리스 C-130은 더 많은 일을 할 수 있어요. 여러 해 동안 70개국에서 허큘리스의 70개 모델이 사용되었어요.

모든 허큘리스의 조종석에는 넓은 통유리가 있어서 연안 해역을 순찰할 때 큰 도움이 돼요.

허큘리스 HC-130 모델은 적외선, 즉 열을 감지하는 특수 카메라가 있어요. 이 카메라는 깜깜한 밤에 또는 구름이나 안개가 낀 날씨로 인하 사람의 눈으로는 보기 힘든 것들을 볼 수 있어요.

✈ 록히드 HC-130

"여기는 HC-130, 밀수꾼을 발견했다. 정찰정을 요청한다!"

특수 목적 항공기 항공기가 수행하는 다양한 일

비행기는 사람을 나르거나 32, 70, 98쪽을 보세요, 여러 가지 물품을 운반할 수도 있고 72쪽을 보세요, 경주를 벌일 수도 있고 40쪽을 보세요, 다양한 군사 임무를 수행할 수도 있어요 60, 88쪽을 보세요. 비행기가 할 수 있는 일은 너무 많아서, 다 말하기 어려울 정도예요. 그중에는 정말 독특한 일을 하는 비행기도 있어요!

예를 들면 공중 급유기, 천체 관측 항공기, 공중 정찰기라고도 부르며 다른 항공기나 선박을 감지하는 조기 경보 항공기는 특수 임무를 수행하는 항공기예요. 무중력 상태가 될 수 있는 항공기, 의료 항공기도 있고 곡예비행 항공기, 살충제나 비료를 뿌리기 위한 농업용 항공기도 있지요. 이 외에도 훨씬 많아요.

보통 비행기는 나쁜 날씨를 피해요. 록히드 WP-3D 오리온은 오히려 반대예요! 미국 연안 지역에 6월부터 11월까지 허리케인이 발생하는데, 이 시기에 기상학자들은 매우 바빠져요. 두 대의 오리온 덕분에 말 그대로 태풍의 눈을 들여다볼 수 있어요.

오리온은 허리케인의 한가운데로 들어갈 수 있어요. 그래서 '허리케인 헌터'라고도 불러요.

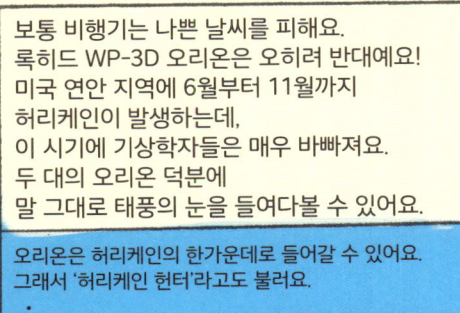

흔들릴 테니 꽉 잡아!

오리온은 미국의 국립 해양 대기청(NOAA) 소속이에요. 다른 곳에 소속된 비행기도 있지만, 허리케인 안으로 바로 날아갈 수 있는 건 오리온뿐이에요.

걸프스트림 IV는 데이터를 추가로 수집하기 위해 허리케인 위를 날아요.

허리케인 속에서 비행하는 동안에도 평온한 순간이 있어요. 허리케인은 여러 층이 있는데, 상대적으로 다른 층보다 조용한 층도 존재해요.

연구자들은 허리케인에 대한 정보를 수집하면서 이를 바탕으로 허리케인이 어떻게 변하고 어떤 경로로 이동할지 예측해요. 덕분에 허리케인이 육지에 상륙할지, 아니면 사람들을 위협할지 알 수 있어요.

허리케인의 힘이 점점 강해지는군.

오리온은 낙하 존데를 내보내는 튜브 같은 특수 장비와 요소를 가지고 있어요. 존데는 전파를 이용한 기상 관측 기계를 말해요.

쓰리, 투, 원. 발사!

낙하 존데는 낙하산을 타고 하강하면서 압력과 온도, 습도와 속도 그리고 풍향을 측정해요. 수집한 데이터는 항공기로 전송해요.

WP-3D 오리온은 해상을 감시하고 잠수함 전투에 맞서는 용도로 사용한 든든한 록히드 P-3 항공기를 기초로 만들어졌어요. 그래서 폭풍우에도 끄떡없어요.

록히드 WP-3D 오리온 미스 피기

그러나 특수 목적 항공기는 기존에 있던 항공기를 개조하는 것만으로는 충분하지 않아요. 정해진 목적에 따라 특수 설계된 항공기를 만드는 게 더 좋아요. 그런 예로, 소방용으로 사용하는 캐내디어 CL-415가 대표적이에요. 대형 산불이 종종 발생하는 전 세계 10여 개국에서 사용하고 있어요. CL-415의 동체에는 마치 물 폭탄처럼 단번에 떨어뜨릴 수 있는 거대한 물탱크가 있어요.

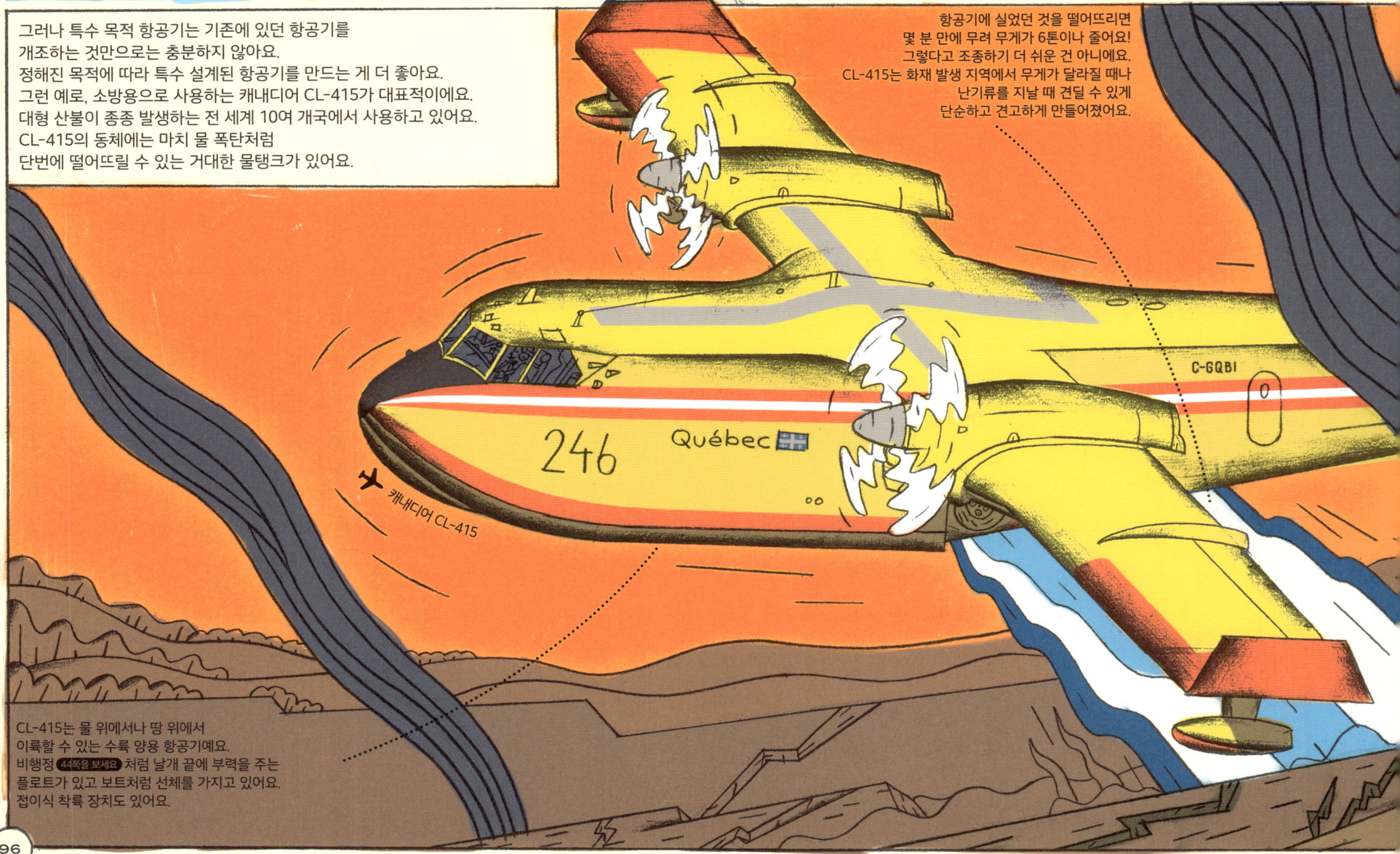

항공기에 실었던 것을 떨어뜨리면 몇 분 만에 무려 무게가 6톤이나 줄어요! 그렇다고 조종하기 더 쉬운 건 아니에요. CL-415는 화재 발생 지역에서 무게가 달라질 때나 난기류를 지날 때 견딜 수 있게 단순하고 견고하게 만들어졌어요.

캐내디어 CL-415

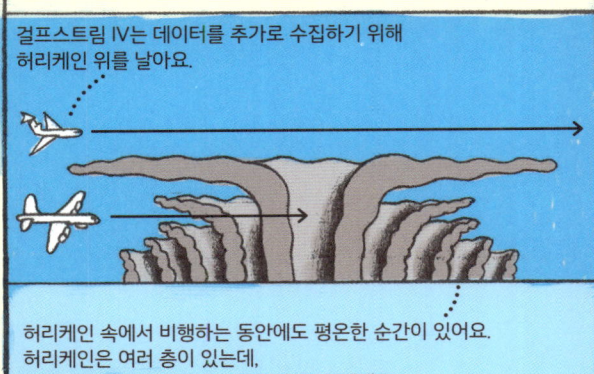

CL-415는 물 위에서나 땅 위에서 이륙할 수 있는 수륙 양용 비행기예요. 비행정 4쪽을 보세요 처럼 날개 끝에 부력을 주는 플로트가 있고 보트처럼 선체를 가지고 있어요. 접이식 착륙 장치도 있어요.

특수 항공기를 만들 때는 종종 이미 제작되어 성능이 검증된 항공기를 활용해요. 특수한 성능을 수행할 수 있게 개조하는 거예요. 하지만 처음부터 개발하고 제작하기도 해요. 특수 목적 항공기는 비행 목적에 따라 종류가 정말 다양하지만 한 가지 공통점도 있어요. 특수한 목적을 위해 제작되기 때문에, 겨우 몇 대 정도나 10여 대만 생산할 때가 많아서 매우 희귀하다는 점이에요.

그래서 하늘을 나는 특수 항공기는 오직 특별한 순간에만 볼 수 있어요. 만약 특수 항공기를 보게 된다면 그때는 자세히 살펴보는 게 좋아요! 특수 목적 항공기의 임무는 다른 비행기가 꿈꾸곤 하는 일이니까요. ➡ 흥미로운 특수 목적 항공기: 에어버스 A310 제로-G · 보잉 KC-135 스트라토탱커 · 노스럽 그루먼 E-2 호크아이 · PZL M18 드로마데르 · 즐린 Z-37 츠멜라크

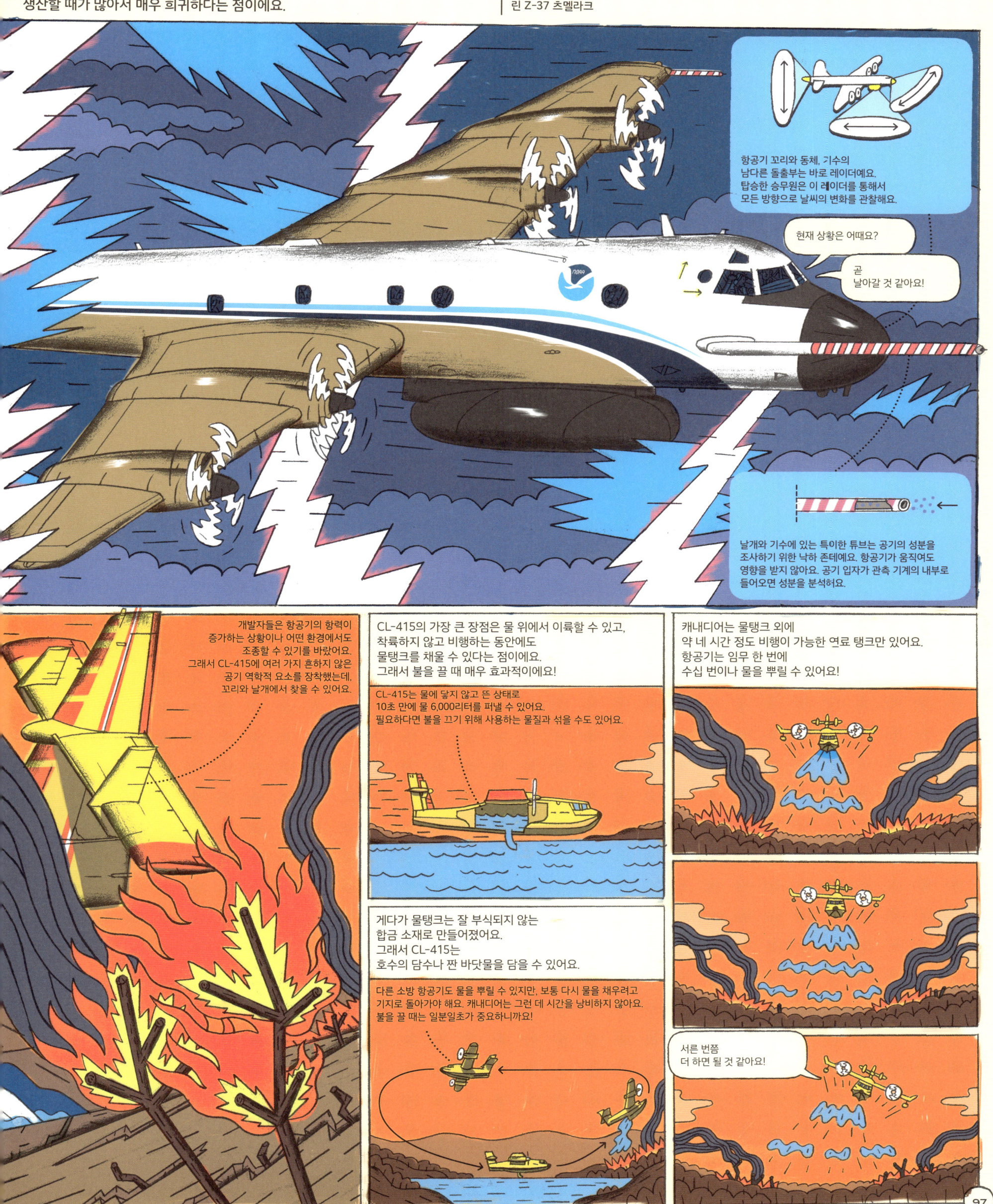

더 빨리, 더 멀리, 더 싸게 보잉 787 드림라이너

라이트 형제가 최초로 비행에 성공하고 이제 100년도 넘는 시간이 지났어요. 현대 항공기는 세계에서 가장 빠르고 중요한 교통수단 중 하나가 되었어요. 처음 여객기가 하늘을 날 때는 10여 명을 태울 수 있었고, 엔진이 여러 개 있어도 시속 150킬로미터로 날았어요.

기술자들과 개발자들이 수십 년 동안 힘들게 일한 덕분에 지금은 크기, 속도, 연비 면에서 서로 경쟁할 수 있는 초고속 제트기를 타고 날 수 있게 되었어요. 보잉 787 드림라이너 같은 최신 항공기는 가벼운 엔진 두 개만 있어도 하루 만에 수백 명을 지구 한쪽 끝에서 반대편 끝까지 나를 수 있어서 경제적이에요.

보잉 787은 스무 시간 동안 쉬지 않고 날 수 있어요. 그래서 중간에 내리지 않고 전 세계 어디든 갈 수 있어요! 그렇지만 장시간 비행은 객실에 특별한 준비를 해야 해요.

와, 풍경 좀 봐!

승객들은 지루해지면 객실의 엔터테인먼트 기기를 이용하거나 개인이 가져온 전자 장비로 영화를 보고 게임을 하고 책을 읽어요.

만약 자고 싶은 사람은 창문 덮개를 내려서 자리를 더 어둡게 할 수도 있어요.

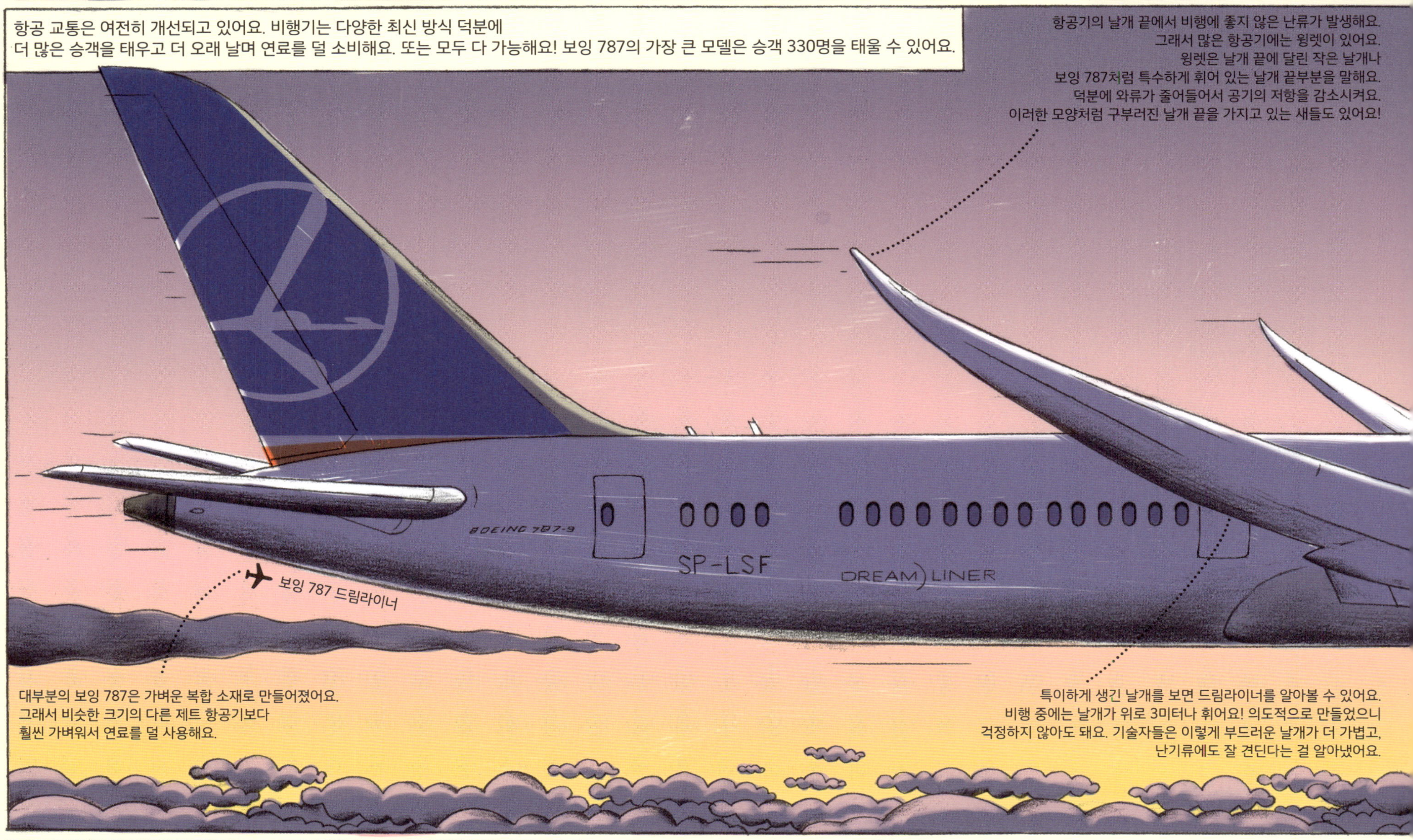

항공 교통은 여전히 개선되고 있어요. 비행기는 다양한 최신 방식 덕분에 더 많은 승객을 태우고 더 오래 날며 연료를 덜 소비해요. 또는 모두 다 가능해요! 보잉 787의 가장 큰 모델은 승객 330명을 태울 수 있어요.

항공기의 날개 끝에서 비행에 좋지 않은 난류가 발생해요. 그래서 많은 항공기에는 윙렛이 있어요. 윙렛은 날개 끝에 달린 작은 날개나 보잉 787처럼 특수하게 휘어 있는 날개 부분을 말해요. 덕분에 와류가 줄어들어서 공기의 저항을 감소시켜요. 이러한 모양처럼 구부러진 날개 끝을 가지고 있는 새들도 있어요!

✈ 보잉 787 드림라이너

대부분의 보잉 787은 가벼운 복합 소재로 만들어졌어요. 그래서 비슷한 크기의 다른 제트 항공기보다 훨씬 가벼워서 연료를 덜 사용해요.

특이하게 생긴 날개를 보면 드림라이너를 알아볼 수 있어요. 비행 중에는 날개가 위로 3미터나 휘어요! 의도적으로 만들었으니 걱정하지 않아도 돼요. 기술자들은 이렇게 부드러운 날개가 더 가볍고, 난기류에도 잘 견딘다는 걸 알아냈어요.

대부분의 최신 여객기는 터보제트 엔진 48쪽을 보세요 에 팬을 더한 터보팬 엔진을 구동해요.

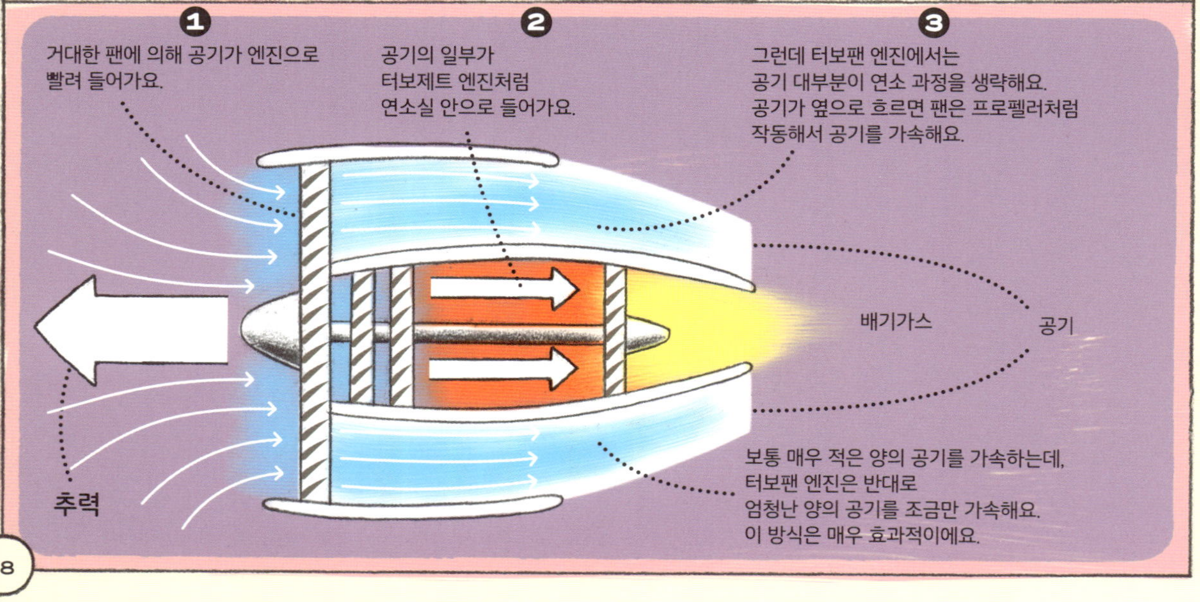

❶ 거대한 팬에 의해 공기가 엔진으로 빨려 들어가요.

❷ 공기의 일부가 터보제트 엔진처럼 연소실 안으로 들어가요.

❸ 그런데 터보팬 엔진에서는 공기 대부분이 연소 과정을 생략해요. 공기가 옆으로 흐르면 팬은 프로펠러처럼 작동해서 공기를 가속해요.

배기가스   공기

추력

보통 매우 적은 양의 공기를 가속하는데, 터보팬 엔진은 반대로 엄청난 양의 공기를 조금만 가속해요. 이 방식은 매우 효과적이에요.

제트기는 뒤에 특이한 선을 남기기 때문에 하늘에서 쉽게 알아볼 수 있어요. 이것은 구름의 일종으로, 비행운이라고 해요. 대체 비행운은 정확히 무엇이고, 어떻게 생겨날까요?

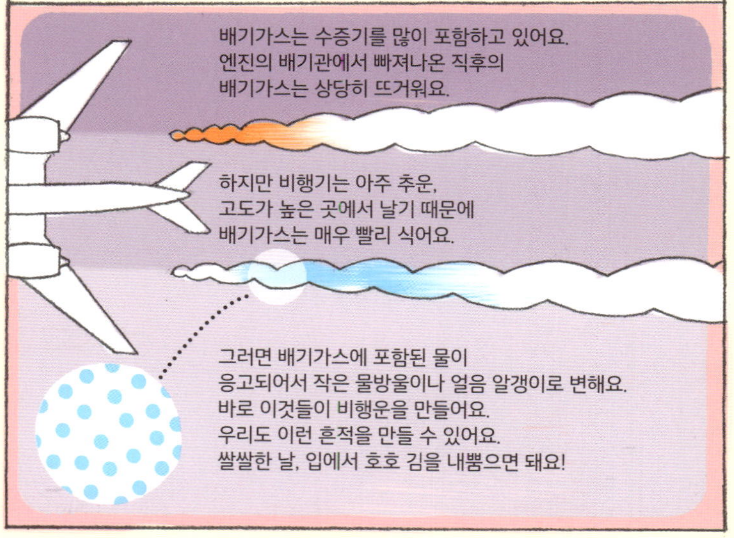

배기가스는 수증기를 많이 포함하고 있어요. 엔진의 배기관에서 빠져나온 직후의 배기가스는 상당히 뜨거워요.

하지만 비행기는 아주 추운, 고도가 높은 곳에서 날기 때문에 배기가스는 매우 빨리 식어요.

그러면 배기가스에 포함된 물이 응고되어서 작은 물방울이나 얼음 알갱이로 변해요. 바로 이것들이 비행운을 만들어요. 우리도 이런 흔적을 만들 수 있어요. 쌀쌀한 날, 입에서 호호 김을 내뿜으면 돼요!

무인 항공기 드론

높은 곳에서 땅을 내려다보기 위해서 비행기나 헬리콥터에 탈 필요가 없을 때도 있어요. 지금은 드론이라는 이름으로 알려진 무인 항공기 덕분이에요. 이런 무인 비행 장치는 제1차 세계 대전 때부터 제작하기 시작했어요. 군대에서 가장 자주 사용했고, 부대 내에서는 주로 움직이는 사격 표적으로 사용했어요.

그러다 꿀벌의 수벌, 윙윙거리는 소리, 단조로운 소리 등을 뜻하는 '드론'이라는 이름을 가지게 되었지요. 요즘은 드론을 위험한 무기로도 사용해요. 하지만 점점 더 많은 민간 드론이 우리 머리 위에서 날고 있는 덕분에, 더 유용한 용도를 찾아내고 있어요.

드론은 모양이 매우 다양해요. 어떤 드론은 매핑 드론 이비처럼 기존 항공기 모양과 비슷한 것도 있어요.

— 센스플라이 이비 X

이비는 정확한 지도를 만들기 위해 주어진 지역의 사진을 찍어요. 예를 들면, 고대 도시를 연구하는 고고학자들에게 필요한 지도를 만들어요.

아주 높이 날 수 있어서 위성을 대신할 수 있는 드론도 있어요. 태양열로 움직이는 제퍼는 공중에 며칠 동안 머무를 수도 있어요.

— 에어버스 제퍼

제퍼는 상공 20킬로미터의 높이에서 다양한 임무를 수행해요. 앞으로 산불 감시에 유용하게 쓸 수도 있어요.

드론은 이륙해서 임무를 수행하기 위해 많은 시간이 필요하지 않아요. 아프리카에서는 긴급하게 필요한 의약품을 보낼 때 드론을 사용해요.

물품을 전달할 때는 드론은 착륙할 필요가 없어요. 물품을 낙하산에 매달아 떨어뜨리기만 하면 돼요.

— 드론 집라인 집 1

드론 중에서 회전익 항공기를 자주 볼 수 있어요. 이 유형은 움직임 없이 제자리 비행을 하거나 매우 천천히 날 수 있다는 점에서 여러 분야에서 유용해요.

— DJI 아그라스

드론은 약제 살포나 씨앗 파종 등 단조로운 농사일에도 유용해요.

회전익 드론은 접근하기 어려운 장소에도 쉽게 접근할 수 있어요. 하지만 가끔은 추가 보호 장치가 필요할 때도 있어요.

둥글게 생긴 단단한 그물망으로 드론을 덮어씌우서 어려움 없이 벽에서 튕겨 나와요. 이렇게 보호한 드론은 좁은 복도나 굴뚝에도 쉽게 진입할 수 있어요!

— 플라이어빌리티 엘리오스 2

남극에서는 특수하게 설계된 드론이 과학자들이 바다표범을 관찰하는 걸 도와요. 이는 무인 항공기가 이미 지구의 모든 대륙에 모습을 드러냈다는 걸 의미해요!

보통 드론은 여행 가방이나 배낭에 쉽게 넣을 수 있을 만큼 작아요. 크기가 큰 드론이라도 작게 접을 수 있어서 운반이 쉬워요.

작은 드론은 보통 전기 엔진을 장착해요. 아쉽게도 배터리 하나로는 10여 분밖에 비행할 수 없어서 교체용 배터리가 항상 세트로 포함된 경우가 많아요.

인기가 많은 회전익 드론은 멀티 로터형이라서 엔진이 네 개 이상인 경우가 많아요. 흥미롭게도 유인 헬리콥터에는 이런 구조를 적용하지 않았어요.

스스로 계획된 비행을 수행하는 자율 비행 드론이 있지만, 대부분은 작동하는 사람, 즉 조종사가 있어야 해요.

드론을 펴는 건 몇 분밖에 안 걸려요.

보통 드론을 조종할 때는 게임 조종기와 비슷한 장치가 필요해요. 송신기를 이용해서 드론에 명령을 보내지요. 하지만 기술은 계속 발전하고 있어서 스마트폰의 애플리케이션을 사용해 제어할 수 있는 드론도 많아요.

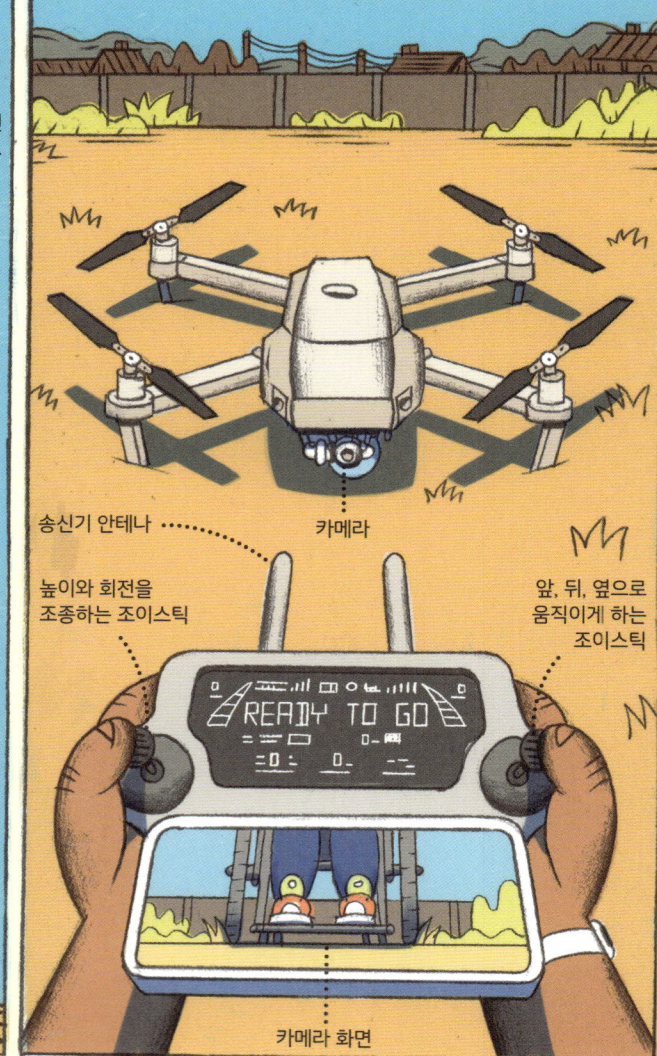

송신기 안테나 · 카메라
높이와 회전을 조종하는 조이스틱 · 앞, 뒤, 옆으로 움직이게 하는 조이스틱
카메라 화면

정확하게 어떤 항공기를 드론이라고 불러야 할까요? 동력을 공급하는 기관은 있지만 조종사가 없다면 모두 드론이 될 수 있어요. 기내에 사람이 없으면 여러 가지 장점이 있어요. 조종실이나 조종사의 편의를 위한 시설이 필요 없어서 드론은 매우 가벼워요. 게다가 다른 비행기처럼 안전이 그렇게 중요한 문제는 아니어서, 개발자들은 다양한 실험을 진행할 수 있었지요.

그래서 드론은 크기와 모양이 매우 다양해요. 그중에는 사람이 타는 항공기 크기와 같은 장치부터 진짜 수벌보다 조금 더 큰 장치도 있어요! 드론의 성능은 해를 거듭할수록 점점 인상적으로 발전하고 있고, 가격도 점점 저렴해지고 있어요. 응용할 수 있는 분야도 아주 많아서 분명 더 발전할 거예요! ➔ 흥미로운 민간 드론: 오텔 드래곤피시 · DJI 인스파이어 · 린데 플라이박스

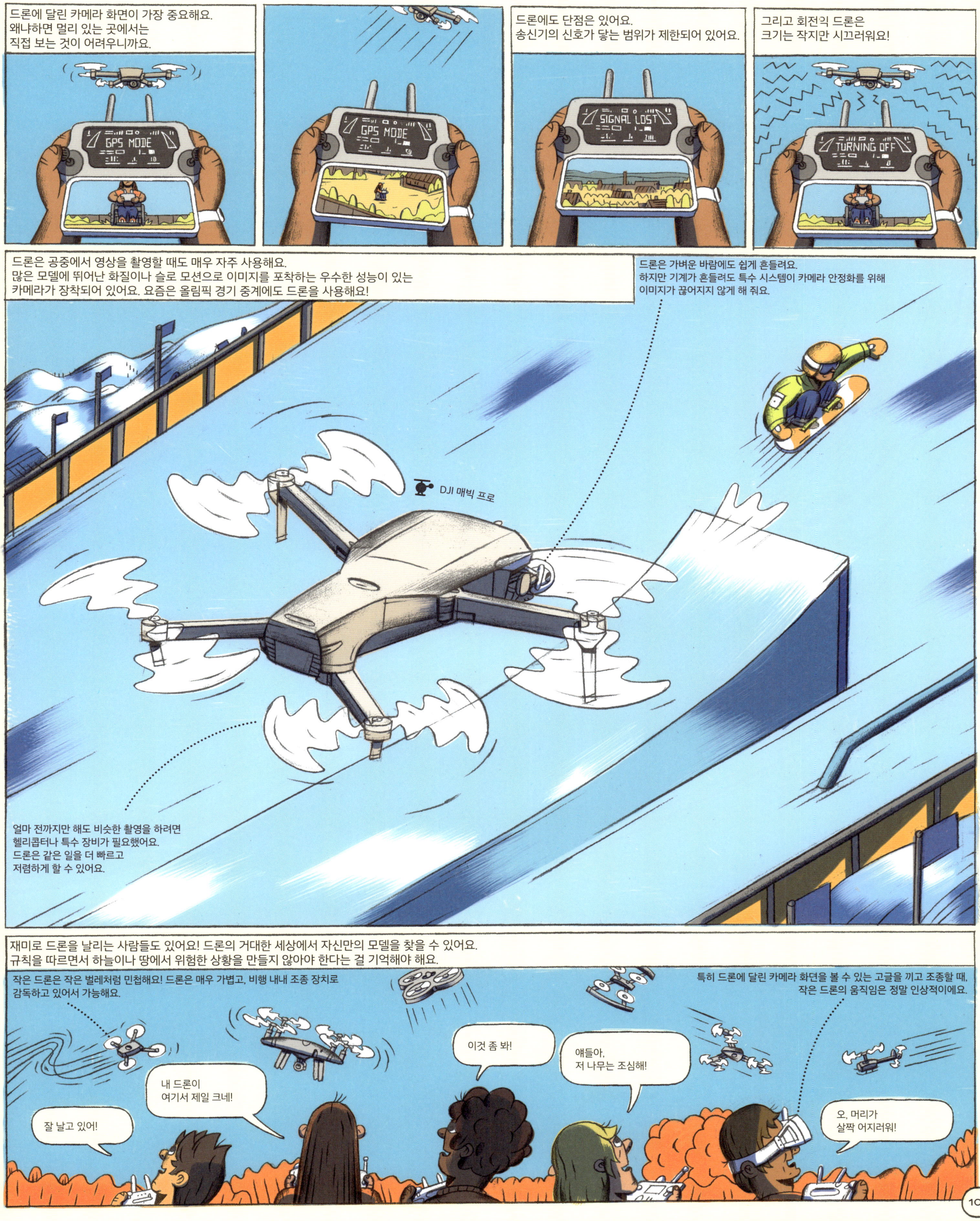

드론에 달린 카메라 화면이 가장 중요해요. 왜냐하면 멀리 있는 곳에서는 직접 보는 것이 어려우니까요.

드론에도 단점은 있어요. 송신기의 신호가 닿는 범위가 제한되어 있어요.

그리고 회전익 드론은 크기는 작지만 시끄러워요!

드론은 공중에서 영상을 촬영할 때도 매우 자주 사용해요. 많은 모델에 뛰어난 화질이나 슬로 모션으로 이미지를 포착하는 우수한 성능이 있는 카메라가 장착되어 있어요. 요즘은 올림픽 경기 중계에도 드론을 사용해요!

드론은 가벼운 바람에도 쉽게 흔들려요. 하지만 기계가 흔들려도 특수 시스템이 카메라 안정화를 위해 이미지가 끊어지지 않게 해 줘요.

· DJI 매빅 프로

얼마 전까지만 해도 비슷한 촬영을 하려면 헬리콥터나 특수 장비가 필요했어요. 드론은 같은 일을 더 빠르고 저렴하게 할 수 있어요.

재미로 드론을 날리는 사람들도 있어요! 드론의 거대한 세상에서 자신만의 모델을 찾을 수 있어요. 규칙을 따르면서 하늘이나 땅에서 위험한 상황을 만들지 않아야 한다는 걸 기억해야 해요.

작은 드론은 작은 벌레처럼 민첩해요! 드론은 매우 가볍고, 비행 내내 조종 장치로 감독하고 있어서 가능해요.

특히 드론에 달린 카메라 화면을 볼 수 있는 고글을 끼고 조종할 때, 작은 드론의 움직임은 정말 인상적이에요.

"잘 날고 있어!"
"내 드론이 여기서 제일 크네!"
"이것 좀 봐!"
"얘들아, 저 나무는 조심해!"
"오, 머리가 살짝 어지러워!"

태양열 비행기 : 솔라 임펄스 2와 세계 일주

100년이 넘게 항공의 역사가 이어지는 동안 인류는 아주 많은 것을 이루었어요! 하지만 친환경 추진 장치 등 해결해야 하는 문제가 여전히 남아 있어요. 가장 가능성이 있는 아이디어는 전기 엔진이에요. 전기 엔진은 일상생활에서 흔하고, 조용하고, 작고, 단순해요.

그런데 왜 비행기 엔진으로는 쓰지 않을까요? 왜냐하면 전기 에너지는 저장이 매우 어렵기 때문이에요. 배터리를 쓸 수 있지만 최신 배터리로도 짧은 시간밖에 비행을 못 해요. 하지만 다른 해결책도 있어요. 바로 태양열을 이용하는 거지요. 이론적으로는 무제한 비행이 가능해요!

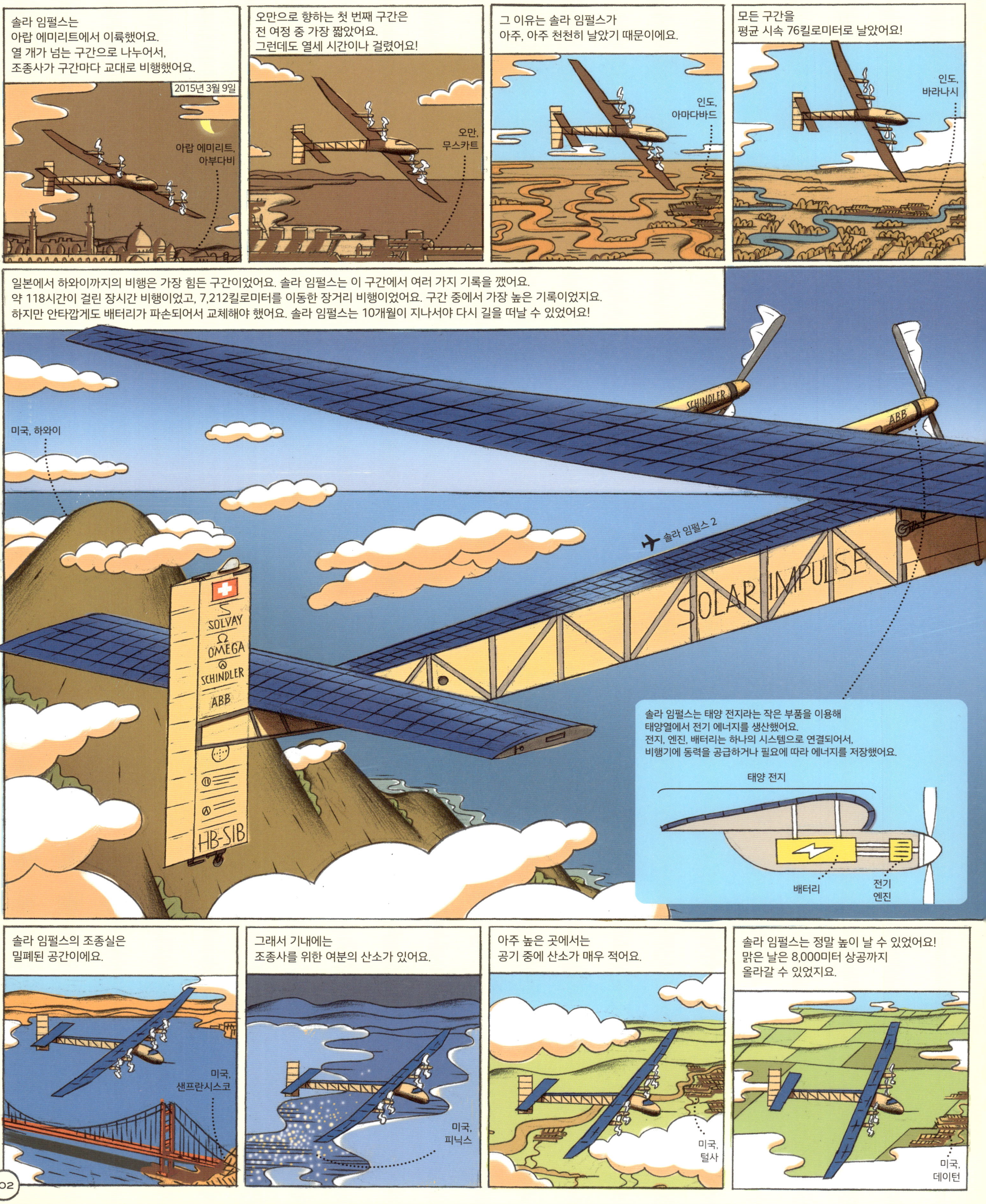

솔라 임펄스는 아랍 에미리트에서 이륙했어요. 열 개가 넘는 구간으로 나누어서, 조종사가 구간마다 교대로 비행했어요.

오만으로 향하는 첫 번째 구간은 전 여정 중 가장 짧았어요. 그런데도 열세 시간이나 걸렸어요!

그 이유는 솔라 임펄스가 아주, 아주 천천히 날았기 때문이에요.

모든 구간을 평균 시속 76킬로미터로 날았어요!

일본에서 하와이까지의 비행은 가장 힘든 구간이었어요. 솔라 임펄스는 이 구간에서 여러 가지 기록을 깼어요. 약 118시간이 걸린 장시간 비행이었고, 7,212킬로미터를 이동한 장거리 비행이었어요. 구간 중에서 가장 높은 기록이었지요. 하지만 안타깝게도 배터리가 파손되어서 교체해야 했어요. 솔라 임펄스는 10개월이 지나서야 다시 길을 떠날 수 있었어요!

솔라 임펄스는 태양 전지라는 작은 부품을 이용해 태양열에서 전기 에너지를 생산했어요. 전지, 엔진, 배터리는 하나의 시스템으로 연결되어서, 비행기에 동력을 공급하거나 필요에 따라 에너지를 저장했어요.

솔라 임펄스의 조종실은 밀폐된 공간이에요.

그래서 기내에는 조종사를 위한 여분의 산소가 있어요.

아주 높은 곳에서는 공기 중에 산소가 매우 적어요.

솔라 임펄스는 정말 높이 날 수 있었어요! 맑은 날은 8,000미터 상공까지 올라갈 수 있었지요.

20세기와 21세기에 접어들면서 태양열을 이용하는 기계가 여러 종 개발됐어요. 2015년, 스위스 조종사 베르트랑 피카르와 앙드레 보르슈베르그는 정말 특별한 비행을 꿈꿨어요. 태양열 비행기를 타고 전 세계를 여행하는 꿈이었어요! 두 조종사는 꿈을 이루기 위해 특별한 비행기를 제작했어요. 바로 매우 긴 날개가 달린 초경량 1인승 비행기, 솔라 임펄스 2예요.

두 사람이 지구를 일주하는 데 1년이 넘는 시간이 필요했어요. 많은 모험이 뒤따른 여정이었지만, 비행하는 동안 연료는 단 1리터도 사용하지 않았어요! 전기 비행기는 여전히 실험 중이지만, 이러한 위업은 그 자체로 미래를 향한 큰 발걸음을 뗀 거예요. ➔ 흥미로운 태양열 비행기: 에어로바이어런먼트 헬리오스 · 에어버스 제퍼 · 고서머 펭귄 · 마우로 솔라 라이저 · 솔라 챌린저 · 솔라 원

비행의 성공 비법은 태양 에너지를 적절하게 관리하는 것이었어요!
미얀마, 만달레이

비행기는 시간대에 따라 한번은 높게, 한번은 낮게 날았어요.
중국, 충칭

낮에는 올라가서 배터리를 충전하고 고도를 높여 비행했어요.
중국, 난징

해가 진 후에는 엔진을 끄고 몇 시간 동안 활공하면서 하강했어요. 낮에 높은 곳으로 올라갔으니 내려오는 건 어렵지 않았지요. 언덕 위에서 내려올 때처럼요.
일본, 나고야

솔라 임펄스의 외관은 인상적이었어요. 이륙 시에 무게는 2,300킬로그램이었고, 날개를 펼친 길이는 보잉 747(70쪽을 보세요)보다 긴 72미터였어요.

쏟아지는 햇빛을 통해 최대한의 에너지를 생성할 수 있도록 기체의 윗부분은 태양 전지 판으로 전부 덮여 있어요. 태양 전지 판은 1만 7천 개 이상이었어요!

비행이 여러 구간으로 나뉘어 있는데도, 조종사는 조종실에서 많은 시간을 보내야 했어요. 조종실에서 먹고, 자고, 체조하고, 화장실도 이용해야 하니까요! 특별하게 설계된 펼쳐지는 의자 덕분이지요.
오늘 점심 메뉴가 궁금한데?
쿨쿨….

열여덟…. 열아홉….

높은 고도는 산소만 부족한 게 아니라 매우 춥기까지 해서 기온이 영하 40도까지 떨어졌어요.
미국, 리하이밸리

하지만 비행기의 무게를 줄이기 위해서 조종실의 난방 장치도 포기했지요.
미국, 뉴욕

조종사는 추울 때도 그저 두꺼운 털옷을 껴입거나 전기를 이용한 발열 장갑을 꼈어요.
스페인, 세비야

하지만 솔라 임펄스가 이집트에서 이륙하자, 더 이상 추위는 조종사들을 괴롭히지 않았어요. 마지막 비행 구간이었어요! 이틀 뒤인 7월 26일, 비행기는 모든 여정이 시작되었던 아부다비 공항에 도착했어요!
2016년 7월 23일
이집트, 카이로

찾아보기

ㄱ
- 감압 81, 86쪽
- 객실 32, 42, 44, 70-71, 98-99쪽
- 거트루드 로갈로 68쪽
- 게거밋과 거미 9쪽
- 고도계 39, 62, 80쪽
- 고서머 앨버트로스 76-77쪽
- 고양력 장치 26, 63, 86쪽
- 곡예비행 30쪽
- 공기 16쪽
- 공기 저항 20, 28, 37, 40, 83쪽
- 공작새 10쪽
- 괴핑겐 Go-3 78쪽
- 구스타프 릴리엔탈 23쪽
- 구주물푸레나무 7쪽
- 군용기 28-29, 48-49, 50-51, 52-53, 60-61, 80-81, 88-89, 90-91, 94-95쪽
- 글라이더 20-21, 23, 24-25, 78-79쪽
- 글래디스 로이 31쪽
- 글로스터 미티어 48쪽
- 기수 73, 74쪽
- 꼬리 회전 날개 46, 56-57쪽
- 꿩 10쪽

ㄴ
- 나그네앨버트로스 11쪽
- 낙하산 14, 30, 69쪽
- 날개 10, 28, 74, 78, 98, 102-103쪽
- 날개 휘어짐 27쪽
- 날개깃 11쪽
- 날치 9쪽
- 노멀세겔라파라트 23쪽
- 노스럽 그루먼 B-2 스피릿 88-89쪽
- 니콜라이 카모프 57쪽

ㄷ
- 다이달로스 12쪽
- 단거리 이착륙 61, 90-91, 95쪽
- 단일 회전 날개 방식 47, 93쪽
- 단풍나무 6쪽
- 도미나 젤버트 69쪽
- 독일가문비나무 7쪽
- 된장잠자리 8쪽
- 드론 100-101쪽
- 드하빌랜드 타이거 모스 38-39쪽
- 딕 루탄 83쪽

ㄹ
- 라이언 NYP 스피릿 오브 세인트루이스 34쪽
- 라이언 X-13 버티제트 54쪽
- 라이트 형제의 글라이더 24-25쪽
- 레오나르도 다빈치 14, 36쪽
- 레이더 80, 88-89쪽
- 로랑 다를랑드 17쪽
- 로런스 하그레이브 18-19쪽
- 로빈슨 R-22 92-93쪽
- 로켓 엔진 52, 95쪽
- 로터리 엔진 28쪽
- 록히드 C-130H 허큘리스 94쪽
- 록히드 HC-130 허큘리스 95쪽
- 록히드 LC-130H-3 허큘리스 95쪽
- 록히드 SR-71 블랙버드 58-59쪽
- 록히드 WP-3D 오리온 96-97쪽
- 록히드 XFV 54쪽
- 록히드 베가 5B 35쪽
- 루이 블레리오 28쪽
- 루탄 보이저 82-83쪽
- 릴리언 보이어 31쪽

ㅁ
- 마력 76쪽
- 마키 M.39 40쪽
- 마하계 53쪽
- 마하수 52쪽
- 만프레트 폰리히트호펜 29쪽
- 말레이날도마뱀 9쪽
- 메서슈미트 Bf 109 49쪽
- 메서슈미트 Me 262 49쪽
- 몽골피에 형제의 열기구 17쪽
- 미노르릅 7쪽
- 미크로랍토르 10쪽

ㅂ
- 바우트 시코르스키 VS-300A 47쪽
- 바위비둘기 11쪽
- 바퀴형 착륙 장치 33, 40-41, 44, 60, 63, 74, 95, 96쪽
- 박쥐 글라이더 23쪽
- 받음각 22쪽
- 방향타 26, 27, 63쪽
- 버트 루탄 82-83쪽
- 베르블링거의 행글라이더 15쪽
- 베시 콜먼 30쪽
- 벤저민 프랭클린 18쪽
- 벨 47 57쪽
- 벨 X-1 52-53쪽
- 벨 보잉 V-22 오스프리 90-91쪽
- 보라티니의 용 모양 비행기 14쪽
- 보잉 314 클리퍼 44-45쪽
- 보잉 747 점보제트 70-71쪽
- 보잉 747 화물기 72-73쪽
- 보잉 787 드림라이너 98-99쪽
- 보잉 B-29 슈퍼포트리스 50-51, 52쪽
- 보잉 CH-47 치누크 56쪽
- 보조 날개 26, 63쪽
- 부력 16, 43쪽
- 북미하늘날다람쥐 9쪽
- 분질 12쪽
- 붉은목벌새 10쪽
- 브라이언 앨런 76-77쪽
- 브이(V)형 엔진 40쪽
- 블라더드 13쪽
- 블랙박스 86쪽
- 블레리오 11 28쪽
- 비마나 13쪽
- 비커스 비미 34쪽
- 비행기 구조 28, 82쪽
- 비행계기 35, 38-39, 62-63, 80, 84-85, 87, 88-89쪽
- 비행선 42-43쪽
- 비행운 98-99쪽
- 비행정 44-45쪽
- 비행정 선체 44, 96쪽
- 빨강오징어 9쪽

ㅅ
- 사이드 스틱 85쪽
- 새뮤얼 랭글리 20-21쪽
- 새뮤얼 코디 19쪽
- 샤뉴트의 글라이더 23쪽
- 서양민들레 6쪽
- 선회 경사계 39쪽
- 선회 지시계 63쪽
- 성형 엔진 32쪽
- 세스나 172 62-63쪽
- 센스플라이 이비 X 100쪽
- 소닉 붐 52, 74-75쪽
- 소프위드 카멜 F.1 28쪽
- 속도계 39, 62, 80쪽

- 솔라 임펄스 102-103쪽
- 수륙 양용 항공기 96쪽
- 수상 비행기 40-41, 96쪽
- 수송기 72-73, 94-95쪽
- 수직 이륙 54-55, 60-61, 90-91쪽
- 수직 이착륙 54-55, 60-61, 90-91쪽
- 순다루원숭이 9쪽
- 슈퍼마린 S.5 40쪽
- 슈퍼마린 S.6 40-41쪽
- 슈퍼마린 스핏파이어 49쪽
- 슐라이허 ASK 13 78쪽
- 슐라이허 ASK 21 79쪽
- 스네크마 C.450 콜레옵테르 54-55쪽
- 스키형 착륙 장치 33, 93, 95쪽
- 스타니스와프 스카르진스키 35쪽
- 스텔스 88-89쪽
- 스톱워치 39쪽
- 슬롯 63쪽
- 승강계 39쪽
- 시계 39쪽
- 시에르바 C.1 36쪽
- 시에르바 C.30 36-37쪽
- 시에르바 C.4 36쪽
- 시조새 10쪽
- 시코르스키 H-5 47쪽
- 식물의 공중 이동 6-7쪽
- 실속 현상 22, 36쪽

ㅇ
- 아르키타스 14쪽
- 아르키타스의 비둘기 14쪽
- 아멜리아 에어하트 35쪽
- 아서 브라운 34쪽
- 아우베르투 산투스두몽 19쪽
- 아이퍼 퀵실버 MX 65쪽
- 안정판 63쪽
- 안키오르니스 10쪽
- 안톤 플레트너 56쪽
- 알렉산더 윌슨 18쪽
- 알브레히트 베르블링거 15쪽
- 알소미트라 마크로카르파 6쪽
- 앙리 지파르 42쪽
- 양력 18, 21, 22, 26, 36, 37, 63, 68-69, 91쪽

❶ 꼬리
- 꼬리 회전 날개　46, 56-57쪽
- 방향타　63쪽
- 승강타　26-27, 63쪽
- 페네스트론　92쪽

❷ 날개
- 고양력 장치　26, 63, 86쪽
- 날개　28, 74, 78, 98, 102-103쪽
- 보조 날개　26, 63쪽
- 슬롯　63쪽
- 양력 표면　11, 18, 28, 36쪽
- 에어포일　22, 28쪽
- 윙렛　98쪽
- 플랩　63쪽

❸ 동력 장치
- 로켓 엔진　52, 95쪽
- 로터리 엔진　28쪽
- 브이(V)형 엔진　40쪽
- 성형 엔진　32쪽
- 전기 엔진　102쪽
- 제트 엔진　58쪽
- 증기 엔진　20쪽
- 터보제트 엔진　48, 98쪽
- 터보팬 엔진　98쪽
- 터보프롭 엔진　95쪽
- 프로펠러　25쪽

❹ 동체
- 객실　32, 42, 44, 70-71, 98-99쪽
- 블랙박스　86쪽
- 화물칸　72-73, 94쪽

❺ 착륙 장치
- 바퀴형 착륙 장치　33, 40-41, 44, 60, 63, 74, 95, 96쪽
- 비행정 선체　44, 96쪽
- 스키형 착륙 장치　33, 93, 95쪽
- 플로트 착륙 장치　33, 40-41, 96쪽

❻ 조종실
- 레이더　80, 88-89쪽
- 비행계기　35, 38-39, 62-63, 80, 84-85, 87, 88-89쪽
- 자동 조종 장치　87쪽
- 전방 시현기(HUD)　80쪽
- 조종 장치　26, 46, 62-63, 85쪽
- 조종실　34, 38-39, 54-55, 60, 62-63, 80, 83, 84-85, 103쪽

❼ 회전 날개
- 자이로플레인 회전 날개　36쪽
- 회전 경사판　46쪽
- 회전 날개　46, 56-57, 90-91, 92-93쪽

- 양력 표면　11, 18, 28, 36쪽
- 에어로드롬　20-21쪽
- 에어버스 A320　84-85쪽
- 에어버스 A380　71쪽
- 에어포일　22, 28쪽
- 에올　20-21쪽
- 에타나　13쪽
- 엔진 스로틀 레버　26쪽
- 엔진 추력 레버　80, 84쪽
- 엔진 출력　76쪽
- 엔진 출력 레버　38쪽
- 엠브라에르 175　86-87쪽
- 여객기　32, 44, 70, 74, 84, 86, 98쪽
- 연　19, 68쪽
- 열 상승 기류　78쪽
- 열기구　16-17, 66-67쪽
- 열기구 밸브　66쪽
- 오거스터스 헤링　23쪽
- 오르니톱터　14쪽
- 오빌 라이트　24-25, 26-27, 29쪽
- 오토 릴리엔탈　22-23, 65, 68, 78쪽
- 옥타브 샤누트　23쪽
- 완후　12쪽
- 월리스날개구리　9쪽
- 윌버 라이트　24-25, 26-27쪽
- 윙렛　98쪽
- 유럽칼새　10쪽
- 유로콥터 EC-135　92-93쪽
- 육분의　35쪽
- 융커스 F13　32쪽
- 음속　52-53쪽
- 음속 장벽　52쪽
- 이고리 시코르스키　46-47, 56-57쪽
- 이반 웅거　31쪽
- 이카로스　12쪽
- 인간 동력 항공기　76-77쪽
- 인공 수평의　39, 62쪽
- 인조 앨버트로스　20-21쪽
- 일리야 무로메츠　46쪽

ㅈ
- 자기 나침반　35, 39, 63쪽
- 자동 조종 장치　87쪽
- 자이로플레인　36-37, 64쪽
- 자이로플레인 회전 날개　36쪽
- 자작나무　7쪽
- 자크 에티엔 몽골피에　16쪽
- 장마리 르브리　20-21쪽
- 장프랑수아 필라트르 드 로지에　17쪽
- 전기 엔진　102쪽
- 전방 시현기(HUD)　80쪽
- 전투기　29, 48-49, 80-81쪽
- 제미니 캡슐 TTV-1　68쪽
- 제왕나비　8쪽
- 제트 엔진　58쪽
- 제트기　48-49, 54-55, 58-59, 60-61, 70-71, 72-73, 80-81, 88-89, 98-99쪽
- 조반니 다미아노 데팔쿠치　14쪽
- 조이스틱　85쪽
- 조제프 미셸 몽골피에　16쪽
- 조종 장치　26, 46, 62-63, 85쪽
- 조종간(스틱)　26, 46쪽
- 조종간(휠)　26, 62-63쪽
- 조종면　26-27, 42, 54, 86쪽
- 조종실　34, 38-39, 60, 62-63, 80, 83, 84-85, 103쪽
- 조지 케일리　20-21, 26, 27쪽
- 존 올콕　34쪽
- 주앙 토르투　14쪽
- 중력　21쪽
- 중력 가속도　81쪽
- 증기 엔진　20쪽
- 지나 예거　83쪽
- 지파르의 비행선　42쪽

ㅊ
- 찰스 린드버그　34쪽
- 찰스 척 예거　52쪽
- 천둥새　12쪽
- 초음속 비행기　52-53, 74-75, 80-81쪽
- 추력　20, 25, 37, 46, 48, 91, 95, 98쪽
- 칠면조독수리　10쪽
- 칠성무당벌레　8쪽

ㅋ
- 카나드　77, 82쪽
- 카마조츠　12쪽
- 카만 HH-43 허스키　56쪽
- 카모프 Ka-26　57쪽
- 카바닐레시아 플라타니폴리아　6쪽
- 카이 카부스　12쪽
- 캐나디아 CL-415　96-97쪽
- 캐서린 스틴슨　30쪽
- 커티스 JN-4　40쪽
- 커티스 R3C-2　40쪽
- 컬렉티브 피치 레버　46쪽
- 케이폭나무　6쪽
- 케일리의 글라이더　20-21쪽
- 콘베어 XFY 포고　54쪽
- 콩코드　58, 74-75쪽
- 큰잎부들　7쪽
- 큰잎유럽피나무　7쪽
- 큰지느러미엉겅퀴　7쪽
- 클라이드 팽본　30쪽
- 클레망 아데르　20-21쪽
- 키바가　13쪽

ㅌ
- 터보제트 엔진　48, 98쪽
- 터보팬 엔진　98쪽
- 터보프롭 엔진　95쪽
- 토끼박쥐　8쪽
- 특수 목적 항공기　96-97쪽
- 티투스 리비우스 보라티니　14쪽

ㅍ
- 파라다이스 나무뱀　9쪽
- 파르망 F.60 골리앗　32쪽
- 패러글라이더　69쪽
- 퍼시 필처　23쪽
- 페네스트론　92쪽
- 페달　26쪽
- 페르디난트 폰체펠린　42쪽
- 포드 트리모터　32-33쪽
- 포커 Dr.1　28-29쪽
- 포커 E.3　32쪽
- 포커 F.7　32쪽
- 폭격기　50-51, 88-89쪽
- 폴 맥크레디　76-77쪽
- 프랜시스 로갈로　68쪽
- 프랭크 피아세츠키　56쪽
- 프랭크 휘틀　48쪽
- 프로펠러　25, 92쪽
- 플라이 바이 와이어　86쪽
- 플라이어 1호　24-25쪽
- 플라이어빌리티 엘리오스 2　100쪽
- 플랩　63쪽
- 플로트 착륙 장치　33, 40-41, 96쪽

ㅎ
- 하그레이브의 상자 연　19쪽
- 하노버 H.1 뱀파이어　78쪽
- 하늘을 나는 양탄자　13쪽
- 하인켈 He 178　49쪽
- 한스 폰오하인　49쪽
- 한신　18쪽
- 항공 교통관제　70-71쪽
- 항공 모함　60-61쪽
- 항공기의 임무　82쪽
- 항공사　33, 44-45쪽
- 행글라이더　14, 15, 68-69쪽
- 헤링의 글라이더　23쪽
- 헨리 포드　32쪽
- 헬리콥터　14, 46-47, 56-57, 90-91, 92-93쪽
- 헬리콥터 구조　47, 56-57쪽
- 호커 시들리 케스트렐　61쪽
- 호커 시들리 해리어　60-61쪽
- 화물칸　72-73, 94쪽
- 활공　8-9, 22-23쪽
- 활공비　79, 33쪽
- 회전 경사판　46쪽
- 회전 나침반　63쪽
- 회전 날개　46, 56-57, 90-91, 92-93쪽
- 회전익 항공기　36-37, 46-47, 56-57, 92-93, 100-101쪽
- 후안 데라시어 르바　36-37쪽
- 휴고 융커스　32쪽
- 휴버트 줄리언　30쪽

A-Z
- DJI 매빅 프로　101쪽
- DJI 아그라스　100쪽
- LZ 129 힌덴부르크　42쪽
- MiG-29　80-81쪽
- PW-5 스믹　79쪽
- RWD-5bis　35쪽